DIREITO URBANÍSTICO

ESTUDOS FUNDAMENTAIS

ODETE MEDAUAR
VITOR RHEIN SCHIRATO
LUIZ FELIPE HADLICH MIGUEL
BRUNO GREGO-SANTOS

Coordenadores

DIREITO URBANÍSTICO

ESTUDOS FUNDAMENTAIS

Belo Horizonte

CONHECIMENTO JURÍDICO

2019

© 2019 Editora Fórum Ltda.

É proibida a reprodução total ou parcial desta obra, por qualquer meio eletrônico, inclusive por processos xerográficos, sem autorização expressa do Editor.

Conselho Editorial

Adilson Abreu Dallari	Floriano de Azevedo Marques Neto
Alécia Paolucci Nogueira Bicalho	Gustavo Justino de Oliveira
Alexandre Coutinho Pagliarini	Inês Virgínia Prado Soares
André Ramos Tavares	Jorge Ulisses Jacoby Fernandes
Carlos Ayres Britto	Juarez Freitas
Carlos Mário da Silva Velloso	Luciano Ferraz
Cármen Lúcia Antunes Rocha	Lúcio Delfino
Cesar Augusto Guimarães Pereira	Marcia Carla Pereira Ribeiro
Clovis Beznos	Márcio Cammarosano
Cristiana Fortini	Marcos Ehrhardt Jr.
Dinorá Adelaide Musetti Grotti	Maria Sylvia Zanella Di Pietro
Diogo de Figueiredo Moreira Neto (*in memoriam*)	Ney José de Freitas
Egon Bockmann Moreira	Oswaldo Othon de Pontes Saraiva Filho
Emerson Gabardo	Paulo Modesto
Fabrício Motta	Romeu Felipe Bacellar Filho
Fernando Rossi	Sérgio Guerra
Flávio Henrique Unes Pereira	Walber de Moura Agra

FÓRUM
CONHECIMENTO JURÍDICO

Luís Cláudio Rodrigues Ferreira
Presidente e Editor

Coordenação editorial: Leonardo Eustáquio Siqueira Araújo
Aline Sobreira de Oliveira

Av. Afonso Pena, 2770 – 15º andar – Savassi – CEP 30130-012
Belo Horizonte – Minas Gerais – Tel.: (31) 2121.4900 / 2121.4949
www.editoraforum.com.br – editoraforum@editoraforum.com.br

Técnica. Empenho. Zelo. Esses foram alguns dos cuidados aplicados na edição desta obra. No entanto, podem ocorrer erros de impressão, digitação ou mesmo restar alguma dúvida conceitual. Caso se constate algo assim, solicitamos a gentileza de nos comunicar através do *e-mail* editorial@editoraforum.com.br para que possamos esclarecer, no que couber. A sua contribuição é muito importante para mantermos a excelência editorial. A Editora Fórum agradece a sua contribuição.

Dados Internacionais de Catalogação na Publicação (CIP) de acordo com a AACR2

D598	Direito urbanístico: estudos fundamentais / Odete Medauar, Vitor Rhein Schirato, Luiz Felipe Hadlich Miguel, Bruno Grego-Santos (Coord.).- Belo Horizonte : Fórum, 2019.
	275p.; 14,5cm x 21,5cm
	ISBN: 978-85-450-0701-2
	1. Direito Urbanístico. 2. Direito Administrativo. 3. Planejamento Urbano. I. Medauar, Odete. II. Schirato, Vitor Rhein. III. Miguel, Luiz Felipe Hadlich. IV. Grego-Santos, Bruno. V. Título.
	CDD 341.374
	CDU 349.44

Elaborado por Daniela Lopes Duarte - CRB-6/3500

Informação bibliográfica deste livro, conforme a NBR 6023:2018 da Associação Brasileira de Normas Técnicas (ABNT):

MEDAUAR, Odete; SCHIRATO, Vitor Rhein; MIGUEL, Luiz Felipe Hadlich; GREGO-SANTOS, Bruno (Coord.). *Direito urbanístico*: estudos fundamentais. Belo Horizonte: Fórum, 2019. 275p. ISBN 978-85-450-0701-2.

SUMÁRIO

APRESENTAÇÃO
OS ORGANIZADORES 11

PARTE I
FUNDAMENTOS DE DIREITO URBANÍSTICO

PANORAMA E EVOLUÇÃO DO DIREITO URBANÍSTICO
ODETE MEDAUAR 15
1 Conceito e objeto do Direito Urbanístico 15
1.1 Caracteres do Direito Urbanístico 17
1.2 Temática 19
2 Disciplinas relacionadas ao Direito Urbanístico e seu caráter interdisciplinar 19
3 Autonomização da disciplina 21
4 Princípios informadores 23
5 Desafios atuais 24
   Referências 25

DELINEAMENTO DO DIREITO URBANÍSTICO NO BRASIL
TARCISIO VIEIRA DE CARVALHO NETO,
MARCOS AUGUSTO PEREZ 27
1 Primórdios e desenvolvimento 27
2 Bases constitucionais 38
3 Competências constitucionais em Direito Urbanístico 44

3.1	Competências da União	50
3.2	Competência dos Estados	50
3.3	Competência do Distrito Federal	51
3.4	Competência dos Municípios	51
4	O Estatuto da Cidade como lei-quadro	51
	Referências	53

DIREITO URBANÍSTICO BRASILEIRO E ORDEM URBANÍSTICA INTERNACIONAL
BRUNO GREGO-SANTOS 57

1	Introdução	57
2	O cenário histórico do surgimento da questão urbana	58
3	A Habitat I, a Lei nº 6.766/1979 e a Constituição Federal de 1988	59
4	A Habitat II e o Estatuto da Cidade	63
5	A Habitat III e o Estatuto da Metrópole	65
6	Perspectiva geral e visão de futuro	66
	Referências	70

PARTE II
REGULAÇÃO URBANÍSTICA

FUNÇÃO SOCIAL DA PROPRIEDADE URBANA E CONDICIONAMENTO DA PROPRIEDADE
**JOSÉ FERNANDO FERREIRA BREGA,
RENATA NADALIN MEIRELES SCHIRATO** 75

1	Bens urbanos: seus titulares e reflexos na regulação do solo urbano	75
2	Função social da propriedade urbana	80
2.1	Breve apanhado histórico	80
2.2	Função social da propriedade no ordenamento brasileiro	83
2.3	A função social da propriedade no Direito Urbanístico	87
2.4	Conclusão	93
3	Condicionamentos ao direito de propriedade	95
	Referências	98

PLANEJAMENTO, URBANISMO E AS NORMAS REGULADORAS DA OCUPAÇÃO DO SOLO
ALEXANDRE JORGE CARNEIRO DA CUNHA FILHO, CARLOS VINÍCIUS ALVES RIBEIRO, VÍTOR MONTEIRO 101

1	Introdução	101
2	A multissujeição da propriedade urbana	106
3	Planejamento urbano: conceito, campo de aplicação e efeitos	109
4	As normas de regulação da ocupação do solo	112
5	Plano Diretor e seus desdobramentos	114
5.1	Plano Diretor: noção geral	114
5.2	Plano Diretor e diálogo das fontes	116
5.3	Plano Diretor: formação	118
5.4	Plano Diretor: conteúdo e implementação	123
6	O zoneamento urbano	127
7	Os limites ao direito de construir e seus efeitos	131
7.1	O direito de construir: patrimonialidade, transferibilidade e aproveitamento pelo titular da propriedade urbana	132
8	Planejamento urbano e regiões metropolitanas	137
9	Planejamento urbano e leis orçamentárias	143
	Referências	146

PARTICIPAÇÃO DEMOCRÁTICA E GESTÃO URBANA
FABIO GOMES DOS SANTOS 153

1	Exposição do tema	153
	Referências	163

PARTE III
INSTRUMENTOS DE CONFORMAÇÃO URBANÍSTICA

INSTRUMENTOS POLÍTICOS E JURÍDICOS DA POLÍTICA URBANA
FERNANDO DIAS MENEZES DE ALMEIDA, KARLIN OLBERTZ NIEBUHR, RENATA NADALIN MEIRELES SCHIRATO 167

1	Introdução	167
2	A problemática da sistematização	168
3	O rol do art. 4º, inc. V, do Estatuto	169

4	Parcelamento, edificação ou utilização compulsórios	170
4.1	A funcionalização da propriedade	170
4.2	A exigência de previsão legal	172
4.3	A natureza jurídica das medidas	172
4.4	O sujeito passivo da obrigação	173
4.5	Solo urbano não edificado, subutilizado ou não utilizado	174
4.6	Parcelamento, edificação e utilização	176
4.7	Procedimento	177
4.8	As sanções correspondentes	179
5	Concessão de direito real de uso	180
6	Concessão de uso especial para fins de moradia	182
7	Direito de superfície	184
7.1	A posição jurídica do proprietário	186
7.2	O contrato	186
7.3	Extinção do direito de superfície	188
8	Limitações administrativas	189
9	Desapropriação	190
9.1	A desapropriação por interesse social	194
9.1.1	O regime ordinário da desapropriação por interesse social	194
9.1.2	A desapropriação-sanção	196
9.2	A desapropriação urbanística	197
10	Servidão administrativa	200
11	Tombamento	202
12	Preempção	204
12.1	Regime geral	205
12.2	A preempção urbanística	208
12.3	Conclusão	215
13	Instituição de unidades de conservação	217
13.1	Conceito de unidades de conservação	218
13.2	O SNUC	220
13.3	Criação, implantação e gestão de unidades de conservação	221
13.4	Unidades de conservação no contexto da política urbana	223
14	Outorga onerosa do direito de construir e de alteração de uso e transferência do direito de construir	225
15	Operações urbanas consorciadas	228
15.1	Desdobramentos do conceito	228
15.2	Competência municipal e federalismo cooperativo	230

15.3	A instituição de um regime urbanístico diferenciado	231
15.4	As contrapartidas	232
15.5	Conteúdo do plano da operação	233
15.6	Nulidade das licenças e autorizações incompatíveis	235
15.7	Os certificados de potencial adicional de construção	235
15.8	Controle	237
16	Assistência técnica e jurídica gratuita para as comunidades e grupos sociais menos favorecidos	237
	Referências	239

POLÍTICAS PÚBLICAS E PLANEJAMENTO URBANÍSTICO
LUIZ FELIPE HADLICH MIGUEL 243

1	O conceito de políticas públicas no Direito Urbanístico	243
2	A classificação do Estatuto da Cidade (Art. 4º)	245
3	Instrumentos de planejamento	246
	Referências	248

A INTERAÇÃO PÚBLICO-PRIVADA NA REALIZAÇÃO DO DIREITO URBANÍSTICO
RENATA NADALIN MEIRELES SCHIRATO 249

1	Breves apontamentos sobre a apartação público-privada	249
2	A apartação e o Direito Urbanístico	252
3	Fatores de superação da apartação	258
4	Os mecanismos de interação	264
5	Conclusão	269
	Referências	270

SOBRE OS AUTORES 273

APRESENTAÇÃO

Continuando a tradição de condensar em livro as reflexões dos seus integrantes ao longo do ano acadêmico, o Centro de Estudos de Direito Administrativo, Ambiental e Urbanístico - CEDAU apresenta obra coletiva que reflete pesquisas e estudos de seus membros em torno do tema Direito Urbanístico.

O Direito Urbanístico – área do Direito do Estado contemplada inclusive no nome do CEDAU – constitui ao mesmo tempo ramo jurídico de grande importância cotidiana e campo de análise ainda pouco explorado pelos juristas brasileiros. Não raro, falta formação especializada em Direito Urbanístico nos currículos dos cursos jurídicos, e o atendimento a esta carência é tarefa a que esta obra se dedica.

A ideia do presente trabalho – assim como das obras anteriores, que se dedicaram a temas como atos administrativos, poder de polícia, contratos administrativos e controle da Administração Pública – é reafirmar um dos objetivos do CEDAU de propor uma visão vanguardista e em constante evolução do Direito Administrativo, por meio da pesquisa e do estudo de temas sempre muito atuais com grande carga de questionamento de visões estagnadas no tempo e, até mesmo, já obsoletas.

A organização da obra, que elege eixos temáticos transversais para organizar, em três partes, os textos, de acordo com a sua pertinência temática, acaba por converter o seu caráter coletivo em verdadeira obra de referência acerca dos temas mais prementes do Direito Urbanístico. Desse modo, constrói-se obra que revisita e promove a atualização das discussões acadêmicas sobre o tema.

Desejamos ao leitor que esta obra lhe sirva de referência para o aprofundamento e a consolidação dos conhecimentos em Direito Urbanístico, e lhe inspire para a ampliação dos horizontes na matéria.

São Paulo, outono de 2019.

Os organizadores

PARTE I

FUNDAMENTOS DE DIREITO URBANÍSTICO

PANORAMA E EVOLUÇÃO DO DIREITO URBANÍSTICO

ODETE MEDAUAR

1 Conceito e objeto do Direito Urbanístico

Quase todos os autores de livros ou artigos de Direito Urbanístico ressaltam sua formação não muito antiga, a partir dos anos 50 do século XX, com a progressiva concentração de pessoas nas cidades e a intensificação da urbanização. Segundo Jacquot e François Priet,[1] em 1900, menos de 10% da população mundial vivia na cidade; no ano 2000, este percentual ultrapassou 50% e, em 2014, tal percentual mostrou-se ainda mais elevado. Os mesmos autores ressaltam que a existência de cidades é fato antigo, mas só a partir das primeiras décadas do século XX houve o desenvolvimento acelerado da urbanização.

Pode-se dizer, sem o intuito de conceituar de modo preciso, que o Direito Urbanístico fixa o regime jurídico do *urbanismo*.

Por sua vez, o *urbanismo* diz respeito às atividades destinadas ao uso e à transformação do território. O urbanismo visa a tornar compatíveis entre si os diversos usos do território, levando em conta os limites fixados pela destinação e os vínculos relativos a finalidades específicas.[2]

Inicialmente, o urbanismo focava o embelezamento da cidade, ligando-se, ainda, a objetivos sanitários. Depois, foi evoluindo para uma concepção mais ampla, com notório sentido social e humano, para que se organizasse o espaço visando à realização da qualidade de vida

---

[1] HENRI Jacquot; PRIET, François. *Droit de l'urbanisme*. 4. ed. Paris: Dalloz, 2001. p. 1-2.
[2] ASSINI, Nicola; MANTINI, Pierluigi. *Manuale de Diritto Urbanístico*. 2. ed. Milão: Giuffrè, 1997. p. 18.

humana. Conforme Jacquot et Priet "o urbanismo contemporâneo se vê a serviço dos habitantes da cidade. Para os urbanistas modernos, a cidade não é concebida precipuamente como uma reunião de casas e de ruas, como um monumento, mas como um conjunto de seres humanos".[3]

Antes, se pensava o urbanismo como a ordenação interna da cidade. Hoje, não se isola o rural do urbano, trabalhando-se em termos de imbricação de espaços urbanos e espaços rurais, sobretudo os mais próximos das aglomerações citadinas.[4]

As transformações do urbanismo, consecutivas ao desenvolvimento da urbanização, propiciaram o surgimento do Direito Urbanístico.

Na lição de José Afonso da Silva, o "Direito Urbanístico objetivo consiste no conjunto de normas que têm por objeto organizar os espaços habitáveis, de modo a propiciar melhores condições de vida ao homem na comunidade".[5] Em outro ponto de seu livro (no Brasil, obra pioneira na sistematização do Direito Urbanístico, em sua primeira edição, de 1981), o mesmo autor oferece conceito similar: "o direito urbanístico objetivo consiste no conjunto de normas reguladoras da atividade do Poder Público destinada a ordenar os espaços habitáveis".[6]

Para Jacqueline Morand-Deviller, o Direito Urbanístico é "o conjunto das regras concernentes à afetação do espaço e sua ordenação".[7]

Carceller Fernandez invoca a noção exposta por Jacquignon para dizer que o

> Direito Urbanístico é o conjunto de regras mediante as quais a Administração, em nome da utilidade pública, e os titulares do direito de propriedade, em nome da defesa dos interesses privados, devem coordenar suas posições e suas respectivas ações com vistas à ordenação do território.[8]

---

[3] HENRI Jacquot; PRIET, François. *Droit de l'urbanisme*. 4. ed. Paris: Dalloz, 2001. p. 4.
[4] Ver nesse sentido: MENGOLI, Gian Carlo. *Manuale di Diritto Urbanistico*. 3. ed. Milão: Giuffrè, 1992. p. 3; e HENRI Jacquot; PRIET, François. *Droit de l'urbanisme*. 4. ed. Paris: Dalloz, 2001. p. 5.
[5] SILVA, José Afonso da. *Direito Urbanístico Brasileiro*. 7. ed. São Paulo: Malheiros, 2012. p. 49.
[6] SILVA, José Afonso da. *Direito Urbanístico Brasileiro*. 7. ed. São Paulo: Malheiros, 2012. p. 37.
[7] MORAND-DEVILLER, Jacqueline. *Droit de l'Urbanisme*. 8. ed. Paris: Dalloz, 2008. p. 1.
[8] CARCELLER FERNANDEZ, Antonio. *Instituciones de Derecho Urbanístico*. 5. ed. Madri: E. Montrecorvo, 1992. p. 24-25.

Jacquot e Priet, ao tratarem do objeto do direito urbanístico, afirmam ser este encarregado "de definir e enquadrar as possibilidades de utilizar o solo".[9]

Nas palavras de Daniela Campos Libório Di Sarno, "o Direito Urbanístico tem como preocupação principal a ocupação dos espaços habitáveis e, nesse sentido, criou medidas específicas para que esta ocupação se dê da forma mais adequada e saudável possível".[10]

De seu lado, Tomás Ramón-Fernandez salienta que, em nossos dias, o Direito Urbanístico busca assegurar um equilíbrio apropriado entre todas as demandas de solo, de tal modo que o solo seja utilizado no interesse de todo o povo.[11]

A harmonização dos interesses há que ser realizada com fórmulas justas e com instrumentos adequados, que devem ser proporcionados pelo Direito Urbanístico.

1.1 Caracteres do Direito Urbanístico

Alguns caracteres do Direito Urbanístico merecem ser ressaltados.

a) *Interdisciplinariedade* - O Direito Urbanístico abarca um conjunto de normas vinculadas a diversos ramos jurídicos, como, por exemplo, normas constitucionais, administrativas, civis, tributárias, ambientais. Tais normas sistematizam-se em torno da ordenação harmoniosa das aglomerações, para a melhor qualidade de vida humana, formando o Direito Urbanístico, que se apresenta como disciplina de síntese, disciplina *carrefour*. Esta parece ser a tendência de muitas disciplinas jurídicas de formação recente, dentre as quais os Direitos Fundamentais, o Direito do Consumidor, o Direito Ambiental.

b) *Inserção no Direito Público* - O urbanismo, na concepção atual, revela-se como uma atividade que permite determinar os quadros da vida coletiva da grande maioria da população, pois vai cuidar da ordenação dos espaços. Por isso, apresenta-se notoriamente voltado ao atendimento do interesse público, podendo ser mesmo considerado, sob certo aspecto, como uma política pública.[12]

---

[9] HENRI Jacquot; PRIET, François. *Droit de l'urbanisme*. 4. ed. Paris: Dalloz, 2001. p. 8.
[10] DI SARNO, Daniela Campos Libório. *Elementos de Direito Urbanístico*. São Paulo: Manole, 2004. p. 32.
[11] RAMÓN-FERNANDEZ, Tomás. *Manual de Derecho Urbanistico*. 13. ed. Madri: Publicaciones Abella, 1998. p. 19.
[12] Ver: HENRI Jacquot; PRIET, François. *Droit de l'urbanisme*. 4. ed. Paris: Dalloz, 2001. p. 6.

E o Direito Urbanístico vai tratar das normas que propiciam ao Poder Público atuar para que os espaços sejam ordenados harmoniosamente, conciliando o interesse público com os interesses privados. Ainda que se avente que os particulares também realizam atividades urbanísticas, não se apaga o caráter público do Direito Urbanístico, visto que os particulares exercem essas atividades sob o crivo do Poder Público.

A este cabe a *função urbanística*, que tem finalidade de interesse público. Daí inserir-se o Direito Urbanístico no Direito Público. Para Carceller Fernandez, "o urbanismo diz respeito à questão do sistema de utilização do solo e seu encontro com o Direito nasce quando se configura como função pública que propicia a fixação de um regime específico do direito de propriedade".[13]

c) *Direito patrimonial* - Para Jacqueline Morand-Deviller, o Direito Urbanístico mostra-se como direito patrimonial no sentido de que nele

> se confrontam dois modos de utilização da propriedade: a utilização no interesse comum e a utilização no interesse particular. O interesse comum decorre de finalidades diversas e complementares: interesse econômico impondo a gestão racional do espaço em nome do desenvolvimento sustentável; preocupações sociais em relação ao direito à moradia, à diversidade do "habitat" e à reestruturação do emprego; interesse da proteção do meio ambiente, da qualidade de vida, da estética, impondo limites à ordenação.[14]

d) *Multiplicidade de atores* - Para a mesma autora, o Direito Urbanístico "coloca em presença numerosos atores, muitas vezes em situação de conflito: o Poder Público, os proprietários do solo, os construtores, os terceiros vizinhos, as associações de defesa, os elaboradores de projetos", por exemplo. Ela afirma ser conveniente, por isso, prever mecanismos de consenso e acordo, prévios à decisão, onde os diferentes interessados poderão expor seus pontos de vista e buscar o entendimento.[15]

---

[13] CARCELLER FERNANDEZ, Antonio. *Instituciones de Derecho Urbanistico*. 5. ed. Madri: E. Montrecorvo, 1992. p. 31.
[14] MORAND-DEVILLER, Jacqueline. *Droit de l'Urbanisme*. 8. ed. Paris: Dalloz, 2008. p. 1.
[15] MORAND-DEVILLER, Jacqueline. *Droit de l'Urbanisme*. 8. ed. Paris: Dalloz, 2008. p. 2.

As situações de conflito entre os diversos interessados parecem aumentar nas cidades e grandes metrópoles dos países, como o Brasil, em que boa parte da população vive na miséria, sobressaindo os problemas de moradia, saneamento, saúde, educação, desemprego, violência, problemas esses que se intrincam e repercutem na questão urbana.

e) *Dimensão local e assunto de todos* - No Brasil e nos países em que as comunas ou municípios detêm grande parcela da competência na função urbanística, o Direito Urbanístico reveste-se de uma dimensão local primordial, embora enquadrada, em vários temas, no bojo de leis de âmbito nacional. Por isso, menciona-se sua condição de direito "espacializado" ou "territorializado".[16] Ao mesmo tempo, por inserir-se nas preocupações cotidianas dos cidadãos no seu quadro de vida, o Direito Urbanístico é também "assunto de todos", revestindo-se de conotação difusa.[17]

1.2 Temática

A consulta aos manuais de Direito Urbanístico, na doutrina pátria e estrangeira, permite arrolar as matérias que integram sua temática essencial. Encontram-se, por exemplo: estudos sobre: os aspectos conceituais do Direito Urbanístico; o tratamento urbanístico da propriedade urbana; a competência em matéria urbanística; as estruturas administrativas da função urbanística; os planos urbanísticos; a qualificação do solo; o uso e a ocupação do solo; os loteamentos; a renovação urbana; as restrições urbanísticas à propriedade; as desapropriações urbanísticas; as licenças edilícias. No direito espanhol e italiano estuda-se também o direito urbanístico sancionador. Nos manuais franceses há capítulo dedicado ao contencioso do urbanismo.

2 Disciplinas relacionadas ao Direito Urbanístico e seu caráter interdisciplinar

O Direito Urbanístico vale-se de institutos e preceitos de outros ramos do Direito e, ao mesmo tempo, institutos e preceitos do Direito Urbanístico se encontram em textos de outras disciplinas jurídicas.

---

[16] HENRI Jacquot; PRIET, François. *Droit de l'urbanisme*. 4. ed. Paris: Dalloz, 2001. p. 16.
[17] Ver: MORAND-DEVILLER, Jacqueline. *Droit de l'Urbanisme*. 8. ed. Paris: Dalloz, 2008. p. 9.

Daí seu caráter interdisciplinar e seu vínculo próximo a outras disciplinas jurídicas, como já se disse. Alguns vínculos são exemplificados a seguir.

No Brasil, o Direito Urbanístico mantém ligação estreita com o *Direito Constitucional*, pois a Constituição Federal de 1988 fornece bases para o Direito Urbanístico, abrigando expressivo número de normas urbanísticas e dedicando um capítulo à *Política Urbana* (arts. 182-183, com nove preceitos no conjunto dos *caput* e parágrafos). E alguns institutos destinados à efetivação do desenvolvimento urbano se encontram indicados neste capítulo e foram depois explicitados no *Estatuto da Cidade – Lei nº 10.257, de 10.07.2001*. As constituições anteriores não traziam preceitos explícitos sobre o Direito Urbanístico, buscando-se em outros dispositivos algum vínculo com esta matéria, como era o caso dos preceitos sobre saúde, ainda com a memória da época em que o urbanismo era associado, de modo precípuo, a aspectos sanitários de uma cidade.

Muito próximos se apresentam os vínculos entre o Direito Urbanístico e o *Direito Administrativo*. Tendo em vista que a atividade urbanística se reveste do caráter de função pública, sem deixar de lado as atuações de particulares, vários instrumentos de efetivação da política urbana originam-se do Direito Administrativo, sendo utilizados na formatação existente neste ramo ou recebendo alterações para adaptá-los à matéria urbanística. A título de exemplo, mencionem-se a desapropriação, a servidão administrativa, o tombamento, a concessão de direito real de uso, todos indicados entre os institutos jurídicos, no Estatuto da Cidade, no capítulo dedicado aos instrumentos da política urbana, art. 4ª, inciso V, alíneas a), b), d), g), respectivamente.

O *Direito Civil* mantém associação com o Direito Urbanístico. O Código Civil brasileiro de 2002 reitera, no art. 1.228, §1º, a *função social da propriedade*, apontada no art. 5º, inciso XXIII, da Constituição Federal, preceito este de grande significação no âmbito do Direito Urbanístico. Além do mais, os dispositivos sobre o direito de vizinhança e sobre o direito de construir, presentes no Código Civil, projetam-se no Direito Urbanístico.

Também revelam conexão o Direito Urbanístico e o *Direito Ambiental*. O uso da expressão "cidades sustentáveis" no Estatuto da Cidade, art. 2º, I, já é um elemento de vínculo, pois se inspira na locução "desenvolvimento sustentável", com origem no Direito Ambiental, ante a divulgação do relatório denominado *Nosso futuro para todos*, também conhecido como relatório Brundtland, em 1987; este relatório pregou a necessidade de uma política de desenvolvimento que levasse em conta os limites ecológicos do planeta, utilizando-se adequadamente os recursos ambientais, daí a expressão desenvolvimento sustentável; aí se insere o sentido de satisfação das necessidades da geração presente, sem sacrifício das gerações futuras.

Por outro lado, o Estatuto da Cidade também expõe a ligação entre as duas disciplinas jurídicas na diretriz contida no art. 2º, inciso XII, do Estatuto da Cidade: "proteção, preservação e recuperação do meio ambiente natural e construído, do patrimônio cultural, histórico, artístico, paisagístico e arqueológico". Assim, as atuações de efetivação da política urbana devem ter como diretriz a proteção e a recuperação do meio ambiente e do patrimônio paisagístico, dentre outras, denotando-se aí profundo vínculo entre o urbanismo e o meio ambiente, entre o Direito Urbanístico e o Direito Ambiental.

3 Autonomização da disciplina

Dada a sua formação menos antiga, discute-se a respeito da autonomia do Direito Urbanístico.

Há uma corrente que afirma tratar-se basicamente do Direito Administrativo, tendo em vista que prevê normas sobre uma das atuações da Administração Pública, a função urbanística. Além do mais, o Direito Urbanístico se vale de muitos institutos do Direito Administrativo. Nesta linha posiciona-se Carceller Fernandez.[18]

Esta corrente hoje não pode prevalecer, pois se remete aos anos 50 ou 60 do século XX, quando os manuais ou tratados de Direito Administrativo dedicavam alguns capítulos à matéria urbanística e era pouco desenvolvida a sistematização do Direito Urbanístico.[19] A evolução do urbanismo, os problemas dos grandes aglomerados urbanos, a acelerada urbanização impedem tratar o Direito Urbanístico no âmbito geral de uma outra disciplina jurídica; tornou-se cada vez mais forte a exigência de um instrumental próprio de estudo que forneça um quadro completo dessa matéria.

Outra corrente afirma tratar-se de um direito especial, porque participa de normas de Direito privado e de Direito público, propiciando peculiaridade que o afasta destes, embora não esteja

---

[18] CARCELLER FERNANDEZ, Antônio. *Instituciones de Derecho Urbanistico*. 5. ed. Madri: E. Montrecorvo, 1992. p. 28.

[19] Ver por exemplo, Marcel Waline, na obra *Précis de Droit Administratif* (Paris: Montchrestien, 1968), que no segundo volume dedica uma parte ao Urbanismo.

suficientemente elaborado. Em sentido semelhante, diz-se que se trata de um conjunto de normas jurídicas de natureza distinta, informadas por princípios diferentes. As duas correntes, embora tentem ressaltar a peculiaridade do Direito Urbanístico, não oferecem indicadores claros dessa peculiaridade.

Em minoria encontram-se aqueles que apregoam sua autonomia como ramo jurídico e sua autonomia didática, porque dotado de sistematização científica própria, método próprio e legislação própria (ordenamento próprio e orgânico), muitas vezes reunida em código.

Para José Afonso da Silva, a quem assiste razão,

> parece ainda cedo para falar-se em autonomia científica do Direito Urbanístico, dado que só muito recentemente suas normas começaram a desenvolver-se em torno do objeto específico que é a ordenação dos espaços habitáveis ou sistematização do território.[20]

O mesmo autor ressalta que essa disciplina vai se impondo, havendo em muitos países cursos específicos, estudos teóricos, monografias, permitindo adiantar que vai adquirindo certa autonomia didática.[21]

Deve-se lembrar que os livros específicos sobre Direito Urbanístico surgiram na década de 70 do século XX, salientando-se no Brasil a obra pioneira de Diogo de Figueiredo Moreira Neto, *Introdução ao Direito Ecológico e ao Direito Urbanístico*, de 1975, por se referir ao Direito Urbanístico, fornecendo alguns delineamentos; e a obra de José Afonso da Silva, *Direito Urbanístico Brasileiro*, 1ª edição, 1981, também pioneira por tratar de modo específico e aprofundado, somente dessa matéria.

A partir de meados da década 70 do século XX, aos poucos foram surgindo artigos e publicações sobre o Direito Urbanístico. Revistas especializadas foram lançadas. Criaram-se cursos nas Faculdades de Direito, de que é exemplo a Faculdade de Direito da Universidade de São Paulo, onde foi implantada, em 1976, por iniciativa de José Afonso da Silva, a disciplina respectiva, no Curso de Pós-Graduação. Ampliou-se também a legislação urbanística. Esse panorama demonstra a importância dessa disciplina jurídica, independentemente de sua conotação como ramo jurídico autônomo ou não. Pode-se dizer que o Direito Urbanístico hoje é dotado de sistematização própria e de

---

[20] SILVA, José Afonso da. *Direito Urbanístico Brasileiro*. 7. ed. São Paulo: Malheiros, 2012.
[21] SILVA, José Afonso da. *Direito Urbanístico Brasileiro*. 7. ed. São Paulo: Malheiros, 2012. p. 43.

um campo próprio sobre o qual incidem suas normas e institutos. Apresenta-se identificado, não mais podendo ser visto como capítulo ou parte de outra disciplina jurídica.

4 Princípios informadores

A pesquisa à literatura especializada revela que são poucos os autores que mencionam os princípios do Direito Urbanístico, visto tratar-se de uma disciplina jurídica de formação recente. Dentre estes autores se encontra José Afonso da Silva, no seu clássico *Direito Urbanístico Brasileiro*, que se inspirou em Antonio Carceller Fernandez para expor tais princípios. Carceller Fernandez, por sua vez, extraiu os princípios da lei espanhola de regime do solo e ordenação urbana, de 1956, que não vigora mais.

Esses princípios são os seguintes:

a) *Princípio da função social da propriedade* – No ordenamento brasileiro, o preceito apresenta base constitucional. Com efeito, o art. 5º, XXII, da Constituição Federal de 1988, garante o direito de propriedade, mas o inciso XXIII determina que a propriedade atenderá a sua função social. Por sua vez, no capítulo da política urbana, o art. 182, §2º, prevê que a propriedade urbana cumpre sua função social quando atende às exigências fundamentais de ordenação da cidade expressas no plano diretor. Vê-se, então, que se o plano diretor é instrumento básico da política de desenvolvimento e de expansão urbana, a propriedade urbana atenderá a sua função social nos termos da conformação aí delineada.

Embora o princípio da função social da propriedade também seja fundamento de outras disciplinas jurídicas (como o direito agrário, por exemplo), apresenta-se com presença marcante no Direito Urbanístico, oferecendo a base de muitos institutos e normas nele previstos.

b) *Princípio da justa distribuição dos benefícios e encargos decorrentes da atividade urbanística* – A atuação urbanística deve impedir a desigual distribuição dos benefícios e encargos entre os proprietários afetados e determinar a justa distribuição dos mesmos.[22]

---

[22] Ver: CARCELLER FERNANDEZ, Antonio. *Instituciones de Derecho Urbanístico*. 5. ed. Madri: E. Montecorvo, 1992. p. 60.

c) *Princípio da afetação das plusvalias ao custo da urbanificação* – Em virtude do preceito, o proprietário dos terrenos deve realizar os gastos da urbanificação, como compensação da mais-valia decorrente da transformação do solo ou da melhoria de suas condições de edificação.

d) *Princípio do urbanismo como função pública* – Cabem à Administração as decisões básicas nessa matéria; a ordenação urbana é expressão do poder da Administração e não mera expectativa privada. Esse princípio não veda a atuação de particulares em atividades urbanísticas, sob o crivo do poder público, ou em parceria com o poder público.

e) *Princípio da remissão ao plano* – A Constituição brasileira de 1988, no mencionado art. 182, §1º, atribui ao plano diretor municipal a condição de instrumento básico da política de desenvolvimento urbano e de expansão urbana e vincula a função social da propriedade às exigências de ordenação da cidade expressas no plano diretor (§2º do art. 182). Portanto, a Constituição remete ao plano diretor municipal as faculdades do direito da propriedade urbana. Essa remissão, conforme se depreende do §4º do mesmo artigo, implica não somente abstenções no exercício do direito de propriedade, mas também obrigações positivas ou ativas.

f) José Afonso da Silva menciona princípio ausente na obra de Carceller Fernandez: "princípio da coesão dinâmica das norma urbanísticas, cuja eficácia assenta basicamente em conjuntos normativos (procedimentos), antes que em normas isoladas".[23]

g) Pode-se aventar, ainda, o *princípio da participação na formação/ efetivação dos instrumentos urbanísticos*, vinculado à gestão democrática da cidade, de que trata o Estatuto da Cidade. Embora a participação não se restrinja ao Direito Urbanístico, aí ganha relevo, ante os diretos e imediatos reflexos na população das políticas públicas urbanísticas.

5 Desafios atuais

Vários desafios se apresentam ao Direito Urbanístico no Brasil. O primeiro, a nosso ver, situa-se na efetividade; embora o Brasil seja

---

[23] SILVA, José Afonso da. *Direito Urbanístico Brasileiro*. 7. ed. São Paulo: Malheiros, 2012. p. 45.

dotado de bom arcabouço legislativo em matéria urbanística, nota-se enorme distância entre as normas no papel e sua aplicação. Evidente que essa distância não é exclusiva das normas urbanísticas, mas nesse âmbito se revela acentuada. A pobreza de boa parte da população, a forte especulação imobiliária, a indiferença dos poderes públicos conjuga-se para "minar" a efetividade das normas urbanísticas.

Exemplo nítido oferece a questão do planejamento urbano, em especial, o aspecto do plano diretor. Mesmo sendo obrigatório para vários municípios, ou se retarda sua elaboração, ou se camufla a participação dos munícipes na sua elaboração e revisão (mediante falsas audiências públicas, por exemplo) ou "se esquece" a existência de plano diretor, deixando-o na gaveta. É outro desafio atual. A prática urbanística brasileira, em geral, não vem ocorrendo nos termos previstos no art. 182 da Constituição Federal e no Estatuto da Cidade, acarretando um total "esquecimento" ou desprestígio do planejamento e dos planos urbanísticos. Nota-se uma distância enorme entre o modelo constitucional da política urbana e a prática. Daí parecer estranho à realidade urbanística brasileira o princípio da remissão ao plano, que encontra grande ressonância em países como a Espanha e a França, onde os planos formam o eixo da atividade urbanística.

Mais alguns desafios: o caos das grandes metrópoles, aí incluídos o caos na mobilidade urbana, as habitações em áreas de risco, as enchentes. As grandes metrópoles oferecem complexos desafios ao Direito Urbanístico ante o caos urbano existente e muitas autoridades pouco ou nada fazem para enfrentá-lo, em absurda atitude niilista. Por sua vez, os médios e pequenos municípios apresentam o desafio de impedir que o caos se implante ao crescerem.

Referências

ASSINI, Nicola; MANTINI, Pierluigi. *Manuale de Diritto Urbanistico*. 2. ed. Milão: Giuffrè, 1997.

CARCELLER FERNANDEZ, Antonio. *Instituciones de Derecho Urbanistico*. 5. ed. Madri: E. Montrecorvo, 1992.

DI SARNO, Daniela Campos Libório. *Elementos de Direito Urbanístico*. São Paulo: Manole, 2004.

HENRI Jacquot; PRIET, François. *Droit de l`urbanisme*. 4. ed. Paris: Dalloz, 2001.

MEDAUAR, Odete; MENEZES DE ALMEIDA, Fernando Dias (Org.). *Estatuto da Cidade*. 2. ed. São Paulo: RT, 2004.

MENGOLI, Gian Carlo. *Manuale di Diritto Urbanistico*. 3. ed. Milão: Giuffrè, 1992.

MORAND-DEVILLER, Jacqueline. *Droit de l`Urbanisme*. 8. ed. Paris: Dalloz, 2008.

RAMÓN-FERNANDEZ, Tomás. *Manual de Derecho Urbanistico*. 13. ed. Madri: Publicaciones Abella, 1998.

SILVA, José Afonso da. *Direito Urbanístico Brasileiro*. 7. ed. São Paulo: Malheiros, 2012.

Informação bibliográfica deste texto, conforme a NBR 6023:2018 da Associação Brasileira de Normas Técnicas (ABNT):

MEDAUAR, Odete. Panorama e evolução do Direito Urbanístico. *In*: MEDAUAR, Odete; SCHIRATO, Vitor Rhein; MIGUEL, Luiz Felipe Hadlich; GREGO-SANTOS, Bruno (Coord.). *Direito urbanístico*: estudos fundamentais. Belo Horizonte: Fórum, 2019. p. 15-26. ISBN 978-85-450-0701-2.

DELINEAMENTO DO DIREITO URBANÍSTICO NO BRASIL

TARCÍSIO VIEIRA DE CARVALHO NETO

MARCOS AUGUSTO PEREZ

1 Primórdios e desenvolvimento

O Direito Urbanístico, no Brasil e alhures, diz respeito a políticas sociais iniciadas na segunda metade do século XIX, como reação aos problemas de higiene e de traçados das grandes cidades. O urbanismo moderno e seu correspondente regime jurídico surgem como uma reação aos problemas gerados pelas cidades industriais.[1]

Odete Medauar[2] ensina que quase todos os autores do Direito Urbanístico ressaltam sua formação recente, a partir dos anos 50 do

---

[1] Sobre um completo apanhado histórico, com foco na realidade espanhola, confira-se a obra de Fernando López Ramón (LÓPEZ RAMÓN, Fernando. *Introducción al Derecho urbanístico*. 4. ed. Madrid: Marcial Pons, 2013). Nela, no capítulo I, ao tratar da evolução do Direito Urbanístico, o autor percorre, com riqueza de detalhes, os urbanismos (i) liberal, (ii) social, (iii) funcional e (iv) pós-moderno, até chegar ao conceito de (v) urbanismo sustentável.

[2] MEDAUAR, Odete. Caracteres do Direito Urbanístico. *Revista de Direito Difusos*, v. 2, p. 133-139, ago./2000. p. 133. Para a autora, sem o intuito de conceituar de modo preciso, o Direito Urbanístico fixa o regime jurídico do urbanismo, o qual diz respeito "às atividades destinadas ao uso e à transformação do território". Ensina que: "Inicialmente, o urbanismo significava a arte de embelezar a cidade, ligando-se, ainda, a objetivos sanitários. Depois, foi evoluindo para uma concepção mais ampla, com notório sentido social e humano, para que se organize o espaço visando à realização da qualidade de vida humana". Ademais: "Antes pensava-se o urbanismo como a ordenação interna da cidade. Hoje não se isola o rural do urbano, trabalhando-se em termos de imbricação de espaços urbanos e espaços rurais, sobretudo os mais próximos das aglomerações citadinas". (MEDAUAR, Odete. Caracteres do Direito Urbanístico. *Revista de Direito Difusos*, v. 2, p. 133-139, ago./2000. p. 133).

século XX, com a progressiva concentração de pessoas nas cidades e a intensificação da urbanização.

Para López Ramón,[3] o desenvolvimento das cidades é fenômeno sempre presente nos grandes ciclos das civilizações, geradores de modelos urbanos característicos das diferentes épocas. Para o autor:
 a) Na Idade Antiga Ocidental, conhecemos especialmente as cidades romanas, sobre as quais houve o desenvolvimento de uma teoria racional, estruturada em construções de edifícios dotados de funções sociais (foros, termas, anfiteatros, circos) e a integração territorial em um sistema de cidades alicerçado em redes de comunicação;
 b) Na Idade Média, as cidades cristãs desempenharam importantes funções militares, políticas, econômicas e religiosas, refletidas em muralhas e nos grandes edifícios góticos (mercados, prédios públicos e catedrais);
 c) Na Idade Moderna, surgiram os traçados renascentistas estruturados por uma praça maior nas cidades coloniais espanholas, chegando mais tarde aos cenários barrocos em torno do palácio do príncipe e, finalmente, ao urbanismo iluminista com suas construções úteis (fontes, museus, palácio municipal) e seus novos povoados;
 d) As cidades de hoje são herdeiras de muitas e diversas experiências, conjugando características romanas, islâmicas, góticas, renascentistas, barrocas e iluministas. Há, inclusive, cidades representativas de diferentes épocas.

Ao tratar da evolução histórica do Direito Urbanístico, Daniela Campos Libório Di Sarno[4] revela que, na Idade Média, partes das cidades eram envoltas por uma grande muralha, com o intuito de protegê-las contra invasões, isolando-as do convívio das demais localidades, um modelo que permaneceu na Espanha até a Revolução Industrial.

O processo de industrialização foi bastante intenso na Inglaterra e na França e exigiu adequações sanitárias, alargamento de ruas e via públicas, incrementos de conforto urbano, além de equipamentos públicos mais consentâneos com as novas necessidades.

---

[3] LÓPEZ RAMÓN, Fernando. *Introducción al Derecho urbanístico*. 4. ed. Madrid: Marcial Pons, 2013. p. 25-26.
[4] DI SARNO, Daniela Campos Libório. *Elementos de direito urbanístico*. Barueri, SP: Manole, 2004. p. 8-10.

Num tal contexto, eclodiram as primeiras leis urbanísticas.

Para a referida autora, "isso foi um marco do liberalismo, já que favoreceu construções extramuros, rompendo com o modelo medieval e controlador até então vigente".[5]

Na Espanha, foi em 1956, por meio da Lei do Solo e Ordenação Urbana, que se deu o primeiro passo para a estruturação de um Direito Urbanístico espanhol.

Na Inglaterra, até 1835, em modelo fortemente descentralizado, algo em torno de 300 (trezentas) entidades prestavam serviços de iluminação, esgotamento sanitário, água, fiscalização de construções, tráfego, etc. Diante da insatisfação da população com a qualidade dos serviços, foram criadas administrações locais e novas leis vocacionadas ao controle e à fiscalização de tais atividades. Surgiu, assim, o Direito Urbanístico inglês.

Na França, ocorreu algo parecido. Segundo Di Sarno,[6] a desordem urbana acarretou problemas de saúde pública, como os de origem sanitária, chegando a provocar epidemias de cólera na primeira metade do século XIX, o que ensejou providências de caráter múltiplo e coordenado, inclusive de viés urbanístico.

Na Itália, a legislação urbanística moderna teve lugar no século XVIII, também impulsionada por problemas sanitários e pelo processo de industrialização. No período, há relatos de altos índices de mortalidade infantil. Rompeu-se o equilíbrio entre cidade e campo, dando azo à concentração urbana, com os desafios e problemas correspondentes.[7]

Na Alemanha, as primeiras normas urbanísticas surgiram no século XIX, a exemplo da Lei de Desapropriação de 1874 e da Lei de Reparcelamento, de 1902. Com o fim da Segunda Guerra Mundial, houve impulso muito forte sobre o urbanismo, para fazer frente aos problemas gerados pela destruição das cidades. Precisamente em 1960, edita-se a Lei Federal de Ordenação Urbana, considerada a primeira

---

[5] DI SARNO, Daniela Campos Libório. *Elementos de direito urbanístico*. Barueri, SP: Manole, 2004. p. 8.

[6] DI SARNO, Daniela Campos Libório. *Elementos de direito urbanístico*. Barueri, SP: Manole, 2004. p. 9.

[7] Para Daniela Di Sarno, a legislação urbanística italiana dessa época é fragmentada e esparsa. Segundo a autora, "apenas em 1865 surgiu a Lei nº 2.359, que dispôs sobre instrumentos urbanísticos, como plano e desapropriação, indicando a necessária presença do Poder Público para organizar a ocupação e o uso do solo urbano. Em 1942 surgiu a Lei nº 1.150, de caráter urbanístico, que apresentou os fundamentos da matéria". (DI SARNO, Daniela Campos Libório. *Elementos de direito urbanístico*. Barueri, SP: Manole, 2004. p. 10).

norma jurídica, de caráter federal, preocupada com a estruturação de instrumentos e fundamentos típicos de Direito Urbanístico.

Nas colônias, a trajetória do Direito Urbanístico é algo distinto. José Geraldo Simões Júnior,[8] em interessante artigo doutrinário sobre os paradigmas da urbanística ibérica adotados na colonização do continente americano, credita à política colonizadora portuguesa no Brasil uma edificação errática e rarefeita do Direito Urbanístico entre nós.

Esclarece o autor[9] que,

> ao longo do século XVI, as políticas colonizadoras empreendidas por espanhóis e portugueses em território americano diferenciaram-se fundamentalmente em função dos interesses econômicos que o território colonial representava para cada uma dessas nações.[10]

---

[8] SIMÕES JÚNIOR, José Geraldo. Paradigmas da urbanística ibérica adotados na colonização do continente americano. Sua aplicação no Brasil ao longo do século XVI. *Arquitextos*, São Paulo, ano 13, n. 148.06, Vitruvius, set. 2012.

[9] Ver 'conclusões finais' de: SIMÕES JÚNIOR, José Geraldo. Paradigmas da urbanística ibérica adotados na colonização do continente americano. Sua aplicação no Brasil ao longo do século XVI. *Arquitextos*, São Paulo, ano 13, n. 148.06, Vitruvius, set. 2012.

[10] Assevera José Geraldo Simões Júnior, nas conclusões finais de: SIMÕES JÚNIOR, José Geraldo. Paradigmas da urbanística ibérica adotados na colonização do continente americano. Sua aplicação no Brasil ao longo do século XVI. *Arquitextos*, São Paulo, ano 13, n. 148.06, Vitruvius, set. 2012: "[...]. Se nos primeiros cinquenta anos, Portugal praticamente não definiu uma política oficial de ocupação e exploração das terras conquistadas – pelo fato de todo o interesse mercantil estar voltado para o comércio de especiarias com as Índias – a Espanha, ao contrário, já percebera, desde o início, a grande riqueza em metais preciosos existente nos territórios ocupados por astecas e incas. Daí o seu projeto muito mais voltado à conquista dos povos nativos e ao planejamento da ocupação dos territórios, com o uso do poderio militar. Para os espanhóis, a implantação de uma política de dominação espacial a partir do arrasamento dos núcleos de povoação dos nativos e com a fundação de novos núcleos organizados racionalmente, fazia parte de um projeto de dominação política e ideológica. O repertório urbanístico que portugueses e espanhóis traziam de experiências anteriores à chegada à América, possuía paradigmas razoavelmente semelhantes de fundo militar e medievo-renascentista – com acentuada preferência dos espanhóis pelo modelo renascentista e dos portugueses pelo medieval. Esse repertório foi importante para explicar as políticas colonizadoras aqui empreendidas, em função das distintas possibilidades mercantis que esses territórios ofereciam. Importante destacar também que a fraca presença do governo português no Brasil ao longo deste primeiro século levou a Igreja a desempenhar um papel relevante na ordenação dos espaços urbanos seminais, uma vez que muitos dos primeiros arruamentos originaram-se de caminhos que uniam os edifícios das distintas ordens religiosas (jesuítas, beneditinos, carmelitas, franciscanos, etc.). Tal fato é plenamente constatável hoje em dia ao se analisar os sítios históricos de cidades como São Paulo, Rio de Janeiro, Olinda e até mesmo Salvador, onde se observa um ordenamento espacial marcado muito mais pela organicidade do que pelo espírito disciplinador e racional. [...]".

Dalmo de Abreu Dallari revela que, no Brasil, o direito de propriedade sempre foi garantido, mas desde que exercido em consonância com interesses sociais. A seu ver, o que "se verifica, numa incursão até as origens históricas do instituto da propriedade, é que, realmente, jamais se permitiu que alguém usasse da propriedade imobiliária de maneira absoluta, sem restrições de qualquer espécie".[11]

Forte em Fustel de Coulanges, anota Dallari que as primeiras limitações impostas ao uso das terras foram de ordem religiosa, para fins de isolamento dos templos, em razão do que eram construídas vedações, muros, paliçadas ou sebes. E que limitações semelhantes encontram-se, praticamente, em todos os povos da antiguidade.

No Código de Hamurabi,[12] já era reconhecida a propriedade privada da terra, sendo importante notar, também, a existência de responsabilidades especiais dos proprietários de terrenos marginais quanto à reparação de canais,[13] pontes e cais.[14] Ao tempo do Código, a agricultura era uma das mais importantes bases da economia, e, por isso mesmo, a irrigação era algo indispensável. Assim, havia regras muito claras sobre a necessidade de conservação de diques e o bom uso de rios, numa espécie de função social. O roubo de uma máquina de irrigação, um balde de água ou outro qualquer equipamento agrícola era pesadamente multado.[15]

Na Lei das XII Tábuas (451-449 a.C.),[16] dedicava-se um capítulo inteiro (Tábua 6) ao direito de propriedade e de posse, valendo menção

---

[11] DALLARI, Dalmo de Abreu. Legislação Municipal e direito de construir. *RDP*, n. 14, ano IV, p. 49-57, out./dez. 1970. p. 47-48.

[12] O Código traduz um corpo de leis baixadas por Hamurabi durante seu reinado na Babilônia, entre 1795 e 1750 a.C. Composto por 282 artigos, regulava em linhas gerais a sociedade na Antiguidade, mediante institutos como propriedade, penhora, sucessão hereditária, família e consumidor. O Código foi gravado numa monumental pedra preta, de dois metros e meio de altura, encontrada em 1901 pelo arqueólogo Jacques Morgan, durante escavações na cidade de Susa, na Pérsia.

[13] Confira-se o art. 55: "Se alguém abrir seus canais para aguar sua plantação, mas se descuidar e a água inundar o campo de seu vizinho, ele deve pagar a seu vizinho a perda de seu milho".

[14] Confira-se o art. 53: "Se alguém for tão preguiçoso que devendo manter sua represa em condições apropriadas não o faz; se a represa se romper e todos os campos forem inundados, então aquele em cuja represa o rompimento ocorreu deverá ser vendido por dinheiro o qual deve substituir o milho que por sua causa se arruinou".

[15] Confira-se o art. 260: "Se alguém rouba um shadduf (usado para puxar água do rio ou canal) ou um arado, deve pagar três siclos em dinheiro".

[16] As tábuas foram escritas por dez legisladores (os decênviros), com base na legislação grega. A lei foi inspirada na luta por igualdade levada a cabo pelos plebeus em Roma, em contraposição a leis orais manipuladas pelos patrícios. A Tábua 11 foi perdida no maremoto romano.

ao item 5, no sentido de que "as terras serão adquiridas por usucapião depois de dois anos de posse, as coisas móveis depois de um ano". A Tábua 8, de sua vez, continha normas relativas aos edifícios e às terras, algumas das quais incrivelmente sofisticadas, a exemplo da nº 1, que tratava da distância mínima entre construções vizinhas (dois pés e meio), e a de nº 3, sobre a impossibilidade de aquisição, por usucapião, da área de cinco pés "deixada livre entre os campos limítrofes". Há, ainda, na Tábua 8, normas sobre (i) a exigência de garantias contra danos iminentes a imóveis vizinhos,[17] (ii) a configuração de caminhos[18] e (iii) o direito de construir.[19]

Ao tratar sobre as limitações imanentes ao direito de construir, Dallari faz rico apanhado histórico da realidade brasileira, notadamente a partir do direito português. Assinala que, na legislação portuguesa antiga, sobretudo nas Ordenações Filipinas, eram comuns dispositivos relacionados a limitações em construções, no mais das vezes na perspectiva da preservação da estética das cidades.[20]

Acrescenta que "numa visão mais ampla, as limitações impostas ao direito de construir podiam-se já classificar em dois grupos: ou eram determinadas pelo direito de vizinhança ou decorriam da proteção de um interesse público".[21] E que, ao ser ressalvada a situação dos vizinhos, já eram perceptíveis preocupações com iluminação, insolação e ventilação das casas. Até mesmo os edifícios rústicos estavam limitados quanto a "não prejudicar o bom resultado das atividades agrícolas".[22]

---

[17] Confira-se a norma nº 11, da Tábua 8: "Se a água da chuva retida ou dirigida por trabalho humano causar prejuízo ao vizinho, que o pretor nomeie cinco árbitros, e que estes exijam do dono da obra garantias contra o dano eminente".

[18] Norma 12, da Tábua 8: "Que o caminho em reta tenha oito pés de largura e o em curva tenha dezesseis".

[19] Norma 13, da Tábua 8: "Se aqueles que possuírem terrenos vizinhos a estradas não os cercarem, que seja permitido deixar passar o rebanho à vontade".

[20] Anota que "este cuidado não chegava às minúcias do estabelecimento de regras para fachadas ou fixação de estilos, mas era dirigido, sobretudo, a evitar a existência de casas arruinadas que enfeiassem as cidades principais, bem como a impedir que qualquer edificação viesse a sacrificar o bem-estar do povo, especialmente dos vizinhos". (DALLARI, Dalmo de Abreu. Legislação Municipal e direito de construir. *RDP*, n. 14, ano IV, p. 49-57, out./dez. 1970. p. 49).

[21] DALLARI, Dalmo de Abreu. Legislação Municipal e direito de construir. *RDP*, n. 14, ano IV, p. 49-57, out./dez. 1970. p. 49.

[22] Toshio Mukai, de sua vez, ao tratar das origens remotas do direito do urbanismo no Brasil, assinala que, desde as Ordenações Filipinas, já era possível antever dois princípios fundamentais do Direito Urbanístico contemporâneo: um, de ordem legal, no sentido de que as limitações urbanísticas são legitimamente impostas à propriedade particular e outro, de ordem jurisprudencial, no sentido de que o proprietário lesado pode pleitear, eventualmente, indenização do Poder Público ou de terceiro, em caso de

Interessante notar, ainda, com base em Dallari,[23] que um marcante aspecto da legislação portuguesa da época é que as Ordenações do Reino, como leis gerais, fixavam princípios básicos e genéricos, ficando a cargo das autoridades locais a imposição de restrições justificadas pelas peculiaridades de cada cidade. Deveras representativas, a esse respeito, a Ord. L. 1, T. 68, §24, no sentido de que "qualquer pessoa, que tiver casas, pode nelas fazer eirado com peitoril, janelas, frestas, e portaes, quando lhe aprouver" e a Ord. L. 1, T. 68, §32, permitindo-se "aos que têm casas de uma a outra parte da rua, fazer balcão ou passadiço sobre a rua, ainda que pública, ou abobada para passar de uma a outra casa".

Também são dignas de nota algumas outras "restrições gerais" ditadas nas próprias Ordenações, como por exemplo:

a) Ord. L. 1, T. 1. §§6º, 13, 14 e 17 – obrigando, dentre outras coisas, a que todo aquele que tivesse casa ruinosa, capaz de deformar a cidade ou a vila, e de, caindo, causar dano ao vizinho, procedesse à sua reedificação, sendo até mesmo obrigado a vendê-la a quem assumisse o encargo de fazê-la, caso se tratasse de hipossuficiente;

b) Ord. L. 1, T. 66, §2º – atribuindo aos "vereadores" a seguinte responsabilidade: "e tanto que começarem a servir, hão de saber, e ver, e requerer todos os bens do Conselho, como são propriedades herdadas, casas e foros, se são aproveitados, como devem. E os que acharem mal aproveitados, fá-los-ão aproveitar e consertar".

As restrições mais detalhadas eram ditadas pelas autoridades locais, o que explica a tradição brasileira, de índole constitucional, de remeter a fixação de normas genéricas à legislação nacional e a elaboração de normas específicas às autoridades municipais.

Como exemplo de minudente regulamentação local, aponta-se a Portaria de 20.6.1796, da cidade de Lisboa, que, dentre outras restrições, proibia a construção de fornos de fazer pão sem licença do Senado. Outras portarias, mercê das quais fica clara a preocupação com a salubridade pública, dispunham que se desenterrassem das vizinhanças os

---

prejuízos decorrentes do descumprimento ou mesmo do cumprimento dos regulamentos administrativos. (MUKAI, Toshio. *Direito e Legislação Urbanística no Brasil*: história, teoria e prática. São Paulo: Saraiva, 1988. p. 13).

[23] DALLARI, Dalmo de Abreu. Legislação Municipal e direito de construir. *RDP*, n. 14, ano IV, p. 49-57, out./dez. 1970. p. 49.

fornos de fazer cal, os fornos dos oleiros para cozer vasos de barro, as fábricas de vidros e os fornos fabricados para cozer cinzas.

A tradição portuguesa de remeter ao plano local a regulamentação específica das limitações ao direito de propriedade deu margem à edição de várias leis municipais brasileiras, algumas de marcado simbolismo urbanístico.

Veio à baila, assim, a primeira lei de organização municipal, datada de 1828, remetendo à competência legislativa dos vereadores a definição de todos os aspectos relativos às edificações e suas decorrências para as cidades. No âmbito da mencionada lei, o art. 66 fazia especial referência a alinhamento, limpeza, conservação e reparos de muros, calçadas, fontes, para "decoração e benefício comum". Já o art. 71 fazia alusão à manutenção da tranquilidade, segurança, saúde, comodidade pública, asseio, segurança, elegância dos edifícios e ruas.

Daniela Di Sarno[24] assinala que, no Brasil, sempre houve legislações esparsas de caráter urbanístico, mas não havia uma consciência sobre a necessidade de unidade e convergência dessas leis no período colonial, até porque os núcleos urbanos tinham uma estrutura bastante simples e, de maneira geral, bastavam leis sobre arruamento e alinhamento dando um caráter regular e embelezando as cidades e vilas.

Segundo a mesma autora, quanto à limpeza das cidades, a Câmara de Salvador/BA já se preocupava com a proteção das fontes de água da cidade, a ponto de, em 1696, punir com multa de 6.000 (seis mil) réis quem lavasse roupa nas bicas. A partir de 1875, a mesma Casa de Leis proibiu, expressamente, enterros de "negros e necessitados" próximos às fontes de água de Salvador. Em 1859, estabeleceu-se até mesmo uma pena de punição corporal para escravos flagrados jogando entulho nas ruas.

De acordo com José Afonso da Silva,[25] sobre a evolução da legislação urbanística no Brasil, do período colonial pode ser referida, ainda, a Carta Régia da Capitania de São José do Rio Negro (Amazonas), de 3.3.1755, que traçava o plano da povoação que deveria servir-lhe de capital. Os focos de preocupação, segundo o mesmo autor, eram a estética e a formosura da Vila, o alinhamento, a largura das ruas e, o que é muito interessante para a época, a reserva de área para a expansão

---

[24] DI SARNO, Daniela Campos Libório. *Elementos de direito urbanístico*. Barueri, SP: Manole, 2004. p. 10-11.
[25] SILVA, José Afonso da. *Direito Urbanístico Brasileiro*. 7. ed. São Paulo: Malheiros, 2012. p. 51-56.

urbana, assunto que ocupa destaque na pauta de interesse do Direito Urbanístico contemporâneo.[26]

Ainda segundo José Afonso da Silva, algumas determinações relevantes em matéria edilícia foram tomadas pelas Câmaras Municipais do Brasil Colônia, como por exemplo, ainda no século XVI, as da Câmara Municipal de São Paulo que proibiam que "se armasse casa nem alicerçasse sem sua permissão" e que se edificasse "casa nova, nem abrisse quintal, sem que os Srs. Oficiais se arruasse".

Ensina o mesmo autor que grande parte destas normas perdurou no Império, dada a vigência das Ordenações nesse período, com algumas modificações ao longo da Monarquia, mas a Constituição do Império, de 1824, nada dispôs sobre o assunto, declarando apenas que existiam Câmaras em cada cidade e vila, às quais competia o governo econômico e municipal (art. 167), com atribuições que seriam decretadas por uma lei regulamentar, o que deu margem à Lei de 1.10.1828, que atribuiu aos vereadores competência para "tratar dos bens e obras do Município e do governo econômico e policial da terra, e do que neste ramo for a prol dos seus habitantes" (art. 40), e que "farão repor no antigo estado as servidões e caminhos públicos, não consentido de maneira alguma que os proprietários dos prédios usurpem, tapem, estreitem, ou mudem a seu arbítrio as estradas" (art. 41).

Segundo a mesma lei, em consonância com o art. 66, §§1º, 2º, 3º, 4º e 5º, os vereadores teriam a seu cargo poderes de polícia, quanto a posturas, em matéria urbanística, sobre:

a) Alinhamento, limpeza, iluminação, cais e praças; conservação e reparo de muralhas feitas para segurança dos edifícios, prisões públicas, calçadas, pontes, fontes, aquedutos, chafarizes, poços, tanques e quaisquer outras construções em benefício comum dos habitantes, ou para decoro e ornamento das povoações;

b) Estabelecimento de cemitérios fora do recinto dos templos; o esgotamento de pântanos e qualquer estagnação de águas infectas; a economia e o asseio dos currais, matadouros públicos,

---

[26] Ensina José Afonso da Silva: "[...] as posturas municipais da Colônia determinavam, além dos arruamentos, obrigações de alinhamento, desapropriações 'para aí ficar a Vila mais enobrecida e a Praça dela'. Por volta de 1712, a Câmara Municipal de Vila Rica (Ouro Preto) regulava assuntos urbanísticos, preocupada com arruamento e beleza da cidade, consoante a disposição da 'vereação em que resolveram se fizesse vistoria nas casas sediadas no bairro de Ouro Preto para que se arruassem de sorte que ficasse Praça suficiente por ser de fronte da Igreja para ficar mais vistosa aquela rua". (SILVA, José Afonso da. *Direito Urbanístico Brasileiro*. 7. ed. São Paulo: Malheiros, 2012. p. 52).

colocação de curtumes, depósitos de imundícies e tudo que pudesse alterar ou corromper a salubridade da atmosfera;
c) Edifícios ruinosos, escavações e precipícios nas vizinhanças das povoações;
d) Perturbação do silêncio, injúrias e obscenidades contra a moral pública;
e) Construções, reparos e conservação das estradas, caminhos, plantações de árvores para preservação de seus limites à comodidade dos viajantes e das que forem úteis para a sustentação dos homens e dos animais.

José Afonso da Silva, com sua habitual argúcia, nas providências anteriormente referidas, vê medidas de combate à poluição, preservação do meio ambiente, medidas contra a deterioração do solo urbano e contra a poluição sonora, marcadas de interesse público. Para o autor,

> as Câmaras deliberavam em geral sobre os meios de promover e manter a tranquilidade, segurança, saúde e comodidade dos habitantes; o asseio, segurança, elegância e regularidade externa dos edifícios e ruas das povoações; e sobre estes objetos formavam suas posturas, que eram publicadas por editais (art. 71).[27]

Com o Ato Adicional à Constituição do Império, foram criadas as Assembleias Legislativas nas Províncias, com atribuições específicas e competências para legislar sobre alguns assuntos de Direito Urbanístico, tais como: a) desapropriação por utilidade municipal e provincial; b) obras públicas; e c) estradas no interior do território provincial.

Ensina José Afonso da Silva[28] que foi com as leis sobre desapropriação que se delinearam as primeiras normas jurídicas urbanísticas, como de resto ocorreu na maioria dos países. A primeira veio à tona em 9.9.1826 e autorizava a desapropriação por utilidade pública para a realização de obras de caráter geral e decoração pública. Em seguida, veio a Lei nº 57, de 16.3.1836, regulando a desapropriação por utilidade municipal ou provincial para a abertura ou o melhoramento de estradas, canais, portos, aguadas, construções de pontes, ranchos, servidões e comodidades necessárias ao uso destes objetos, bem como abertura ou

---

[27] SILVA, José Afonso da. *Direito Urbanístico Brasileiro*. 7. ed. São Paulo: Malheiros, 2012. p. 53-54.
[28] SILVA, José Afonso da. *Direito Urbanístico Brasileiro*. 7. ed. São Paulo: Malheiros, 2012. p. 54.

melhoramento de ruas, praças, decorações, monumentos, aquedutos, fontes e logradouros públicos (art. 1º). Depois, em 12.7.1845, veio uma nova lei de desapropriações, possibilitando a fundação de povoações, abertura, alargamento ou prolongamento de estradas, ruas, praças e canais; a construção de pontes, fontes, aquedutos, portos, diques, cais e qualquer estabelecimento destinado à comodidade ou servidão pública; construção ou obras destinadas à decoração ou salubridade pública.

Dignos de destaque, ainda, a Lei nº 816, de 10.7.1855, e seu Regulamento, baixado pelo Decreto nº 1.664, de 27.10.1855, sobre desapropriações voltadas à construção de estradas de ferro. Tais desapropriações eram subordinadas aos chamados planos de obras, de caráter vinculativo, típicos de ordenamentos europeus.

As normas da Lei nº 816 foram posteriormente estendidas às desapropriações por utilidade pública municipal na Capital Federal (Decreto nº 602, de 24.7.1890) e às desapropriações para execução de obras da competência da União e do Distrito Federal (Lei nº 1.021, de 26.8.1903).

Por meio da Lei nº 1.021, de 26.8.1903, anteriormente aludida, autorizou-se o Governo Federal a expedir regulamento e a consolidar as disposições até então em vigor sobre desapropriações, o que veio a ocorrer mediante a edição do Decreto nº 4.956, de 9.9.1903, posteriormente aplicável às obras dos Estados e Municípios por força do disposto no Decreto-Lei nº 496, de 14.6.1938.

No plano constitucional, já em meio à República, útil referir que a Constituição de 1891, salvo a previsão sobre a possibilidade de desapropriação por utilidade pública (art. 72, §17), nada dispôs sobre o Direito Urbanístico.

As Constituições republicanas posteriores, até a de 1969, incluíram na competência da União a possibilidade de estabelecer plano nacional de viação férrea e o de estradas de rodagem (art. 5º, IX) e asseguraram a competência dos Municípios em tudo que dissesse respeito ao seu peculiar interesse, incluída a função urbanística local.

A partir dos anos 1960, do século passado, surgiram alguns atos voltados à implementação de políticas públicas de habitação e planejamento territorial, na esteira da Lei nº 4.380, de 21.8.1964, que criou o Banco Nacional de Habitação (BNH), com competência para "promover e estimular o planejamento local integrado e as obras e serviços de infraestrutura urbana".

A Lei nº 6.766, de 19.12.1979, enfim, é o grande marco dos anos 1970, pois traz, até com bastante atraso em relação ao grande movimento de adensamento das cidades brasileiras, iniciado no período que sucede a segunda grande guerra mundial, normas gerais de parcelamento do solo urbano que possibilitam uma organização mínima das cidades.

Coroando o traço evolutivo da matéria, a Constituição de 1988 deu acentuado relevo à matéria urbanística. Nela há dispositivos sobre diretrizes do desenvolvimento urbano (arts. 21, XX, e 182), meio ambiente (arts. 23, III, IV, VI e VII; 24, VII e VIII), planos urbanísticos (arts. 21, IX; 30, VIII; e 182) e sobre a função social da propriedade urbana.

A partir desse novo quadro institucional, edita-se, já no abrir do novo século, a Lei nº 10.257, de 10.07.2001, Estatuto da Cidade, a qual, pode-se dizer, refunda o Direito Urbanístico entre nós.

2 Bases constitucionais

Como se vê, a Constituição de 1988 (CF) deu, relativamente, extenso tratamento ao Direito Urbanístico, passando, assim, a partir de sua edição, a constituir a base ou a moldura essencial sobre a qual se constrói o Direito Urbanístico entre nós. A inserção de um Capítulo – "Da Política Urbana" – no corpo do Título VII – "Da Ordem Econômica e Financeira" – já anuncia a importância que o constituinte de 1988 quis conferir ao urbanismo, sistematizando-o, é bom que se note, como matéria ligada à intervenção estatal no domínio econômico.

A relevância das normas constitucionais urbanísticas não as imuniza, todavia, de dúvidas em sua interpretação e aplicação.

Resultado da pluralidade de concepções e do debate entre as forças políticas atuantes na Assembleia Nacional Constituinte, o texto constitucional por vezes revela a tensão entre os defensores de uma concepção radicalmente civilista da propriedade privada urbana e os defensores de uma modernização da regulação estatal desse mesmo direito de propriedade.

O Capítulo II, do Título VII da CF é formado por dois artigos, o art. 182 e o art. 183.

O art. 182 da CF salienta a preponderância do Município na função de executar a "política de desenvolvimento urbano".[29]

---

[29] "Art. 182. A política de desenvolvimento urbano, executada pelo Poder Público municipal, conforme diretrizes gerais fixadas em lei, tem por objetivo ordenar o pleno desenvolvimento das funções sociais da cidade e garantir o bem-estar de seus habitantes.

Observe-se que se trata de uma competência de natureza material, no sentido de se por em prática ou se executar (vocábulo utilizado pelo texto constitucional) uma determinada função. Cravar essa conclusão é fundamental para a correta compreensão da divisão de competências, em matéria urbanística, entre os distintos entes federativos, pois reserva à União e aos Estados um papel essencialmente regulador e por vezes planejador, das atribuições executadas pelo Município.

O art. 182 da CF estabelece ainda os desígnios da política de desenvolvimento urbano: "ordenar o pleno desenvolvimento das funções sociais da cidade" e "garantir o bem-estar de seus habitantes". Trata-se de um primeiro eufemismo dessa parte do texto magno que fala em "cidade" quando, a bem da verdade, deveria dizer propriedade privada urbana. Assim, a correta interpretação do art. 182 não conduz a outra conclusão que não seja a de que a finalidade das normas urbanísticas é colocar em prática o princípio da função social da propriedade. Essa conclusão, que para todos hoje é quase uma obviedade, na época em que redigido o art. 182, era uma matéria de grande polêmica política, acirrando os ânimos de ideólogos à direita e, à esquerda, o que levou o constituinte a falar em função social da cidade, no lugar do que mais claro seria, isto é, no lugar de falar em função social da propriedade.

Mas, em que pese o sofisma, a CF acabou por definir, com um olhar bastante contemporâneo, que, em sentido muito amplo, essa função social corresponde ao bem-estar dos habitantes das cidades, o qual deve ser incessantemente buscado pelo ordenamento jurídico urbanístico infraconstitucional.

Os parágrafos 1º e 2º, do art. 182, praticamente introduzem o instituto do *plano diretor* no direito brasileiro, figura antes só prevista em legislação esparsa e sem uniformidade de nomenclatura ou de

---

§1º – O plano diretor, aprovado pela Câmara Municipal, obrigatório para cidades com mais de vinte mil habitantes, é o instrumento básico da política de desenvolvimento e de expansão urbana. §2º – A propriedade urbana cumpre sua função social quando atende às exigências fundamentais de ordenação da cidade expressas no plano diretor. §3º – As desapropriações de imóveis urbanos serão feitas com prévia e justa indenização em dinheiro. §4º – É facultado ao Poder Público municipal, mediante lei específica para área incluída no plano diretor, exigir, nos termos da lei federal, do proprietário do solo urbano não edificado, subutilizado ou não utilizado, que promova seu adequado aproveitamento, sob pena, sucessivamente, de: I – parcelamento ou edificação compulsórios; II – imposto sobre a propriedade predial e territorial urbana progressivo no tempo; III – desapropriação com pagamento mediante títulos da dívida pública de emissão previamente aprovada pelo Senado Federal, com prazo de resgate de até dez anos, em parcelas anuais, iguais e sucessivas, assegurados o valor real da indenização e os juros legais".

conteúdo. Determina-se a obrigatoriedade de adoção do plano diretor por Municípios de mais de vinte mil habitantes[30] e o define de forma ampla como o instrumento básico da política de expansão e desenvolvimento urbano (§1º) e como o diploma que deve conter as normas mais importantes – "exigências fundamentais", nos termos do texto constitucional – de ordenação da cidade (§2º). É, ademais, nos termos do §2º, o cumprimento ou não dessas normas que indicará concretamente o atendimento do princípio da função social da propriedade urbana.[31]

Os parágrafos 3º e 4º, do art. 182, voltam a refletir as tensões políticas acima referidas. O §3º é a repetição do princípio do art. 5º, XXIV, segundo o qual, salvo exceções previstas na própria CF, a desapropriação se dá mediante prévia e justa indenização em dinheiro. A presença do §3º no corpo do art. 182 visa, unicamente, a contrabalancear, retoricamente, a, esta sim importante, norma que possibilita a utilização da desapropriação como mecanismo de sanção contra o exercício abusivo do direito de propriedade ou, melhor dizendo, o descumprimento, no gozo do direito de propriedade, do primado da função social. Assim importa mais ao intérprete constitucional identificar que a CF já fixa alguns mecanismos, sem prejuízo de outros que a legislação infraconstitucional venha a instituir, voltados a sancionar o desvio da função social da propriedade urbana (§4º), a saber: o parcelamento e a edificação compulsórios; o IPTU progressivo no tempo e a desapropriação com pagamento não em dinheiro, mas

---

[30] Fundamental, aqui, que se anote o papel desempenhado nos últimos anos pelos tribunais de contas, no Brasil, os quais passaram a cobrar o cumprimento do §1º, do art. 182, como pressuposto para a emissão de parecer favorável à aprovação das contas de prefeitos municipais, vários são os precedentes neste sentido, dentre os quais é possível citar, do TCESP (Tribunal de Contas do Estado de São Paulo), os seguintes processos: TC 3155/026/03, Rel. Cons. Renato Martins Costas (j. 04.10.2005) e TC 2572/026/03, Rel. Cons. Eduardo Bittencourt Carvalho (j. 22.11.2005).

[31] Uma discussão importante a respeito do significado normativo da consagração constitucional do plano diretor está, em que pese o caráter genérico emprestado pela CF à sua definição, na polêmica entre os que defendem um plano diretor autoaplicável, que já deveria definir, neste sentido, o zoneamento e os índices urbanísticos, e os que defendem um modelo genérico que só estabelece diretrizes e deixa a ordenação territorial para a abordagem de outras leis. Para PINTO, Victor Carvalho. *Direito Urbanístico*: plano diretor e direito de propriedade. 3. ed. São Paulo: Editora Revista dos Tribunais, 2011. p. 117: "[...] depreende-se claramente que o plano diretor de que falavam os constituintes é um plano autoaplicável, que contém o zoneamento e estabelece índices urbanísticos". Mas o mesmo autor, mais a frente, reconhece que o Estatuto da Cidade acabou por contrariar essa idéia: "É possível concluir que o modelo efetivamente adotado após o Estatuto da Cidade foi o de plano urbanístico de diretrizes, ou seja, não autoaplicável" – PINTO, Victor Carvalho. *Direito Urbanístico*: plano diretor e direito de propriedade. 3. ed. São Paulo: Editora Revista dos Tribunais, 2011. p. 130.

em títulos da dívida pública resgatáveis em até dez anos, do que compreender que a desapropriação da propriedade imóvel urbana deve se dar com justa e prévia indenização em dinheiro, o que, sendo norma para todas as desapropriações, é uma mera redundância retórica do texto constitucional.

Mas, as tensões não param por aqui. O §4º convoca mais uma vez o esforço do intérprete constitucional ao estabelecer que os institutos delimitados pelos seus incisos I, II e III são penalidades aplicadas sucessivamente ou, utilizando suas expressões literais, que o Município possa: "exigir, nos termos da lei federal, do proprietário do solo urbano não edificado, subutilizado ou não utilizado, que promova seu adequado aproveitamento, sob pena, *sucessivamente*, de (...)". – grifos dos autores.

Ora, com o uso da expressão "sucessivamente", quereria dizer o constituinte que os remédios indicados nos incisos do §4º não poderiam ser aplicados simultânea e cumulativamente? Ou, ainda, que haveria, desde o texto constitucional, o condicionamento da aplicação desses remédios à ordem de precedência estabelecida nos referidos incisos, sendo assim o remédio do inciso II irremediavelmente precedido pelo do inciso I e do inciso III necessariamente precedido dos remédios I e II?

Não é esse efetivamente o entendimento mais correto do texto constitucional. Não é porque a história determinou, por obra de uma determinada conjunção de forças políticas existentes no momento de edição da CF, reduzir a clareza da norma constitucional, que os intérpretes dessa norma devam ficar escravos desse passado, confinados eventualmente à irracionalidade do processo político de modo a legar ao aplicador da norma, seja administrador ou juiz, uma diretriz sem sentido ou de aplicação impossível.[32]

O mais correto é compreender que o constituinte criou mecanismos para remediar a inobservância da função social da propriedade urbana e que remeteu ao legislador infraconstitucional a possibilidade de regular a aplicação concreta desses institutos, não necessariamente na estrita sequência prevista nos incisos do §4º ora comentado.

---

[32] A partir de uma elaboração um pouco distinta, José Afonso da Silva chega a concluir com claro desencanto sobre as tortuosas linhas constitucionais e sobre as dificuldades relacionadas à sua interpretação e aplicação: "O percurso é longo e espinhoso, porque a Constituição, sempre muito apegada no garantir o direito de propriedade, cercou a aplicação dos institutos do parcelamento, edificação e utilização compulsórios de muitas cautelas, que praticamente os tornam inviáveis". (SILVA, José Afonso da. *Direito Urbanístico Brasileiro*. 7. ed. São Paulo: Malheiros, 2012. p. 428).

Nessa linha, ao utilizar a expressão "sucessivamente", a CF teve como objetivo frisar a possibilidade de aplicação de todas as sanções estabelecidas pelo §4º, ainda que cumulativamente e, não como aparenta, marcar uma sequência de eventos ou atos. Isso se torna mais claro ainda, quando, em olhar mais detido, verifica-se que as medidas sancionatórias indicadas, se aplicadas sempre sequencialmente, tendem a impossibilitar a aplicação umas das outras. Afinal, a edificação ou o parcelamento compulsório, se consumados (e o problema passa a ser determinar qual o marco temporal ou factual que irá configurar o descumprimento da obrigação de edificar ou parcelar compulsoriamente), inviabilizaria a exação progressiva e esta, uma vez praticada, poderia vir a tornar a desapropriação um *bis in idem*, ou seja uma dupla subtração forçada de ativos do proprietário, o que também inviabilizaria a sua aplicação.

Em muitas situações concretas que poderiam ser hipoteticamente traçadas pelo legislador infraconstitucional, talvez fosse preferível criar um sistema de tributação progressiva que incentivasse proprietários a cumprir a função social de sua propriedade, ao invés de diretamente puni-los com a sanção da edificação ou do parcelamento compulsórios.[33]

Como se isso não bastasse, observe-se que não é somente o imóvel não edificado que descumpre – segundo as expressões do próprio §4º – a função social da propriedade, mas também o imóvel subutilizado ou não utilizado (e.g. um imóvel edificado, mas abandonado por seu proprietário), o que importa dizer que a aplicação necessariamente sequencial dos incisos do §4º, do art. 182, da CF, conduziria à impossibilidade, muitas vezes, de aplicação de sanções no caso de propriedades já edificadas.[34]

---

[33] Concordamos com a lição de Victor Carvalho Pinto, para quem: "A ociosidade de imóveis edificados poderá ser reduzida mais eficazmente por medidas de outra natureza, como elevação das alíquotas do IPTU [...]. Tais medidas, aliás, substituiriam com vantagens o próprio instituto em comento". (PINTO, Victor Carvalho. *Direito Urbanístico*: plano diretor e direito de propriedade. 3. ed. São Paulo: Editora Revista dos Tribunais, 2011. p. 192).

[34] É certo que a Lei nº 10.257, de 10.07.2001 (Estatuto da Cidade) acabou resolvendo essa questão ao prever (ao lado das sanções constitucionais) a *utilização compulsória* como sanção para a omissão do proprietário em dar função social a seu imóvel urbano. Mas esse fato não só não invalida o argumento aqui exposto, que se dá em termos unicamente constitucionais, como ratifica indiretamente que a fórmula do §4º, do art. 182 possibilita que a legislação infraconstitucional lhe complete, introduzindo variáveis normativas no intuito de torna-lo uma norma de aplicação possível.

Apesar disso, na visão do legislador, ao instituir o chamado Estatuto da Cidade – Lei nº 10.257, de 10.07.2001 -, acabou por prevalecer a ideia de uma sequencia de medidas, a se iniciar pela edificação ou pelo parcelamento compulsórios e findar com a desapropriação sanção,[35] o que, insista-se, não necessariamente deveria ser o extraído do texto magno, o qual seguramente conferia maior flexibilidade ao legislador para que viesse a buscar, conforme o caso, uma aplicação mais inteligente e, logo, mais eficiente dos remédios indicados no §4º, do art. 182, da CF.

Já o art. 183[36] e seus parágrafos 1º, 2º e 3º, menos polêmicos, vão regrar outro instrumento de Direito Urbanístico: o *usucapião urbano*. Nos termos do citado artigo, que acabou por ter muito menor repercussão e importância prática do que o constituinte aparentemente previa ao elevá-lo a condição de norma constitucional, a pessoa que possuir como seu, imóvel urbano de até 250m² (duzentos e cinquenta metros quadrados), utilizando-o para moradia própria, sem oposição e ininterruptamente por, no mínimo, 5 (cinco) anos, não sendo proprietário de outro imóvel urbano ou rural e não se tratando de imóvel público, "adquirir-lhe-á o domínio".

Fora do Capítulo II, que trata da política urbana, a CF traz outras normas importantes para o Direito Urbanístico: os incisos IX e XX do art. 21; os incisos I, III, VI, IX e X do art. 23; os incisos I, VII e VIII do art. 24; o §3º do art. 25 e o inciso VIII, do art. 30, que por tratarem de competências normativas ou materiais dos distintos entes federativos serão mais bem abordadas no tópico seguinte.

Importante lembrar, por fim, que a moldura constitucional do Direito Urbanístico completa-se pelo art. 241[37] da CF, na redação que

---

[35] É assim, desapropriação sanção, que a doutrina atual tende a chamar a desapropriação prevista no §4º, do art. 182, da CF, regulamentada pela Lei nº 10.257, de 10.07.2001. Confira-se, neste sentido: MEDAUAR, Odete. *Direito Administrativo Moderno*. São Paulo: Editora Revista dos Tribunais, 2013. p. 396.

[36] "Art. 183 Aquele que possuir como sua, área urbana de ate duzentos e cinquenta metros quadrados, por cinco anos, ininterruptamente e sem oposição, utilizando-a para sua moradia ou de sua família, adquirir-lhe-á o domínio, desde que não seja proprietário de outro imóvel urbano ou rural. §1º – O título de domínio e a concessão de uso serão conferidos ao homem ou à mulher, ou a ambos, independentemente do estado civil. §2º – Esse direito não será reconhecido ao mesmo possuidor mais de uma vez. §3º – Os imóveis públicos não serão adquiridos por usucapião".

[37] "Art. 241. A União, os Estados, o Distrito Federal e os Municípios disciplinarão por meio de lei os consórcios públicos e os convênios de cooperação entre os entes federados, autorizando a gestão associada de serviços públicos, bem como a transferência total ou parcial de encargos, serviços, pessoal e bens essenciais à continuidade dos serviços transferidos. (Redação dada pela Emenda Constitucional nº 19, de 1998)".

lhe deu a Emenda Constitucional nº 19. O art. 241 prevê a formação de consórcios públicos e de convênios de cooperação entre entes federados, com a finalidade de gerirem associadamente serviços públicos. Trocando em miúdos, pode-se dizer que Municípios que não possuam condições materiais, institucionais ou financeiras de executar isoladamente políticas urbanas que passem pela prestação de serviços públicos e demais encargos a estes relacionados, podem se associar a outros Municípios ou mesmo ao Estado ou à União para o cumprimento desse desígnio. Consórcios e convênios de cooperação tornam-se, assim, mais um relevante instrumento constitucional para o urbanismo.[38]

3 Competências constitucionais em Direito Urbanístico

Como já se disse, a CF em seus artigos 21, 23, 24, 25 e 30 trata de dividir entre os entes federados uma série de competências relacionadas ao urbanismo. Observe-se que para compreender plenamente essa distribuição de atribuições é necessário notar que o Direito Urbanístico se relaciona bastante intimamente com outros ramos ou matérias jurídicas, dentre os quais o Direito Ambiental, o Direito Econômico e o Direito Administrativo, e que a CF, ao tratar por vezes destes, acaba referindo-se indiretamente ao Direito Urbanístico.

É isso o que ocorre, por exemplo, com o inciso IX, do art. 21, que estatui competência da União para o planejamento econômico e territorial; com muitos dos incisos do art. 23, que estabelecem competência material comum da União, Estados, Distrito Federal e Municípios para conservação do patrimônio público, do meio ambiente, de paisagens, para a promoção de programas de moradia social, para erradicação da pobreza, entre outras matérias de bem estar; com os incisos VII e VIII do art. 24, ao fixar competência legislativa concorrente em matéria de proteção ao patrimônio histórico, cultural, artístico, turístico, paisagístico e do meio ambiente; com o §3º do art. 25, ao

---

[38] Principalmente os consórcios públicos, mas também em alguma medida os convênios de cooperação encontram-se regulados no Brasil pela Lei nº 11.107, de 06.04.2005, sobre os consórcios, anotam MEDAUAR, Odete; OLIVEIRA, Gustavo Justino de. *Consórcios Públicos*. São Paulo: Editora Revista dos Tribunais, 2006. p. 30: que múltiplas funções ou matérias podem ser atribuídas a consórcios públicos, por exemplo, "a habitação, a aquisição de equipamentos e máquinas e o abastecimento de água", matérias claramente atinentes ao conceito de urbanismo e ao Direito Urbanístico. Dois ou mais Municípios contíguos poderiam se unir para a formação de um parque tecnológico, um parque industrial ou para a criação de áreas florestais de preservação ambiental. Efetivamente há muito que se fazer nessa área e os fenômenos da metropolização e da conturbação impulsionam a adoção desses mecanismos.

instituir competência dos Estados para "instituir regiões metropolitanas, aglomerações urbanas e microrregiões, constituídas por agrupamentos de municípios limítrofes, para integrar a organização, o planejamento e a execução de funções públicas de interesse comum"; ou, ainda, com o art. 30, ao instituir competência genérica para o Município legislar sobre assuntos de interesse local, bem como para regular e executar diversos serviços públicos, cuja prestação adequada revela-se instrumental à concretização dos objetivos do Direito Urbanístico.

Ao lado desse grande número de dispositivos merecem destaque duas normas essenciais para a compreensão da divisão constitucional de competências. O *inciso VIII, do art. 30 e o inciso I, do art. 24*. O primeiro estabelece a competência primaz do Município para promover o ordenamento territorial, mediante planejamento e controle do uso, do parcelamento e da ocupação do solo urbano. É, portanto, dever do Município, à luz das características locais, legislar e pôr em prática normas de planejamento do uso do solo urbano. Essas normas, diante da necessária combinação do art. 30 com o art. 182 da CF, estarão consubstanciadas no chamado *plano diretor,* mas também serão objeto das geralmente chamadas leis de zoneamento, alinhamento, parcelamento ou código de obras.

Dessa forma, nos termos da CF, o Município é o principal ator na arena do Direito Urbanístico. É, com efeito, à Administração local que a CF atribui as principais funções executivas relacionadas ao desenvolvimento sustentável das cidades e à preservação da função social da propriedade urbana.

Já o inciso I, do art. 24, fixa a competência concorrente da União, Estados, Distrito Federal e Municípios para legislar sobre Direito Urbanístico, ponto merecedor de atenção e maior aprofundamento.

Ao optar por definir um quadro de competências concorrentes, isto é, em estabelecer uma série de atribuições normativas que são partilhadas entre os diferentes entes federados, o art. 24 da CF aderiu à técnica denominada "divisão vertical"[39] de competências, nitidamente inspirada no constitucionalismo alemão e na chamada Lei Fundamental Alemã.[40]

---

[39] Cf. MORAES, Alexandre. *Direito Constitucional.* São Paulo: Editora Atlas, 2011. p. 325, para quem: "A Constituição brasileira adotou a competência concorrente não cumulativa ou vertical, de forma que a competência da União está adstrita ao estabelecimento de normas gerais [...]".

[40] Cf. ALMEIDA, Fernanda Dias Menezes de. *Competências na Constituição de 1988.* São Paulo: Editora Atlas, 2000. p. 76, que ao descrever as fontes mais próximas de inspiração da CF

Por meio dessa divisão, tanto a União, quanto os Estados, o Distrito Federal e todos os mais de cinco mil[41] Municípios brasileiros podem legislar sobre Direito Urbanístico, o que engendra o risco de uma excessiva fragmentação normativa e, consequentemente, de uma crescente confusão e insegurança jurídica, sem falar em eventuais falhas de coordenação na execução de políticas mais abrangentes, seja de caráter nacional, seja de caráter regional.[42]

Essencial, diante desse quadro, que a interpretação da CF trabalhe com elementos de racionalidade, de modo a evitar o risco do caos normativo, fruto da excessiva fragmentação legislativa em matéria urbanística, fato que somente levaria à frustração dos desígnios estabelecidos pela própria CF nesse tema.

É certo que essa tarefa não é simples, pois os Municípios brasileiros são muito desiguais. Ao falar de autonomia legislativa municipal, fala-se, ao mesmo tempo, de municípios como São Paulo, o maior Município brasileiro, com mais de onze milhões de habitantes e outros muitos como Altair ou Alambari, também situados no Estado de São Paulo, mas que contam com cerca de cinco mil habitantes.

Mas, em que pese essas desigualdades e a necessidade de se preservar uma dimensão local para o desenvolvimento da legislação urbanística, pois, utilizando-se do exemplo anterior, seguramente as preocupações que deve ter o legislador urbanístico da cidade de São Paulo são bastante distintas do legislador urbanístico de Alambari, é imperioso que se busque um espaço de coerência e harmonia entre os diferentes níveis verticais da federação. Em suma, é necessário que seja sacado do texto magno a possibilidade tanto de estabelecer normas de caráter nacional, quanto o intuito de fixar princípios, regras, instrumentos, diretrizes, objetivos, políticas ou planos uniformemente aplicáveis em todo o território, como também de oferecer espaço para que Estados e Municípios busquem adaptar todo esse quadro

---

crava: "como se sabe, no Brasil, a Constituição de 1934, no exterior a Constituição alemã de 1949, são os textos que maiores subsídios poderiam oferecer a esse propósito".

[41] Segundo dados do IBGE, existem 5.561 (cinco mil, quinhentos e sessenta e um) municípios no Brasil – cf. IBGE. *Indicadores Sociais Municipais*. 2000. Disponível em: https://ww2.ibge.gov.br/home/estatistica/populacao/indicadores_sociais_municipais/tabela1a.shtm. Acesso em: 02 mar. 2018.

[42] O conceito de "falhas de coordenação" é trabalhado por SUNSTEIN, Cass R.. *After the Rights Revolution. Reconceiving the Regulatory State*. Cambridge: Harvard University Press, 1990. p. 93, para quem: "Algumas leis falham porque não se conciliam de forma alguma com outras leis, mesmo regulando o mesmo objeto. O resultado é inconsistência e incoerência no Direito".

normativo à realidade e às peculiaridades locais, com destaque especial nesse quadro institucional para os Municípios, em função de ser primordialmente sua – como visto acima – a competência de pôr em prática ou executar as políticas de desenvolvimento urbano (art. 182).

Com essa finalidade, isto é, com o objetivo de harmonizar a legislação editada pelos diferentes entes federados em temas de competência concorrente, a CF estabelece no §1º, do art. 24, que nessas matérias, dentre as quais o Direito Urbanístico, cumpre à União editar *normas gerais*.[43] Sem descer a maiores detalhes, o texto constitucional aparenta querer restringir a capacidade de atuação da União estatuindo que sua competência "limitar-se-á a estabelecer normas gerais", o que é mera aparência e não traduz a essência do estabelecido pela CF, conforme demonstrar-se-á na sequencia.

O disposto no §1º é completado pelos §§2º, 3º e 4º,[44] pelos quais se estatui que os Estados podem suplementar a legislação federal – a doutrina tem apontado que a CF utiliza a expressão suplementar seja no sentido de suprir a falta, seja no sentido de complementar[45] – e que na ausência de legislação federal os Estados podem editar normas que a substituam até que a União edite, supervenientemente, normas gerais, as quais suspenderão "a eficácia" das normas estaduais que se opuserem àquelas. Os parágrafos do art. 24, observe-se, nada dizem sobre a competência suplementar ou complementar dos Municípios.

---

[43] "§1º – No âmbito da legislação concorrente, a competência da União limitar-se-á a estabelecer normas gerais".

[44] "§2º – A competência da União para legislar sobre normas gerais não exclui a competência suplementar dos Estados.
§3º – Inexistindo lei federal sobre normas gerais, os Estados exercerão a competência legislativa plena, para atender a suas peculiaridades.
§4º – A superveniência de lei federal sobre normas gerais suspende a eficácia da lei estadual, no que lhe for contrário".

[45] Cf. FERREIRA FILHO, Manoel Gonçalves. *Comentários à Constituição de 1988*. São Paulo: Editora Saraiva, 1990. p. 196, para quem "o termo 'suplementar' que adota o texto constitucional não costuma ser empregado pela doutrina ao tratar da repartição de competências, nem o era a esse propósito utilizado pelas Constituições anteriores. De fato, é ele ambíguo. Como informam os dicionários, 'suplementar' tanto significa 'complementar' quanto 'suprir'. Assim, dizer que uma competência é 'suplementar' tanto pode significar que essa competência é complementar quanto que ela é supletiva. Na verdade, o termo 'suplementar' nesta Constituição tem esses dois sentidos. No §2º é empregado por 'complementar' no §3º, por 'supletivo'". Também nesse sentido vale conferir FIGUEIREDO, Lúcia Vale. *Direito Público*. Belo Horizonte: Editora Fórum, 2007. p. 72, para quem "Suplementar é preencher claros, é adicionar, esclarecer, aperfeiçoar. Portanto, ao Estado cabe o aperfeiçoamento regional das normas gerais estabelecidas pela União".

Na verdade, os §§ do art. 24 não têm como objetivo limitar a capacidade legislativa da União, ou estabelecer uma esdrúxula supremacia da legislação local sobre a federal em matérias de competência concorrente, fato que não teria precedentes no constitucionalismo mundial. O objetivo dessas normas constitucionais é, sim, fixar o papel protagonista da legislação federal[46] em relação às normas editadas pelos Estados e pelos Municípios, assegurando que as normas federais são gerais e que o papel dos demais entes federativos é o de complementar ou suplementar essa legislação.[47]

Dessa forma, por se tratar o Direito Urbanístico de matéria de competência legislativa concorrente dos entes federados, cumpre à União estabelecer normas gerais, normas de caráter nacional, as quais nortearão ou subordinarão todas as demais normas editadas no âmbito da federação. Cumprirá aos Estados, nos estritos termos da CF, legislar sobre urbanismo de forma suplementar, que nesse contexto compreende completar, pormenorizar, detalhar as normas gerais prescritas, atribuindo-lhes caráter regional.

Não será permitido, entretanto, nos termos da CF, que os Estados extrapolem o caráter suplementar de sua competência normativa,

---

[46] Cf. FERREIRA FILHO, Manoel Gonçalves. *Direito Constitucional Econômico*. São Paulo: Editora Saraiva, 1990. p. 128: "Por outro lado, no próprio campo da competência concorrente, a legislação federal e legislação dos Estados não estão no mesmo plano. Há supremacia do Direito federal. [...] Está aqui o velho princípio do Direito alemão: 'Bundesrecht bricht Landesrecht'".

[47] Para que não paire dúvida sobre a regra de primazia da Lei Federal sobre a Lei dos Estados (*Länder*), vigente na Lei Fundamental alemã, vale ainda fazer referência a MAURER, Hartmut. *Derecho Administrativo. Parte General*. Madrid: Marcial Pons, 2009. p. 119, segundo o qual: "A questão de uma disposição jurídica pertencer ao Direito federal ou ao Direito dos Länder é relativamente fácil de responder. [...] A qualificação é importante, não só pela primazia do Direito federal sobre o Direito dos Länder (art. 31 GG), como também por razões processuais [...]". O citado por Maurer art. 31 da Lei Fundamental alemã estabelece, simplesmente, que "o direito federal tem prioridade sobre o direito estadual" (Cf. versão traduzida para o português da Lei Fundamental da República Federativa da Alemanha. Disponível em: https://www.btg-bestellservice.de/pdf/80208000.pdf). Essa regra é de certo modo complementada por muitas outras constantes da Lei Fundamental, que em relação às competências concorrentes obteve considerável alteração na reforma constitucional de 1994, mas a norma do art. 72, 1, chama a atenção por sua clareza, observe-se: "No domínio da legislação concorrente, cabe aos Estados a faculdade de legislar, enquanto e na medida em que a Federação não faça uso, através de lei, da sua competência legislativa". Resta claro, dessa forma, que a competência Estadual acaba sendo circunscrita pela vontade política do legislador federal de ir mais ou menos a fundo em determinada matéria de competência concorrente. Também vai se encontrar uma útil explicação do sistema de competências concorrentes do direito constitucional alemão em: VOLMERANGE, Xavier. *Le Federalisme Allemand Face au Droit Communautaire*. Paris: L'Harmattan, 2000. p. 47 e seguintes.

inovando no ordenamento jurídico,[48] a não ser que haja omissão da União na fixação de normas gerais.

Por fim, ainda que o art. 24 da CF não seja absolutamente explícito quanto à possibilidade de os Municípios suplementarem ou complementarem a legislação federal e estadual, há que se deduzir, seja em virtude do papel reservado aos Municípios pelo art. 182, seja por força do que estabelece o art. 30, I, II e VIII, que têm estes entes federados a possibilidade de fazê-lo. Os Municípios, portanto, possuem competência para regular assuntos urbanísticos ou, dizendo de outro modo, para editar normas de Direito Urbanístico, seja para tratar de temas que não foram tratados como de interesse nacional (pelo legislador federal) ou regional (pelo legislador estadual), seja para "suplementar a legislação federal e a estadual no que couber" (art. 30, II).

É desse modo, ademais, que na realidade prática o arranjo da divisão de competências tem se dado. A Lei nº 10.257/2001 (Estatuto da Cidade), por exemplo, fixa normas nacionais sobre a edição de planos diretores, ao passo que esses planos são editados mediante a aprovação de leis municipais, com o intuito de cumprir as diretrizes da referida Lei Federal. Outro exemplo é a Lei nº 6.766/1979, lei federal que estabelece normas gerais para o parcelamento do solo urbano, a qual é complementada ou suplementada tanto pelos planos diretores, quando pelas leis de parcelamento e de zoneamento locais.

O que é necessário admitir de forma clara, em remate desse tema, é que o maior detalhamento, bem como a maior extensão da legislação federal sobre o urbanismo reservarão menor espaço para o exercício da competência autônoma dos demais entes federativos. Consequência provável, entretanto, do necessário avanço da legislação federal urbanística,[49] será o aumento da atividade legislativa urbanística

---

[48] São antigas, porém ainda aplicáveis ao caso, as lições de MAXIMILIANO, Carlos. Comentários à Constituição brasileira. Rio de Janeiro: Freitas Bastos, 1954. p. 205, segundo o qual: "Não é lícito (ao Estado), entretanto, inovar; cada Estado ficará adstrito à orientação traçada pelas normas positivas promulgadas pela União. A interferência da legislatura local visará apenas as necessidades e peculiaridades regionais, providências de ordem pública, que indiscutivelmente se coadunem com o sistema, as exigências e as outorgas de origem federal".

[49] A legislação federal brasileira em matéria urbanística, em que pese a vigência do Estatuto da Cidade, é ainda parca e lacunosa, é urgente um esforço no sentido de dotá-la de maior robustez e sistematicidade, o que efetivamente levaria ao aumento do número de normas gerais nacionais sobre o tema. Mais uma vez é necessário concordar com PINTO, Victor Carvalho. *Direito Urbanístico*: plano diretor e direito de propriedade. 3. ed. São Paulo: Editora Revista dos Tribunais, 2011. p. 103, para quem: "A institucionalização definitiva do urbanismo brasileiro ainda carece, no entanto, de uma legislação mais sistemática, análoga aos Códigos de Urbanismo existentes nos países da Europa continental".

complementar de Estados e dos Municípios, no intuito de adaptar as normas nacionais à realidade de cada região, de cada local, possibilitando a sua correta aplicação.

Frise-se que a abrangência maior ou menor da legislação editada pela União é matéria remetida à competência legislativa do Congresso Nacional, ou seja, a expressão "normas gerais" utilizada pelo §1º, do art. 24 da CF não tem conteúdo determinado a priori.[50] Melhor dizendo, quem definirá o que é norma geral e, portanto, norma aplicável nacionalmente, a ser obedecida por todos os entes da Federação, é o Legislativo Federal o qual fica adstrito somente à preservação das competências materiais ou legislativas de antemão ditadas pela CF (e.g. a competência municipal de editar o plano diretor).

3.1 Competências da União

Cabe à União, preponderantemente, editar normas gerais, de caráter nacional sobre Direito Urbanístico, de modo a fixar princípios, regras, instrumentos, diretrizes, objetivos, políticas ou planos nacionais (cabe, por exemplo, à União, estabelecer um plano nacional para a recuperação de áreas degradadas nas grandes cidades ou uma política nacional de mobilidade urbana, como também lhe cabe regular instrumentos tais como contratos e desapropriações).

Cabe, ainda, à União, colaborar com Estados e Municípios (por meio de consórcios ou convênios de cooperação) na execução das políticas urbanas.

3.2 Competência dos Estados

Cabe aos Estados suplementar ou complementar a legislação editada pela União, adaptando-a à realidade regional. Os Estados podem, nessa linha, editar planos regionais, criar regiões metropolitanas ou regulamentar certos instrumentos criados pela legislação federal, detalhando seu modo de aplicação. Podem, tanto quanto a União, colaborar com os Municípios para a execução das políticas urbanas.

---

[50] Discorda-se, dessa forma, de alguns autores, que traçam aprioristicamente um conceito jurídico de norma geral, mais afeiçoado à Filosofia do Direito do que ao Direito Constitucional, dentre os quais vale citar: MOREIRA NETO, Diogo de Figueiredo. Competência Concorrente Limitada. *Revista de Informação Legislativa*, Brasília, ano 25, n. 100, p. 127-162, out./dez. 1988. p. 149-151, para quem normas gerais são "declarações principiológicas que cabe à União editar [...]", e ALMEIDA, Fernanda Dias Menezes de. Competências na Constituição de 1988. São Paulo: Editora Atlas, 2000. p. 144 e seguintes, na mesma linha.

3.3 Competência do Distrito Federal

Como diz o §1º, do art. 32 da CF, ao Distrito Federal são atribuídas as competências legislativas reservadas aos Estados e Municípios. Assim sendo, cabe ao Distrito Federal, entre outras funções, tanto suplementar a legislação federal, tal qual compete aos Estados, quanto editar o plano diretor, atribuição municipal.

3.4 Competência dos Municípios

Cabe ao Município adaptar a legislação editada pela União e suplementada pelo seu respectivo Estado à realidade e às peculiaridades locais, além de editar o plano diretor e pôr em prática as políticas de desenvolvimento urbano, promover, no que couber, adequado ordenamento territorial, mediante planejamento e controle do uso, do parcelamento e da ocupação do solo urbano.[51] Ainda que, em tese, haja pouco espaço reservado à atuação legislativa do município, há espaço relativamente grande para a sua atuação em matéria de planejamento local, controle e fiscalização. Obviamente, podem e devem os Municípios fazer uso dos instrumentos de cooperação com outros entes federados quando necessário, seja em função de sua inserção em região metropolitana,[52] seja em razão da impossibilidade ou da inconveniência da implementação isolada das políticas urbanas.

4 O Estatuto da Cidade como lei-quadro

A expressão "lei-quadro" tem sido utilizada pelo direito constitucional da Europa continental para se referir a leis que buscam

---

[51] Para OLIVEIRA, Régis Fernandes de. *Comentários ao Estatuto da Cidade*. São Paulo: Editora Revista dos Tribunais, 2005. p. 16, em lições que ratificam o entendimento aqui veiculado: "[...] pode o Município formular políticas para promover o ordenamento territorial dentro das normas estabelecidas pela União e Estados e planejar o controle do uso, do parcelamento e da ocupação do solo urbano".

[52] Anote-se nesse ponto a vigência, de certo modo recente, da Lei nº 13.089, de 12 de janeiro de 2015, autointitulada Estatuto da Metrópole. Trata-se de mais um conjunto de normas gerais, de caráter nacional, com grande matiz urbanístico e editadas particularmente com o objetivo de estabelecer (art. 1º) "diretrizes gerais para o planejamento, a gestão e a execução das funções públicas de interesse comum em regiões metropolitanas e em aglomerações urbanas instituídas pelos Estados, normas gerais sobre o plano de desenvolvimento urbano integrado e outros instrumentos de governança interfederativa, e critérios para o apoio da União a ações que envolvam governança interfederativa no campo do desenvolvimento urbano, com base nos incisos XX do art. 21, IX do art. 23 e I do art. 24, no §3º do art. 25 e no art. 182 da Constituição Federal".

a definição de "parâmetros jurídico-materiais estruturantes de um determinado sector da vida econômica, social e cultural", como diz Canotilho.[53] São leis que traçam a delimitação geral de determinados institutos ou procedimentos, com vistas à uniformização do seu regime jurídico em um dado território, de modo a evitar a excessiva fragmentação desse regime jurídico, por meio da multiplicação de leis e regulamentos que não possuam um vínculo sistêmico.[54]

A CF não utiliza a expressão lei-quadro e o §1º, do art. 24, como já se disse, não limita o conteúdo das "normas gerais" a serem editadas pela União à edição de *leis-quadros*, mas é imperioso reconhecer que o Estatuto da Cidade, ainda que *norma geral* nos termos estritos da CF, pode eventualmente ser rotulado como uma lei-quadro, caso se compreenda essa classificação como uma categoria aplicável ao direito pátrio.[55]

Afinal, o que faz o Estatuto da Cidade, de acordo com os fundamentos constitucionais anteriormente discutidos, é estabelecer "diretrizes gerais da política urbana, segundo o previsto nos arts. 21, XX, 182 e 183 da CF",[56] o que talvez o torne, insista-se, se utilizarmos a expressão como um *standard* jurídico, uma verdadeira lei-quadro, de aplicação nacional, vinculante para todos os entes federados.[57]

---

[53] Cf. CANOTILHO, J. J. Gomes. *Direito Constitucional e Teoria da Constituição*. 5. ed. Coimbra: Almedina, 1991, p. 779.

[54] É com essa concepção que parece trabalhar MARQUES NETO, Floriano de Azevedo. *Agências Reguladoras Independentes*. Belo Horizonte: Editora Fórum, 2005. p. 133 e 165 e seguintes ao propor um projeto de lei-quadro sobre agências reguladoras no Brasil.

[55] Cf. HORTA, Raul Machado. *Estudos de Direito Constitucional*. Belo Horizonte: Del Rey, 1995. p. 366, para quem: "As Constituições federais passaram a explorar, com maior amplitude, na 'repartição vertical de competências', que realiza a distribuição de idêntica matéria legislativa entre a União Federal e os Estados-membros, estabelecendo verdadeiro condomínio legislativo, consoante regras constitucionais de convivência. A repartição vertical de competências conduziu à técnica da 'legislação federal fundamental, de normas gerais e de diretrizes essenciais', que recai sobre determinada matéria legislativa de eleição do constituinte federal. A legislação federal é reveladora das linhas essenciais, enquanto a legislação local buscará preencher o claro que lhe ficou, afeiçoando a matéria revelada na legislação de normas gerais às peculiaridades e às exigências estaduais. A Lei Fundamental ou de princípios servirá de molde à legislação local. É a 'Rahmengesetz' do alemães; a 'Legge-cornice', dos italianos; a 'Loi de cadre', dos franceses; são as normas gerais do Direito Constitucional Brasileiro".

[56] Cf. SILVA, José Afonso da. *Direito Urbanístico Brasileiro*. 7. ed. São Paulo: Malheiros, 2012. p. 58.

[57] Para um aprofundamento do conceito de "lei-quadro" vale a leitura de: TORGAL, Lino. Da Lei-quadro na Constituição Portuguesa de 1976. *In*: MIRANDA, Jorge (Org.). *Perspectivas Constitucionais nos 20 Anos da Constituição de 1976*. Coimbra: Coimbra Editora, 1997. p. 907-962. O autor, entre muitas outras informações sobre o instituto, traça as diferenças, no ambiente normativo da Constituição portuguesa, entre a lei-quadro e

Referências

ALMEIDA, Fernanda Dias Menezes de. *Competências na Constituição de 1988*. São Paulo: Editora Atlas, 2000.

AZEVEDO, Eurico de Andrade. Direito Urbanístico no Brasil. *Revista do Serviço Público*, a. 1, n. 1, Brasília: DASP, p. 39-44, 1981.

CANOTILHO, J. J. Gomes. *Direito Constitucional e Teoria da Constituição*. 5. ed. Coimbra: Almedina, 1991.

DALLARI, Dalmo de Abreu. Legislação Municipal e direito de construir. *RDP*, n. 14, ano IV, p. 49-57, out./dez. 1970.

DI SARNO, Daniela Campos Libório. *Elementos de direito urbanístico*. Barueri, SP: Manole, 2004.

DIAS, Daniella S. A efetividade do direito urbanístico após vinte anos da promulgação da Constituição brasileira. *Revista de Informação Legislativa*, a. 47, n. 186, p. 77-88, abr./jun. 2010.

FARIA, Manuel da Veiga de. *Elementos de Direito Urbanístico I – A Actuação urbanística das Câmaras Municipais*. Coimbra: Coimbra Editora, 1977.

FERNÁNDEZ, Antonio Carceller. *Introducción al Derecho urbanístico*. 3. ed. Madrid: Tecnos, 1997.

FERREIRA FILHO, Manoel Gonçalves. *Direito Constitucional Econômico*. São Paulo: Editora Saraiva, 1990.

FERREIRA FILHO, Manoel Gonçalves. *Comentários à Constituição de 1988*. São Paulo: Editora Saraiva, 1990.

FIGUEIREDO, Lúcia Vale. *Direito Público*. Belo Horizonte: Editora Fórum, 2007.

---

a chamada lei de bases, concluindo que a primeira possui "elevado grau de densidade legislativa" o que a remete à condição de praticamente dispensar regulamentação, diz o autor: "Daí que a atividade legislativa de desdobramento da lei-quadro seja uma atividade predominantemente 'executiva' e em que o órgão concretizador assiste uma reduzida margem de livre conformação". Já a segunda: lei de bases, há fixação de princípios gerais de um regime jurídico, com grau de densidade normativa menor, portanto, o que tem como consequência: "na atividade legislativa de desenvolvimento, o Governo (ou as assembleias regionais) terá que efectuar as opções legislativas tendentes à definição mais precisa desses regimes". (TORGAL, Lino. Da Lei-quadro na Constituição Portuguesa de 1976. *In*: MIRANDA, Jorge (Org.). *Perspectivas Constitucionais nos 20 Anos da Constituição de 1976*. Coimbra: Coimbra Editora, 1997. p. 950). Essas observações são interessantíssimas, pois fazem inevitavelmente surgir a questão: o nosso Estatuto da Cidade seria uma lei-quadro ou uma lei de bases? E a resposta talvez seja: nem uma coisa, nem a outra, pois nem se tem no Estatuto da Cidade uma lei com a densidade normativa tão alta, como o de uma lei-quadro (ao menos nos termos da análise feita por Torgal), nem se tem uma lei somente de princípios. Essa discussão dá uma certa medida do que tem sido, na prática, a nossa "norma geral", referida no §1º, do art. 24, da CF, discutida ao longo deste capítulo: nem uma lei-quadro, no espírito da Constituição portuguesa, nem uma lei de bases, mas algo entre essas duas formas.

HORTA, Raul Machado. *Estudos de Direito Constitucional.* Belo Horizonte: Del Rey, 1995.

IBGE. *Indicadores Sociais Municipais.* 2000. Disponível em: https://ww2.ibge.gov.br/home/estatistica/populacao/indicadores_sociais_municipais/tabela1a.shtm. Acesso em: 02 mar. 2018.

LÓPEZ RAMÓN, Fernando. *Introducción al Derecho urbanístico.* 4. ed. Madrid: Marcial Pons, 2013.

MARQUES NETO, Floriano de Azevedo. *Agências Reguladoras Independentes.* Belo Horizonte: Editora Fórum, 2005.

MAURER, Hartmut. *Derecho Administrativo. Parte General.* Madrid: Marcial Pons, 2009.

MAXIMILIANO, Carlos. *Comentários à Constituição brasileira.* Rio de Janeiro: Freitas Bastos, 1954.

MEDAUAR, Odete. Caracteres do Direito Urbanístico. *Revista de Direito Difusos*, v. 2, p. 133-139, ago./2000.

MEDAUAR, Odete. *Direito Administrativo Moderno.* São Paulo: Editora Revista dos Tribunais, 2013.

MEDAUAR, Odete; OLIVEIRA, Gustavo Justino de. *Consórcios Públicos.* São Paulo: Editora Revista dos Tribunais, 2006.

MORAES, Alexandre. *Direito Constitucional.* São Paulo: Editora Atlas, 2011.

MOREIRA NETO, Diogo de Figueiredo. Competência Concorrente Limitada. *Revista de Informação Legislativa*, Brasília, ano 25, n. 100, p. 127-162, out./dez., 1988.

MUKAI, Toshio. *Direito e Legislação Urbanística no Brasil*: história, teoria e prática. São Paulo: Saraiva, 1988.

OLIVEIRA, Régis Fernandes de. *Comentários ao Estatuto da Cidade.* São Paulo: Editora Revista dos Tribunais, 2005.

PEREIRA, Luis Portella. Aspectos Históricos e Contemporâneos do Direito Imobiliário, Urbanístico, Registral e Ambiental. *Revista Magister de Direito Imobiliário*, n. 2, p. 50-73, out./nov. 2005.

PINTO, Victor Carvalho. *Direito Urbanístico*: plano diretor e direito de propriedade. 3. ed. São Paulo: Editora Revista dos Tribunais, 2011.

PIRES, Maria Coeli Simões. Direito Urbanístico, meio ambiente e patrimônio cultural. *Revista de Informação Legislativa*, a. 38, n. 151, p. 207-230, jul./set. 2001.

SILVA, José Afonso da. *Direito Urbanístico Brasileiro.* 7. ed. São Paulo: Malheiros, 2012.

SIMÕES JÚNIOR, José Geraldo. Paradigmas da urbanística ibérica adotados na colonização do continente americano. Sua aplicação no Brasil ao longo do século XVI. *Arquitextos*, São Paulo, ano 13, n. 148.06, Vitruvius, set. 2012.

SUNSTEIN, Cass R.. *After the Rights Revolution. Reconceiving the Regulatory State.* Cambridge: Harvard University Press, 1990.

TORGAL, Lino. Da Lei-quadro na Constituição Portuguesa de 1976. *In*: MIRANDA, Jorge (Org.). *Perspectivas Constitucionais nos 20 Anos da Constituição de 1976*. Coimbra: Coimbra Editora, 1997.

VOLMERANGE, Xavier. *Le Federalisme Allemand Face au Droit Communautaire*. Paris: L'Harmattan, 2000.

Informação bibliográfica deste texto, conforme a NBR 6023:2018 da Associação Brasileira de Normas Técnicas (ABNT):

CARVALHO NETO, Tarcisio Vieira de; PEREZ, Marcos Augusto. Delineamento do Direito Urbanístico no Brasil. *In*: MEDAUAR, Odete; SCHIRATO, Vitor Rhein; MIGUEL, Luiz Felipe Hadlich; GREGO-SANTOS, Bruno (Coord.). *Direito urbanístico*: estudos fundamentais. Belo Horizonte: Fórum, 2019. p. 27-55. ISBN 978-85-450-0701-2.

DIREITO URBANÍSTICO BRASILEIRO E ORDEM URBANÍSTICA INTERNACIONAL

BRUNO GREGO-SANTOS

1 Introdução

O arcabouço jurídico vigente para o Direito Urbanístico no Brasil é um fenômeno melhor compreendido ao ser analisado sob uma perspectiva histórica. O Direito Urbanístico no Brasil se desenvolveu em paralelo com as preocupações internacionais sobre a "questão urbana", principalmente desde a segunda parte do séc. XX e, portanto, uma visão combinada entre o urbanismo doméstico e internacional é chave para a compreensão do cenário atual.[1]

É dizer: apesar dos diversos anos necessários à discussão de um diploma legal no Brasil, as normas brasileiras se mantêm alinhadas com as tendências e eventos internacionais em Direito Urbanístico. É o caso, por exemplo, em relação à Conferência das Nações Unidas sobre Assentamentos Humanos em Vancouver, em 1976, e a Lei n° 6.766/1979; também entre a Conferência das Nações Unidas sobre Assentamentos Humanos em Istambul, em 1996, e a Lei n° 10.257/2001 – o Estatuto da Cidade –; e, finalmente, no tocante à Conferência das Nações Unidas sobre Habitação e Desenvolvimento Urbano Sustentável em Quito, em 2016, e a Lei n° 13.089/2015 – o Estatuto da Metrópole.

---

[1] Este texto é uma tradução parcial do estudo "Municipal Autonomy, Environmental Reviews and Urban Development Steering in Brazil: Two Case Studies", produzido pelo autor como Consultor do Programa da ONU para Cidades – UNHabitat.

Apesar de tal cenário, como este capítulo apresenta ao final, a contemporaneidade entre os instrumentos de desenvolvimento urbano no Brasil e as tendências urbanísticas internacionais não resultou em um sistema perfeitamente funcional de gestão urbanística.

2 O cenário histórico do surgimento da questão urbana

A segunda metade do séc. XX marca o giro urbano no Brasil. Entre 1960 e 1970, a população urbana brasileira ultrapassou a população rural,[2] quase trinta anos antes de tal fenômeno ser observado em âmbito global. Estas tendências tiveram início na Região Sudeste, durante os anos 1950, e se consolidaram nas outras regiões do país ao longo dos anos 1970.[3]

Tabela I – População Distribuída nos Censos Demográficos 1960-2010

Censo	1960	1970	1980	1991	2000	2010
Urbana	32.004.817	52.904.744	82.013.375	110.875.826	137.755.550	160.925.792
Rural	38.987.526	41.603.839	39.137.198	36.041.633	31.835.143	29.830.007

Fonte: IBGE, Censos Demográficos 1960, 1970, 1980, 1991, 2000 e 2010.

Durante este período, alguns diplomas legais de importância histórica se debruçaram sobre tais questões. A Lei nº 4.380/1964 se dedicou ao financiamento e planejamento de programas habitacionais; a Lei nº 5.318/1967 estabeleceu a Política Nacional de Saneamento; e a Lei Complementar nº 14/1973 criou e delineou diretrizes básicas para diversas Regiões Metropolitanas.[4]

---

[2] BRITO, Fausto. O deslocamento da população brasileira para as metrópoles. *Estudos Avançados*, São Paulo, v. 20, n. 57, maio/ago. 2006.

[3] BRASIL. Instituto Brasileiro de Geografia e Estatística. *Tendências demográficas*: uma análise dos resultados da Sinopse Preliminar do Censo Demográfico 2000. Rio de Janeiro: IBGE, 2001. p. 13.

[4] PIRES, Maria Coeli Simões. Os rumos do Direito urbanístico no Brasil: avaliação histórica. *Revista Fórum de Direito Urbano e Ambiental*, Belo Horizonte, v. 3, p. 107-124, 2004.

3 A Habitat I, a Lei nº 6.766/1979 e a Constituição Federal de 1988

Em 1976, as preocupações internacionais contemporâneas com a questão urbana estavam concentradas na Conferência das Nações Unidas sobre Assentamentos Humanos em Vancouver. Nesse ponto, as diretrizes gerais de política urbana tinham foco sobre a habitação e o parcelamento do solo, confiando principalmente no protagonismo dos governos nacionais; assim, a ainda incipiente política urbana foi estabelecida de modo pouco estruturado.

A Declaração de Vancouver sobre Assentamentos Humanos, demonstrando profundas preocupações com os problemas surgidos do fenômeno mundial de urbanização, estabeleceu onze diretrizes de ação que podem ser delineadas como: (*i*) esforços dos governos e organizações internacionais, (*ii*) com o protagonismo de governos na adoção de políticas e planejamento estratégico, (*iii*) sendo que tais políticas devem harmonizar diversos componentes, como o crescimento e a distribuição populacional, emprego, abrigo, uso do solo, infraestrutura e serviços, por meio de mecanismos e instituições adequados, (*iv*) e esforços para a melhoria do habitat rural, de modo a conter o êxodo rural. Ainda, (*v*) surge uma necessidade premente por políticas sobre o crescimento e a distribuição da população, domínio do solo e localização de atividades produtivas, que se traduz em (*vi*) padrões mínimos progressivos de qualidade de vida em políticas e programas de assentamento humano, (*vii*) com o cuidado de evitar a transposição internacional de padrões e critérios inadequados. Finalmente, a Declaração firma os valores essenciais de (*viii*) serviços e abrigo adequados, (*ix*) saúde e (*x*) dignidade humana para todos, (*xi*) com o emprego equânime de "todos os recursos humanos, tanto qualificados quanto não qualificados".[5]

No Brasil, este cenário se reflete na Lei nº 6.766/1979, sobre parcelamento do solo. Este diploma legal representou uma ruptura com as concepções anteriores de urbanismo: diretivas de urbanização e parcelamento do solo foram marcadas com um traço social,[6] alinhadas, portanto, com as diretrizes da Declaração de Vancouver

---

[5] "[...] of all human resources, both skilled and unskilled". Tradução nossa. (UNITED NATIONS ORGANIZATION. *Vancouver declaration on human settlements*. Vancouver: UNHabitat, 1976).

[6] PIRES, Maria Coeli Simões. Os rumos do Direito urbanístico no Brasil: avaliação histórica. *Revista Fórum de Direito Urbano e Ambiental*, Belo Horizonte, v. 3, p. 107-124, 2004.

sobre Assentamentos Humanos. Desse modo, as disposições da Lei nº 6.766/1979 são centralizantes, destacando o protagonismo do governo nacional no estabelecimento de padrões urbanísticos.

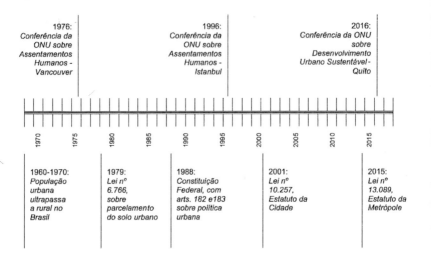

Figura I – Linha do Tempo das Normas Brasileiras de Direito Urbanístico

Fonte: Composto pelo Autor.

Assim, a Lei nº 6.766/1979 é o primeiro marco legal contemporâneo no urbanismo brasileiro, alinhado com os prementes debates globais. Ainda em vigor, suas disposições conferem a estados e municípios o poder de complementar as provisões federais em Direito Urbanístico, de modo a adaptá-las às peculiaridades regionais e locais (art. 2º).

A Lei nº 6.766/1979 estabelece padrões para o parcelamento do solo – como loteamento ou desmembramento –, ditando a infraestrutura mínima, vedações, critérios de aceitabilidade, documentos, procedimentos de licenciamento e aprovação e padrões de registro público para projetos de desenvolvimento urbano. Ademais, a norma regula as relações entre o empreendedor e o público em geral, estabelecendo diretrizes contratuais e sanções.

O advento dos anos 1980 também traz importantes inovações no Direito Urbanístico brasileiro. De especial importância, por exemplo, é a

Lei nº 6.938/1981, que estabelece a Política Nacional do Meio Ambiente. A Constituição Federal de 1988 destaca a importância da função social da propriedade urbana para o pleno desenvolvimento da cidade e o bem estar de seus habitantes, assim elevando as preocupações urbanísticas para o estrato constitucional.

As diversas Constituições anteriores – de 1824, 1891, 1934, 1937, 1946, 1967 e 1969 – carecem de disposições específicas em Direito Urbanístico, apesar de consistentemente protegerem o direito à propriedade. Apesar de as Constituições de 1824, 1891, 1934 e 1937 contemplarem a possibilidade de desapropriação – com a Constituição de 1946 direcionando suas disposições para um papel mais relevante dos governos municipais[7] e do uso adequado da propriedade –, apenas a Constituição de 1967 inovou com disposições específicas quanto à função social da propriedade.[8] Apesar disso, esta Constituição não abordou a natureza urbana das questões fundiárias, talvez pela natureza ainda incipiente da urbanização brasileira naquele período histórico.

Com a Constituição de 1988, o próprio conceito de propriedade urbana no Brasil muda. Esta ruptura com a ordem anterior – pela qual a propriedade urbana é vinculada axialmente à sua função social – tem impactos sobre o Direito Urbanístico, uma vez que os direitos reais deixam de ser meramente individualísticos. Apesar de a propriedade privada ainda ser um direito sob proteção, o exercício de tal direito individual só é adequado na medida em que preencha a função social da propriedade.[9]

Sob tal perspectiva, os bens imóveis urbanos não são concebidos como propriedades isoladas, mas sim, como uma rede integrada e coordenada de elementos urbanos que preenchem sua função social tão perfeitamente quanto se adequem "às exigências fundamentais de ordenação da cidade expressas no plano diretor", como declarado no art. 182, §2º, da Constituição Federal, equilibrando as naturezas pública e privada.[10]

---

[7] COSTALDELLO, Angela Cassia. As transformações do regime jurídico da propriedade privada: a influência no direito urbanístico. *Revista da Faculdade de Direito da UFPR*, Curitiba, v. 45, p. 151-168, 2006.

[8] PIRES, Maria Coeli Simões. Os rumos do Direito urbanístico no Brasil: avaliação histórica. *Revista Fórum de Direito Urbano e Ambiental*, Belo Horizonte, v. 3, p. 107-124, 2004.

[9] COSTALDELLO, Angela Cassia. As transformações do regime jurídico da propriedade privada: a influência no direito urbanístico. *Revista da Faculdade de Direito da UFPR*, Curitiba, v. 45, p. 151-168, 2006.

[10] DI SARNO, Daniela Campos Libório. *Elementos de direito urbanístico*. São Paulo: Manole, 2004. p. 48.

Assim, como Costaldello destaca e José Afonso da Silva ensina, a propriedade urbana surge como "resultado da projeção da atividade humana. Está, portanto, impregnada de valor cultural, no sentido de algo construído pela projeção do espírito do homem. Pois, pelo visto, ela só passa a existir e a definir-se pela atuação das normas urbanísticas".[11]

Não obstante, como detectado por Pires,

> [...] ao se materializar este esforço [de urbanização estruturada], em 1988, mais de 70% da população do Brasil vivia nas cidades, e a tragédia urbana brasileira já estava estabelecida: ocupações irregulares, poluição, congestionamento habitacional, epidemias, violência. Uma tragédia que não é um produto direto do século XX, mas de 500 anos de formação da sociedade brasileira, resultado de uma lógica de privatização concentracionista da terra (1850) e de um processo segregador de crescimento urbano, sob a égide do paradigma liberal individualista, sem preocupação com a emancipação da sociedade brasileira como um todo.[12]

Esta é uma clara indicação de que, apesar do alinhamento entre as disposições da Lei nº 6.766/1979 e os debates internacionais sobre planejamento urbano, isso não foi suficiente para abordar adequadamente as questões urbanísticas daquele período. Apesar disso, a Constituição de 1988 inovou amplamente no Direito Urbanístico, estabelecendo instituições e instrumentos essenciais que guiam o planejamento urbano até nossos dias.

Os arts. 182 e 183 da Constituição Federal integram o capítulo dedicado à política urbana atualmente em vigor.

O art. 182 estabelece o protagonismo dos governos municipais na execução de políticas de desenvolvimento urbano – de acordo com as diretrizes legais gerais –, tomando por base o plano diretor, que é obrigatório para cidades com mais de vinte mil habitantes. O seu §4º cria três importantes instrumentos para a concretização da função social da propriedade urbana: a construção ou o parcelamento compulsórios; o IPTU progressivo; e a desapropriação indenizada em títulos da dívida pública.

O art. 183, por sua vez, cria uma hipótese de usucapião social, reduzindo o prazo de posse para cinco anos, condicionada a imóveis

---

[11] SILVA, José Afonso da. *Direito urbanístico brasileiro*. São Paulo: Malheiros, 2000. p. 74.
[12] PIRES, Maria Coeli Simões. Os rumos do Direito urbanístico no Brasil: avaliação histórica. *Revista Fórum de Direito Urbano e Ambiental*, Belo Horizonte, v. 3, p. 107-124, 2004.

de "até duzentos e cinquenta metros quadrados, [...] utilizando-a para sua moradia ou de sua família [...], desde que não seja proprietário de outro imóvel urbano ou rural". Evidentemente, este é um instituto vocacionado à prevenção da especulação imobiliária urbana, especialmente de habitação de interesse social.

Imediatamente, o Projeto de Lei nº 181/1989 foi apresentado ao Congresso Nacional, com vistas a estabelecer normas relativas à política urbana invocadas pelos arts. 182 e 183 da Constituição Federal. No entanto, antes de sua aprovação, outro evento internacional de interesse urbanístico foi realizado.

4 A Habitat II e o Estatuto da Cidade

Em 1996, a II Conferência das Nações Unidas sobre Assentamentos Humanos, em Istambul, voltou os debates internacionais sobre as questões urbanas na direção da sustentabilidade, com especial foco sobre a performance dos governos locais, apesar de não esgotar adequadamente o tema.

Passados vinte anos da Habitat I, a Declaração de Istambul sobre Assentamentos Humanos estabeleceu a Agenda Urbana – seguida por um extenso Plano de Ação Global –, revisando as diretrizes de Vancouver sob quinze novos tópicos: os Estados-membros (*i*) afirmam os valores e objetivos já estabelecidos, sob os dois principais temas de habitação adequada e desenvolvimento sustentável, (*ii*) preocupados com a contínua deterioração das condições de abrigo e de assentamento humano, apesar de os reconhecer como centros da existência humana. A declaração (*iii*) destaca a necessidade de melhores padrões de vida para todos, (*iv*) baseados no combate à deterioração das condições, muitas vezes críticas, (*v*) demandando abordagens específicas para países específicos. O seu conteúdo tem por valores a harmonização (*vi*) do desenvolvimento urbano e rural e (*vii*) das condições de vida de toda a população, reafirmando (*viii*) o compromisso com o direito à habitação adequada, (*ix*) com especial atenção aos mercados habitacionais. O (*x*) desenvolvimento sustentável de assentamentos humanos, (*xi*) respeitando o patrimônio imaterial, é essencial, viabilizado por (*xii*) parcerias, participação e fortalecimentos de governos locais, (*xiii*) e financiamento adequado, tanto nacional quanto internacional, e tanto público quanto privado. Finalmente, a declaração (*xiv*) destaca a importância da UN-Habitat para todas essas conquistas, (*xv*) prevendo uma nova era de cooperação, uma era da "cultura da solidariedade" a caminho do desenvolvimento urbano sustentável.[13]

Essas diretrizes foram ratificadas e reforçadas pela Assembleia Geral das Nações Unidas na Declaração sobre Cidades e outros Assentamentos Humanos no Novo Milênio, de 2001. Destaca-se que, apesar do compromisso de inúmeros governos com o trabalho em torno da Agenda Habitat, as condições urbanas em geral continuaram em um ritmo preocupante de degradação em diversos países.

Este é o momento histórico em que o Projeto de Lei nº 181/1989, após quase doze anos sob análise do Congresso Nacional, foi aprovado, convolado assim no Estatuto da Cidade – Lei nº 10.257/2001. Este diploma legal estabelece as diretrizes gerais invocadas pelo art. 182 da Constituição Federal, com critérios para a realização da função social da propriedade urbana e para a gestão democrática da cidade.

A Lei nº 10.257/2001 aborda um amplo espectro de instrumentos urbanísticos. Como diretrizes gerais, afirma que o seu objetivo "regula[r] o uso da propriedade urbana em prol do bem coletivo, da segurança e do bem-estar dos cidadãos, bem como do equilíbrio ambiental" (art. 1º, parágrafo único).

O Estatuto da Cidade estabelece, assim, objetivos e diretrizes para a política urbana, distribui competências entre os níveis de governo, e delineia diversos instrumentos de política urbana.

Especificamente, a Lei nº 10.257/2001 estabelece linhas gerais para os três instrumentos criados pelo §4º do art. 182 da Constituição Federal, nas figuras do uso, edificação e parcelamento compulsórios (arts. 5º e 6º), Imposto sobre a Propriedade Predial e Territorial Urbana progressivo no tempo (art. 7º) e desapropriação com pagamento em títulos da dívida pública (art. 8º). A norma igualmente regula a usucapião urbana especial, criada pelo art. 183 da Constituição Federal, bem como instrumentos tais quais o direito de superfície, preempção governamental, outorgas onerosas e operações urbanas consorciadas.

Finalmente, a Lei nº 10.257/2001 qualifica a tomada de decisões em matéria urbana via dois instrumentos principais: os planos diretores municipais (arts. 39 a 42-A) e a gestão democrática da cidade (arts. 43 a 45).

Mais uma vez, assim como a Lei nº 6.766/1979, a Lei nº 10.257/2001 tem provisões alinhadas com os debates contemporâneos internacionais

---

[13] UNITED NATIONS ORGANIZATION. *Istambul declaration on human settlements*: urban agenda. Istambul: UNHabitat, 1996.

sobre Direito Urbanístico, especialmente refletidos na Agenda Habitat. Ademais, após a Lei nº 10.257/2001, outros instrumentos legislativos regularam aspectos particulares em gestão urbana, como a Lei nº 11.445/2007, tratando da Política Nacional de Saneamento; a Lei nº 11.977/2009, sobre programas habitacionais e regularização fundiária urbana; a Lei nº 12.305/2010, sobre a Política Nacional de Resíduos Sólidos; e a Lei nº 12.587/2012, dedicada à Política Nacional de Mobilidade Urbana.

5 A Habitat III e o Estatuto da Metrópole

Progredindo com os debates internacionais sobre a questão urbana, os Objetivos do Desenvolvimento Sustentável, aprovados pelos Estados-membros da Organização das Nações Unidas, em 2015, incluem um importante objetivo acerca do desenvolvimento urbano – o ODS11: "Tornar as cidades e os assentamentos humanos inclusivos, seguros, resilientes e sustentáveis".[14] Essas novas disposições foram seguidas pela Conferência da ONU sobre Habitação de Desenvolvimento Urbano Sustentável (Habitat III) em 2016, com o estabelecimento da Nova Agenda Urbana.

Com vistas a atingir o ODS11, a Nova Agenda Urbana definiu o assentamento humano ideal como aquele que (*i*) cumpre sua função social, incluindo a função social e ecológica da terra; (*ii*) é participativa, promove o envolvimento cívico, gera um senso de pertencimento e integração entre seus habitantes; (*iii*) alcança igualdade entre os gêneros e empodera as mulheres e garotas; (*iv*) está à altura dos desafios e oportunidades do desenvolvimento inclusivo e sustentável, presente e futuro; (*v*) cumpre suas funções territoriais entre fronteiras administrativas; (*vi*) promove planejamento responsivo à idade e gênero de seus habitantes e investimento em mobilidade urbana sustentável, segura e acessível; (*vii*) adota e implementa redução e planejamento de riscos de desastres; e (*viii*) protege, conserva, recupera e promove seus ecossistemas, água, habitats naturais e biodiversidade, minimiza seu impacto ambiental e adota padrões de consumo e produção sustentáveis.[15]

---

[14] UNITED NATIONS ORGANIZATION. *Sustainable development goals*. New York: UN, 2015.
[15] UNITED NATIONS ORGANIZATION. *New urban agenda*. Quito: UNHabitat, 2016.

Nesse período, o Brasil testemunhou o surgimento do Estatuto da Metrópole, pela Lei nº 13.089/2015 – após o Projeto de Lei nº 3.460 ter ficado por dez anos sob o escrutínio do Congresso Nacional –, que inovou criando uma nova camada de governança em projetos de desenvolvimento urbano: a governança interfederativa.
Como declarado em seu art. 1º, a Lei nº 13.089/2015:

> [...] estabelece diretrizes gerais para o planejamento, a gestão e a execução das funções públicas de interesse comum em regiões metropolitanas e em aglomerações urbanas instituídas pelos Estados, normas gerais sobre o plano de desenvolvimento urbano integrado e outros instrumentos de governança interfederativa, e critérios para o apoio da União a ações que envolvam governança interfederativa no campo do desenvolvimento urbano [...].

Em especial, a Lei nº 13.089/2015 estabelece diversos conceitos gerais, como os de metrópole, região metropolitana, aglomeração urbana, com atenção destacada para o conceito de função pública de interesse comum: "política pública ou ação nela inserida cuja realização por parte de um Município, isoladamente, seja inviável ou cause impacto em Municípios limítrofes". Este conceito, claramente, visa a atender o parâmetro da Nova Agenda Urbana, o cumprimento das funções territoriais da cidade além de suas fronteiras administrativas.

Assim, o Estatuto da Metrópole cria parâmetros para a instituição de regiões metropolitanas (art. 3º a 5º), estabelece princípios, diretrizes e estruturas para a governança interfederativa de regiões metropolitanas e aglomerações urbanas (arts. 6º a 8º), provê instrumentos de gestão urbana integrada (arts. 9º a 12), e estabelece o papel da União no suporte ao desenvolvimento urbano integrado (arts. 13 a 16). A criação de um Fundo Nacional de Desenvolvimento Urbano Integrado, nos arts. 17 e 18, foi vetada.

6 Perspectiva geral e visão de futuro

A análise empreendida demonstra a profunda complexidade do arcabouço jurídico de Direito Urbanístico construído no Brasil ao longo de meio século, cumprindo a improvável missão de acompanhar de perto os debates internacionais em matéria urbanística.

Como resultado, este sistema pode ser assim organizado:

(continua)

Tabela II – Mapeamento de Normas Brasileiras de Direito Urbanístico

Instrumento	Tema	Artigo(s)	Conteúdo
Lei nº 6.766/1979	Parcelamento do Solo Urbano	1º	Preâmbulo e alocação de competências
		2º	Conceitos gerais
		3º	Limites ao parcelamento do solo urbano
		4º	Requisitos mínimos para loteamentos
		5º	Área de equipamentos públicos
		6º-8º	Procedimentos preliminares
		9º	Parâmetros para projetos de loteamento
		10-11	Parâmetros para projetos de desmembramento
		12-17	Procedimento de licenciamento
		18-24	Registro público do projeto
		25-36	Regulação contratual
		37-49	Sanções e controle judicial
		50-52	Provisões criminais
		53-55	Disposições finais e transitórias
Constituição Federal de 1988	Política Urbana	182	Política de desenvolvimento urbano
		182, §1º	Planos diretores municipais
		182, §2º	Função social da propriedade urbana
		182, §4º	Instrumento de adequada exploração da propriedade
		183	Usucapião especial urbana

(conclusão)

Instrumento	Tema	Artigo(s)	Conteúdo
		1º-2º	Disposições gerais
		3º	Competências da União
		4º	instrumentos de política urbana
		5º-6º	Parcelamento, edificação e utilização compulsórios
		7º	IPTU progressivo no tempo
		8º	Desapropriação paga em títulos
Lei nº 10.257/2001	Estatuto da Cidade	9º-14	Usucapião especial urbana
		21-24	Direitos de superfície
		25-27	Direitos de preempção
		28-31	Outorga onerosa do direito de construir
		32-34A	Operações urbanas consorciadas
		35	transferência do direito de construir
		36-38	Estudos de impacto de vizinhança
		39-42B	Plano direitor
		43-45	Gestão urbana democrática
		46-58	Disposições gerais e finais
Lei nº 13.089/2015	Estatuto da Metrópole	1º	Disposições preliminares
		2º	Definições
		3º-5º	Criação de regiões metropolitanas e aglomerações
		6º-8º	Governança interfederativa
		9º-12	Instrumentos de desenvolvimento urbano integrado
		13-16	Apoio da União ao desenvolvimento urbano integrado
		19-25	Disposições finais

Fonte: Composto pelo Autor.

Evidentemente, muitas dessas disposições são muito recentes para serem julgadas quanto à sua efetividade. De todo modo, é de se notar que, num panorama histórico, o Direito Urbanístico brasileiro é sujeito a inúmeros esforços para mantê-lo atualizado com os debates internacionais contemporâneos.

Dito isso, questiona-se a efetividade e os resultados práticos desse arcabouço jurídico na melhoria das condições de vida urbana no Brasil. Assim, quaisquer análises em matéria de Direito Urbanístico – ciência social aplicada que é – devem se pautar pela apreciação dos reais reflexos dessas disposições na melhoria das cidades brasileiras.

Assim, apesar dos notáveis progressos experimentados, é essencial destacar que a mera adoção de normas coroadas de contemporaneidade, confiante em controles formais e procedimentais, é insuficiente para a concreta implementação das diretrizes desejadas de qualidade e desenvolvimento urbano.[16]

Pugna-se, assim, pela transformação profunda da postura administrativa no Estado brasileiro. As disposições expostas são de notável alinhamento com os mais avançados debates no urbanismo internacional, e são assim essenciais para o desenvolvimento urbano sustentável no Brasil. No entanto, a sua efetividade só será alcançada quando aplicadas de maneira consistente e adequada, corrigindo os inúmeros desvios que a política urbana no Brasil ainda amarga.

---

[16] Sobre este tema o Autor já se debruçou por diversas outras oportunidades, a exemplo de: GREGO-SANTOS, Bruno. Advocacia Pública e combate à corrupção: introdução. In: GREGO-SANTOS, Bruno et al. (Org.). *Temas avançados da Advocacia Pública IV*: advocacia pública e combate a corrupção. Curitiba: ESAPR, 2014. p. 9-24; GREGO-SANTOS, Bruno. Advocacia pública e o Estado Honesto. *Gazeta do Povo*, Curitiba, p. 4, fev. 2011; GREGO-SANTOS, Bruno. Controle social e responsividade dos Orçamentos Públicos. In: GREGO-SANTOS, Bruno et al (Org.). *Temas avançados da Advocacia Pública IV*: advocacia pública e combate a corrupção. Curitiba: ESAPR, 2014. p. 121-176; GREGO-SANTOS, Bruno. Direito Administrativo e Políticas Públicas: Introdução. In: GREGO-SANTOS, Bruno; BERNARDO, Leandro Ferreira; FRACALOSSI, William. (Orgs.). *Temas avançados da Advocacia Pública III*: Direito Administrativo e Políticas Públicas. Maringá: Vivens, 2013. p. 13-47; GREGO-SANTOS, Bruno. Prevenção à corrupção no manejo de soluções consensuais de conflitos pelo Estado. In: CUNHA FILHO, Alexandre Jorge Carneiro da et al (Orgs.). *48 visões sobre a corrupção*. São Paulo: Quartier Latin, 2016. p. 275-292; GREGO-SANTOS, Bruno. *Transação extrajudicial na administração pública*. 2015. Tese (Doutorado em Direito) – Faculdade de Direito, Universidade de São Paulo, São Paulo, 2015; GREGO-SANTOS, Bruno. Valores da Administração Pública e atuação estatal de má-fé, ou manifesto pelo Estado Honesto In: CUNHA FILHO, Alexandre Jorge Carneiro da et al. *Direito, Instituições e Políticas Públicas*: o papel do jusidealista na formação do Estado. São Paulo: Quartier Latin, 2017. p. 99.

Referências

BRASIL. Instituto Brasileiro de Geografia e Estatística. *Tendências demográficas*: uma análise dos resultados da Sinopse Preliminar do Censo Demográfico 2000. Rio de Janeiro: IBGE, 2001.

BRITO, Fausto. O deslocamento da população brasileira para as metrópoles. *Estudos Avançados*, São Paulo, v. 20, n. 57, maio/ago. 2006.

COSTALDELLO, Angela Cassia. As transformações do regime jurídico da propriedade privada: a influência no direito urbanístico. *Revista da Faculdade de Direito da UFPR*, Curitiba, v. 45, p. 151-168, 2006.

DI SARNO, Daniela Campos Libório. *Elementos de direito urbanístico*. São Paulo: Manole, 2004.

GREGO-SANTOS, Bruno. Advocacia Pública e combate à corrupção: introdução. *In*: GREGO-SANTOS, Bruno *et al.* (Org.). *Temas avançados da Advocacia Pública IV*: advocacia pública e combate a corrupção. Curitiba: ESAPR, 2014.

GREGO-SANTOS, Bruno. Advocacia pública e o Estado Honesto. *Gazeta do Povo*, Curitiba, p. 4, fev. 2011.

GREGO-SANTOS, Bruno. Controle social e responsividade dos Orçamentos Públicos. *In*: GREGO-SANTOS, Bruno *et al* (Org.). *Temas avançados da Advocacia Pública IV*: advocacia pública e combate a corrupção. Curitiba: ESAPR, 2014.

GREGO-SANTOS, Bruno. Direito Administrativo e Políticas Públicas: Introdução. *In*: GREGO-SANTOS, Bruno; BERNARDO, Leandro Ferreira; FRACALOSSI, William. (Orgs.). *Temas avançados da Advocacia Pública III*: Direito Administrativo e Políticas Públicas. Maringá: Vivens, 2013.

GREGO-SANTOS, Bruno. Prevenção à corrupção no manejo de soluções consensuais de conflitos pelo Estado. *In*: CUNHA FILHO, Alexandre Jorge Carneiro da *et al* (Orgs.). *48 visões sobre a corrupção*. São Paulo: Quartier Latin, 2016.

GREGO-SANTOS, Bruno. *Transação extrajudicial na administração pública*. 2015. Tese (Doutorado em Direito) – Faculdade de Direito, Universidade de São Paulo, São Paulo, 2015.

GREGO-SANTOS, Bruno. Valores da Administração Pública e atuação estatal de má-fé, ou manifesto pelo Estado Honesto *In*: CUNHA FILHO, Alexandre Jorge Carneiro da *et al*. *Direito, Instituições e Políticas Públicas*: o papel do jusidealista na formação do Estado. São Paulo: Quartier Latin, 2017.

PIRES, Maria Coeli Simões. Os rumos do Direito urbanístico no Brasil: avaliação histórica. *Revista Fórum de Direito Urbano e Ambiental*, Belo Horizonte, v. 3, p. 107-124, 2004.

SILVA, José Afonso da. *Direito urbanístico brasileiro*. São Paulo: Malheiros, 2000.

UNITED NATIONS ORGANIZATION. *Vancouver declaration on human settlements*. Vancouver: UNHabitat, 1976.

UNITED NATIONS ORGANIZATION. *Istambul declaration on human settlements*: urban agenda. Istambul: UNHabitat, 1996.

UNITED NATIONS ORGANIZATION. *New urban agenda*. Quito: UNHabitat, 2016.

UNITED NATIONS ORGANIZATION. *Sustainable development goals*. New York: UN, 2015.

Informação bibliográfica deste texto, conforme a NBR 6023:2018 da Associação Brasileira de Normas Técnicas (ABNT):

GREGO-SANTOS, Bruno. Direito Urbanístico Brasileiro e Ordem Urbanística Internacional. *In*. MEDAUAR, Odete; SCHIRATO, Vitor Rhein; MIGUEL, Luiz Felipe Hadlich; GREGO-SANTOS, Bruno (Coord.). *Direito urbanístico*: estudos fundamentais. Belo Horizonte: Fórum, 2019. p. 57-71. ISBN 978-85-450-0701-2.

PARTE II

REGULAÇÃO URBANÍSTICA

FUNÇÃO SOCIAL DA PROPRIEDADE URBANA E CONDICIONAMENTO DA PROPRIEDADE

JOSÉ FERNANDO FERREIRA BREGA

RENATA NADALIN MEIRELES SCHIRATO

1 Bens urbanos: seus titulares e reflexos na regulação do solo urbano

José Fernando Ferreira Brega

Garantir a qualidade de vida nos espaços habitáveis é um dos principais objetivos do urbanismo. De acordo com uma perspectiva clássica, a realização desse objetivo pressupõe que seja possível realizar, no território, as diversas funções sociais classicamente atribuídas à cidade: habitar, trabalhar, circular e recrear. Por outro lado, a eficiência e o equilíbrio, na conjugação de tais funções, estão também relacionados a temas mais presentes no urbanismo contemporâneo, como a geração de ambientes sustentáveis, a promoção da competitividade empresarial, a oferta de empregos e a busca da coesão social e econômica.

O modelo mais utilizado para a realização de tais finalidades corresponde a uma divisão do território, associada a um determinado desenho urbano, por meio da qual é possível atribuir as chamadas funções da cidade a diferentes espaços. Em princípio, também de acordo com uma concepção mais difundida, as funções de habitação e trabalho estão mais vinculadas a espaços utilizados em caráter privativo, ao passo que a circulação e a recreação se realizam predominantemente em espaços de uso coletivo.

O desenho urbano pressupõe, assim, tanto espaços reservados ao aproveitamento por privados, quanto áreas voltadas para o desempenho de funções públicas. Todos esses espaços devem oferecer as condições para um adequado desempenho, de sua parte, sob tal perspectiva funcional. De um lado, as áreas privadas, por exemplo, devem ter acesso às utilidades públicas, como acesso viário e rede de serviços públicos, bem como às condições apropriadas de iluminação, aeração e arborização. Já as áreas de uso coletivo devem estar equipadas com os elementos necessários para o desempenho de suas funções, como o mobiliário urbano (postes, bancos, lixeiras, placas de sinalização etc.).

No ordenamento brasileiro, a realização desses propósitos urbanísticos, definida no âmbito da política urbana, ocorre por meio da atividade de planejamento, atribuída ao Poder Público. De modo geral, é possível afirmar que, por meio do planejamento, a partir da avaliação de uma determinada situação de fato, são dispostos os meios necessários para a obtenção de um resultado pretendido. No caso do urbanismo, tal planejamento corresponde à leitura de uma determinada situação do território e à definição dos meios para a qualificação dos espaços habitáveis. Dentre esses meios estão, sobretudo, os planos e as normas que constituem a regulação urbanística. Esses planos e normas acabam por definir um regime urbanístico do solo, pelo qual é disciplinada a utilização do território e de suas subdivisões, a fim de permitir a realização das mencionadas funções sociais da cidade.

Com isso, a regulação urbanística define o destino urbanístico de cada porção do território, por meio da fixação de um complexo de normas a ser observado pelo proprietário. Todo espaço habitável está sujeito a um conjunto de regras, de acordo com a função urbanística que lhe seja reconhecida ou atribuída. Dessa sorte, todo aproveitamento do solo urbano deve estar regulado no plano urbanístico e nas demais normas urbanísticas dele decorrentes.

O ordenamento territorial contido no plano urbanístico pode ter origens distintas: a) o reconhecimento de elementos físicos e funções preexistentes ao próprio planejamento; b) a expansão urbana realizada de acordo com tal planejamento; c) os diversos mecanismos de intervenção sobre a urbanização existente.

Em cidades mais antigas, ou mesmo nas regiões centrais de cidades mais novas, a urbanização muitas vezes ocorreu de modo espontâneo, à margem de um plano urbanístico prévio, e antes mesmo do desenvolvimento dos institutos do direito urbanístico. Não obstante, com o surgimento de áreas com diferentes vocações, estas podem ser reconhecidas pelo plano urbanístico superveniente, até mesmo no sentido de garantir e aperfeiçoar o desempenho de tais funções.

Na atualidade, contudo, o desenho urbano, por meio do qual são conjugadas áreas públicas e privadas voltadas para a realização das funções sociais da cidade, decorre de normas específicas que disciplinam a expansão urbana. Essa expansão resulta, assim, do parcelamento do solo, entendido como atividade sujeita a uma regulação estatal, realizada segundo um plano urbanístico específico, cujo pressuposto central é atender à necessidade de prover a adequada infraestrutura para os espaços que vierem a ser urbanizados.

Por meio do parcelamento do solo, a partir de áreas brutas, denominadas *glebas*, situadas nas chamadas *zonas de expansão* urbana, surgem espaços que podem ser objeto de aproveitamento urbanístico, denominadas quadras e lotes. O parcelamento do solo tem duas modalidades: a) o loteamento, correspondente à subdivisão da gleba mediante a abertura de novas vias de circulação, de logradouros públicos ou prolongamento, modificação ou ampliação das vias existentes (Lei Federal nº 6.766/79, art. 2º, §1º); e b) o desmembramento, referente à subdivisão de gleba em lotes destinados a edificação, com aproveitamento do sistema viário existente, sem abertura de novas vias e logradouros públicos, e sem prolongamento, modificação ou ampliação dos já existentes (Lei Federal nº 6.766/79, art. 2º, §2º).

As *quadras* são os espaços delimitados pela abertura das vias de circulação, enquanto os *lotes*, como subdivisões das quadras, são as unidades mínimas de aproveitamento urbano, ou seja, terrenos servidos de infraestrutura básica cujas dimensões atendam aos índices urbanísticos definidos pelo plano diretor ou lei municipal para a zona em que se situe (art. 2º, §4º da Lei Federal nº 6.766/79). Considerado uma criação urbanística, o lote pode ser assim entendido como a parcela de terreno destinada à edificação, decorrente, no mais das vezes, dos planos de parcelamento do solo para fins urbanos.

Em geral, cada lote tem acesso para uma via de circulação, sendo denominada *alinhamento*, a linha divisória entre ambos. Além das vias de circulação, o parcelamento deve proporcionar áreas verdes e áreas institucionais, voltadas para a instalação de serviços públicos, bem como a infraestrutura básica para o aproveitamento dos lotes, correspondentes aos equipamentos urbanos de escoamento das águas pluviais, iluminação pública, esgotamento sanitário, abastecimento de água potável, energia elétrica pública e domiciliar, juntamente com as já mencionadas vias de circulação (art. 2º, §5º da Lei Federal nº 6.766/79).

Os planos urbanísticos não somente podem reconhecer o desenho urbano existente e disciplinar sua expansão, cabe a eles também regular as hipóteses de intervenção sobre o espaço existente. É o que ocorre, por exemplo, quando é prevista a abertura ou o alargamento de um logradouro, muitas vezes objeto de uma lei específica, que pode ser denominada *lei de melhoramento urbano* ou *lei de melhoramento viário*. Também podem ser objeto de planos urbanísticos as intervenções mais amplas sob a forma de urbanificação ou reurbanização, correspondentes à correção da urbanização existente, sobretudo por meio do reparcelamento do solo. Neste caso, a alteração do desenho urbano pode ser mais profunda, com a modificação do traçado de vias e a realocação de áreas públicas e privadas, de acordo com as necessidades do planejamento.

A titularidade dos bens representa um elemento fundamental para a definição do regime incidente sobre cada trecho do espaço urbano, pois, tendo em vista as funções normalmente desempenhadas, os planos urbanísticos devem prever regras próprias para os espaços públicos e privados.

No que tange aos espaços privados, tais regras estão mais associadas à definição das características de edificabilidade e de uso das edificações, a fim de que a cidade possa realizar suas funções de habitar e trabalhar. Na verdade, os lotes constituem uma das mais relevantes referências para as normas de ordenamento urbanístico, pois, para cada um deles, são estabelecidos os usos passíveis de serem instalados e os parâmetros a serem observados nas edificações. Com isso, pretende-se garantir que os lotes desempenhem suas funções urbanísticas de modo compatível com o planejamento idealizado.

Por outro lado, ainda que os lotes sejam as principais referências para as normas urbanísticas, isso não significa que estejam livres de qualquer regramento as áreas de uso coletivo, classificadas como bens públicos de uso comum ou especial, de acordo com as categorias estabelecidas no Código Civil (art. 99). Ao contrário, estas áreas, por sua relevância no âmbito da infraestrutura urbana, também estão sujeitas a regras, de acordo com a função desempenhada.

O foco dessa regulação é garantir que esses espaços estejam em condições de satisfazer necessidades que são atendidas sob uma perspectiva coletiva. Nesse sentido, a vocação dos espaços públicos previstos no plano urbanístico é, no caso dos bens de uso comum, a implantação de vias públicas e de áreas verdes e de recreação, bem como do mobiliário urbano e dos equipamentos de infraestrutura urbana, que incluem as redes de abastecimento de água, serviços de esgotos, energia elétrica, coletas de águas pluviais, rede telefônica e gás canalizado. No caso dos bens de uso especial, por sua vez, pode estar prevista a destinação de tais espaços para a satisfação de interesses coletivos na forma da instalação de estruturas destinadas à prestação de serviços públicos. São os chamados *equipamentos comunitários*, entendidos como instalações públicas destinadas à educação, cultura, saúde, lazer e similares.

As regras contidas no plano urbanístico podem definir não somente a destinação dos espaços públicos a uma determinada função, mas as próprias características dessa utilização. No caso das áreas verdes, por exemplo, podem ser definidos limites para sua impermeabilização ou para sua ocupação com estruturas complementares, inclusive sob a forma de edificações. De igual forma, podem ser estabelecidas regras para a ocupação de vias por equipamentos de infraestrutura, sobretudo no que concerne à sua localização precisa e dimensões. É possível, ainda, definir características especiais de aproveitamento do solo para a construção de edificações destinadas ao uso especial.

As áreas afetadas ao uso comum, tais como ruas e praças, são bens públicos sujeitos a regras específicas. Eles podem servir tanto à circulação como à recreação. Quando servem à circulação, estão sujeitos aos regramentos relativos ao trânsito de pessoas e veículos, havendo espaços que são reservados para pedestres (calçadas e ruas de pedestres) e para veículos, normalmente denominadas leitos carroçáveis. Para estes últimos podem ser definidas vocações ainda mais específicas, como o trânsito de bicicletas (ciclovias) ou de veículos de transporte coletivo (ônibus, veículos leves sobre trilhos e veículos leves sobre pneus).

O uso dos logradouros para circulação e recreação, nos termos referidos, é compatível com sua utilização para instalação de equipamentos que ocupam o espaço aéreo e o subsolo. Assim, as áreas de uso comum constituem o espaço, por excelência, para a instalação de redes de infraestrutura que devem chegar a cada unidade aproveitável, ou seja, o lote. Essas redes são compostas pelos já mencionados equipamentos urbanos de escoamento das águas pluviais, iluminação pública, esgotamento sanitário, abastecimento de água potável, energia elétrica pública e domiciliar.

Evidentemente, é frequente a existência de lotes de titularidade de entidades da Administração Pública. Para eles também devem vigorar regras de edificabilidade e uso, geralmente as mesmas regras aplicáveis aos lotes particulares, sobretudo no caso dos bens públicos dominicais, não afetados a uma função pública. Em geral, não há impedimento a que nesses lotes venha a ser instalado um uso de caráter coletivo, como uma escola ou um hospital, devendo ser observadas, neste caso, as regras urbanísticas correspondentes.

Os espaços públicos e privados, destinados a diferentes funções urbanísticas, não devem ser vistos de modo antagônico entre si. Na verdade, eles devem ser entendidos como partes de um todo harmonioso, que corresponde ao próprio tecido urbano cuja qualificação é sempre pretendida. Nesse sentido, vários dos equipamentos situados nas áreas públicas servem justamente para a fruição dos lotes privados. Por outro lado, a existência de áreas privadas traz usuários para os equipamentos coletivos públicos, dinamizando o seu aproveitamento. Da mesma forma, os regimes jurídicos aplicáveis a ambas as categorias devem ser entendidos de modo complementar, sempre de acordo com uma visão que contemple a adequada conjugação das funções sociais da cidade e das regras a elas correspondentes. Cada via de circulação, por exemplo, tem uma função relevante em relação à necessidade de garantir que cada lote tenha um acesso, o que assegura, na prática, o direito de ir e vir de seu proprietário. Nesse sentido, o acesso ao lote pode ser considerado um direito do proprietário, que somente poderia ser restringido ou modificado por lei.

2 Função social da propriedade urbana

Renata Nadalin Meireles Schirato

2.1 Breve apanhado histórico

A propriedade concebida como um direito absoluto e incontrastável remonta a tempos imemoriais, mas é possível afirmar que, mais modernamente, foi o Código Napoleônico que legou o caráter individualista de propriedade, em substituição à concepção complexa e dependente de propriedade reinante no período feudal.[1] O Código

---

[1] Com efeito, Miguel Maria de Serpa Lopes discorre a respeito da propriedade feudal: "Se em Roma, a propriedade era individual, de caráter simples e independente, facultado ao senhorio exercitá-la em toda sua plenitude sem qualquer participação, na época feudal, a propriedade contrai uma feição inteiramente diferente, tornando-se, ao contrário do que sucedera em Roma, num instituto dependente e complexo. A necessidade de concessões de terras foi forçando a uma desintegração no seu arcabouço; tais concessões redundavam na divisão do domínio, uma partilha de direitos e obrigações entre o senhor da terra e

Civil francês retomou, assim, a concepção romana de propriedade, acentuando-se o caráter absoluto do *jus fruendi*, *utendi* e *abutendi*.

A partir de meados do século XIX, contudo, essa percepção de um direito incontrastável de propriedade foi cedendo lugar a teorias mais modernas, que passaram a trazer novos contornos ao direito de propriedade. Assim foi com a chamada teoria do abuso de direito, que aflorou nos tribunais de forma emblemática pela primeira vez com o julgamento pelo Tribunal de Amiens, em 1913, do célebre caso Cóquerel vs. Clement-Bayard.[2] O Tribunal, na hipótese, entendeu que era defeso ao Sr. Cóquerel exercer o seu direito de propriedade com o único propósito de prejudicar seu vizinho, sem que desse exercício lhe adviesse qualquer utilidade. Ou seja, reconheceu-se, de forma emblemática, limitações ao exercício de faculdades próprias do domínio, até então incontestes. A doutrina francesa também foi pioneira na conceituação da ideia de abuso de direito, destacando-se, dentre outros autores, Louis Josserand, que teve um papel importantíssimo na modelagem de uma concepção mais moderna do direito de propriedade.

Foi na própria França, ainda, que o conceito de função social da propriedade aflorou, mitigando os caracteres até então absolutos do direito de propriedade. Conforme interessante apanhado histórico elaborado por Victor Carvalho Pinto, pode-se dizer que a ideia de função social da propriedade tem seu nascedouro na filosofia política positivista, que se desenvolveu na França no século XIX, e cujos principais expoentes foram Saint Simon e Comte.[3] O conceito de propriedade dos saint-simonianos era absolutamente contrário à ideia oitocentista clássica de propriedade como direito absoluto. Para eles, ao contrário, embora o direito de propriedade devesse ser mantido, o que inclusive os afasta do estatismo, seu titular se revelaria um mero depositário das riquezas da sociedade.

---

o que já trabalhar, o possuidor, o vassalo". (LOPES, Miguel Maria de Serpa. *Curso de Direito Civil*: direito das coisas. 5. ed. rev. e atual. Rio de Janeiro: Freitas Bastos, 2001. v. VI, p. 288-289).

[2] Em síntese, tratava-se basicamente de duas propriedades confinantes, sendo uma delas um hangar para dirigíveis, de propriedade do Sr. Clement-Bayard, desafeto do Sr. Cóquerel, este proprietário do terreno vizinho. A fim de causar desaforo para o Sr. Clement-Bayard, o Sr. Cóquerel construiu em sua propriedade duas torres de madeira sobre as quais apoiou diversas lanças de ferro, com aproximadamente 14 metros de altura na sua totalidade. Com isso, dificultou sobremaneira os pousos e decolagens dos dirigíveis do Sr. Clement-Bayard em situações meteorológicas adversas.

[3] PINTO, Victor Carvalho. *Direito Urbanístico*: plano diretor e direito de propriedade. 3. ed. rev. e atual. São Paulo: Editora Revista dos Tribunais, 2011. p. 161-162.

Leon Duguit transpôs para o mundo jurídico as ideias de Comte.[4] Para o jurista francês, o conceito central do direito deveria ser substituído, não mais persistindo a ideia individualista de *direito subjetivo*, senão a de *função social*. Desse modo, a noção de função social para o jurista francês não se prestaria apenas a explicar o instituto do direito de propriedade, senão perpassaria todo o sistema jurídico. Tratava-se, em largas pinceladas, de se enfatizar os deveres que incumbem a cada cidadão para com os demais e para com a sociedade em geral, ou para com a "interdependência social", nos termos usados pelo autor francês. Assim, exemplificativamente, o direito à liberdade para Duguit – tão caro aos franceses desde o período pós-revolucionário, é visto como "o dever do indivíduo de empregar sua atividade física, intelectual e moral no desenvolvimento dessa interdependência [social]". A lógica até então vigente – de ênfase sobre o indivíduo e seus direitos subjetivos, que, àquela época, eram em muitos casos absolutos – deveria ser completamente subvertida, sem que com isso se suprimisse o reconhecimento desses direitos.[5]

O campo do direito de propriedade revelou-se fértil para que Duguit explorasse sua concepção de função social. Com efeito, o proprietário, para Duguit, tinha mais deveres para com a sociedade do que direitos. Em realidade, o direito de propriedade se assemelharia mais a um ônus do que a um direito propriamente, daí porque ele aniquila a noção de propriedade-direito transformando-a no conceito de *propriedade-função*. Vejamos a seguir:

> Assim, o direito positivo não protege mais o suposto direito subjetivo do proprietário; mas garante a liberdade do detentor de uma riqueza de cumprir a função social que lhe incumbe pelo simples fato da detenção, é assim que eu posso afirmar que sobretudo a propriedade se socializou.[6] (tradução nossa).

---

[4] *Direito Urbanístico...*, p. 175.

[5] Com efeito, é o próprio Duguit quem adverte: "Je ne recherche pas non plus si, comme le prétendet certaines écoles, il y a une opposition irrémediable entre ceux qui détiennent la richesse et ceux qui n'em ont point, entre la classe proprietaire et la classe prolétarienne, celle-ci devant exproprier et anéntir bientôt celle-là. Mais je ne peux me tenir cependant de dire qu'à mon sens ces écoles on une vision tout a fait erronée des choses: la structure des sociétés modernes est beacoup plus complexe. En France notamment um grand nombre d'individus sont à la fois propriétaires et travailleurs". (DUGUIT, Leon. *Les Transformations générales du droit privé depuis le Code Napoléon*. Paris: Librairie Félix Alcan, 1912. p. 161).

[6] DUGUIT, Leon. *Les Transformations générales du droit privé depuis le Code Napoléon*. Paris: Librairie Félix Alcan, 1912. p. 160.

Mais à frente, o autor explica com clareza os dois principais deveres que entende incumbir aos proprietários:

> 1º O proprietário tem o dever e, consequentemente, o poder de empregar o bem que detém na satisfação das necessidades individuais, e particularmente das suas próprias, de empregar o bem no desenvolvimento de sua atividade física, intelectual e moral. Não nos esqueçamos, com efeito, que a intensidade da divisão social do trabalho está diretamente relacionada à intensidade da atividade individual.
>
> 2º O proprietário tem o dever e, portanto, o poder de empregar o bem na satisfação das necessidades comuns, das necessidades de uma coletividade nacional como um todo ou de coletividades secundárias.[7] (tradução nossa).

Os excertos transcritos demonstram de forma absolutamente clara que, num determinado momento da história, os caracteres clássicos do direito de propriedade foram colocados à prova, sem que eles fossem necessariamente negados. Houve, contudo, uma paulatina readequação do direito de propriedade, o que acabou sendo capturado pelos ordenamentos jurídicos.

2.2 Função social da propriedade no ordenamento brasileiro

Feita essa brevíssima explanação do surgimento da teoria da função social da propriedade, é preciso entender em que medida nosso ordenamento jurídico a encampou. Com efeito, a teoria da função social foi, em grande medida, incorporada pela atual Constituição Federal.[8] Assim, é possível dizer que no ordenamento brasileiro a propriedade continua sendo um direito subjetivo – portanto, diferentemente da teoria tal qual formulada por Duguit – porém *funcionalizado*. Ou seja, é impossível compreender o direito de propriedade no ordenamento brasileiro sem estuda-lo no contexto da função social da propriedade. Importante ressaltar, ademais, que a função social não consiste numa

---

[7] DUGUIT, Leon. *Les Transformations génerales du droit privé depuis le Code Napoléon*. Paris: Librairie Félix Alcan, 1912. p. 165-166.
[8] Antes dela, a Constituição de 1946 previu o instituto da desapropriação por *interesse social*. A expressão *função social*, contudo, só é inserida naquela Carta por meio da Emenda Constitucional nº 10/64. A Constituição de 1967, a sua vez, estabelece a *função social* como um dos princípios da ordem econômica e social. Contudo, a Constituição de 1988, sem dúvida alguma, é mais prenhe da ideia de função social do que as anteriores.

espécie de *limitação* ao direito de propriedade, mas acaba por integrá-lo e moldá-lo.[9]

Desse modo, a concepção clássica do direito de propriedade advinda da Declaração de Direitos de 1789, como sendo o direito absoluto, incontrastável e ilimitado de usar, gozar, fruir e dispor de um bem não mais subsiste. Alguns dispositivos constitucionais demonstram essa assertiva. Emblemático, por exemplo, é o fato de a obrigatoriedade de atendimento da função social ter sido inserida no mesmo dispositivo que consagra o direito à propriedade.[10] Já o artigo 170, que dispõe sobre a ordem econômica, consagra em seu inciso III a função social da propriedade como um de seus princípios.[11] A função social é expressamente citada também no que se refere à propriedade urbana – o que se verá com mais vagar adiante – e à propriedade rural, conforme insculpidos nos artigos 182, §2º e 186,[12] respectivamente.

Também o Código Civil, principal diploma a disciplinar os variados aspectos privados da vida dos cidadãos (inclusive seus bens), não ficou alheio à nova conformação do direito de propriedade. Assim é que, imediatamente após elencar os direitos inerentes à propriedade, dispõe o §1º do art. 1228:

> §1º O direito de propriedade deve ser exercido em consonância com as suas finalidades econômicas e sociais e de modo que sejam preservados, de conformidade com o estabelecido em lei especial, a flora, a fauna,

---

[9] É nesse mesmo sentido o ensinamento de Luiz Edson Fachin, confira-se: *"A subjetivação jurídica do direito de propriedade tem hoje, no Brasil, explícito assento constitucional, como direito fundamental imbricado na respectiva função social". Assegura-se, assim, tanto o direito de propriedade como o direito à propriedade, instrumento que sirva à concretização da dignidade humana"*. (Destacamos). MIRANDA, Pontes de. *Tratado de direito privado, parte especial*, Tomo XI: direito das coisas/propriedade. (Atualizado por Luiz Edson Fachin). São Paulo: Ed. Revista dos Tribunais, 2012. p. 61.

[10] Com efeito, o art. 5º, em seu inciso XXII consagra o direito à propriedade e o inciso imediatamente seguinte dispõe que "a propriedade atenderá a sua função social". Portanto, o legislador constituinte não hierarquizou direito de propriedade vis à vis função social, o que indica que, embora em termos diferentes da formulação de Duguit, a teoria da função social encontra forte acolhida na carta constitucional brasileira.

[11] "Art. 170. A ordem econômica, fundada na valorização do trabalho humano e na livre iniciativa, tem por fim assegurar a todos existência digna, conforme os ditames da justiça social, observados os seguintes princípios: I – soberania nacional; II – propriedade privada; III – função social da propriedade".

[12] Art. 186. A função social é cumprida quando a propriedade rural atende, simultaneamente, segundo critérios e graus de exigência estabelecidos em lei, aos seguintes requisitos: I – aproveitamento racional e adequado; II – utilização adequada dos recursos naturais disponíveis e preservação do meio ambiente; III – observância das disposições que regulam as relações de trabalho; IV – exploração que favoreça o bem-estar dos proprietários e dos trabalhadores.

as belezas naturais, o equilíbrio ecológico e o patrimônio histórico e artístico, bem como evitada a poluição do ar e das águas.

O parágrafo segundo do mesmo artigo, reforçando a ideia de que a propriedade não contempla mais apenas um aspecto puramente individualista – embora esse, a nosso ver, continue a ser o aspecto predominante do instituto –, deixa claro o que já decorria da aplicação da teoria do abuso de direito, de Josserand: "são defesos os atos que não trazem ao proprietário qualquer comodidade, ou utilidade, e sejam animados pela intenção de prejudicar outrem".

O dispositivo transcrito, analisado em conjunto com o artigo 187 da Parte Geral do Código[13] (do qual, aliás, decorre), permite-nos extrair da lógica do Código Civil de 2002 que é até mesmo possível que um proprietário, ao exercer seu direito em contrariedade ao seu fim econômico ou social, cometa ato ilícito. Esses dispositivos, portanto, revelam uma guinada na antiga lógica privatista e individualista do diploma civil, revelando, ao revés, o caráter socializante e ético (com fundamento na boa-fé objetiva) do novo Código Civil.

Outro dispositivo pouco lembrado do Código Civil, mas que guarda estreitas relações com o princípio da função social da propriedade, é o art. 1.276, que trata do abandono de imóvel urbano e permite sua arrecadação pelo Município como bem vago. Vejamos o *caput* do dispositivo:

> Art. 1.276. O imóvel urbano que o proprietário abandonar, com a intenção de não mais o conservar em seu patrimônio, e que não se encontrar na posse de outrem, poderá ser arrecadado, como bem vago, e passar, três anos depois, à propriedade do Município ou à do Distrito Federal, se se achar nas respectivas circunscrições.

Trata-se, sem dúvida alguma, de situação distinta da desapropriação, pois o abandono configura expressamente hipótese de perda da propriedade, nos termos do art. 1.275 do diploma civil. Ou seja, não se está a falar de desapropriação ou desapropriação indireta, mas sim de penalização do proprietário que abandonar seu imóvel com a intenção comprovada de fazê-lo, daí a doutrina exigir a presença do

---

[13] "Art. 187. Também comete ato ilícito o titular de um direito que, ao exercê-lo, excede manifestamente os limites impostos pelo seu fim econômico ou social, pela boa-fé objetiva ou pelos bons costumes".

chamado *animus abandonandi*. Contudo, é interessante notar que o §2º do dispositivo, novidade no Código Civil de 2002 sem correspondente no de 1916, dispõe que haverá presunção absoluta da intenção de abandono quando, "cessados os atos de posse, deixar o proprietário de satisfazer os ônus fiscais". Ou seja, comprovado o abandono do imóvel (por meio da cessação dos atos de posse) e verificado o inadimplemento dos encargos fiscais (notadamente o IPTU), é possível que o bem seja arrecadado pelo Município.

De se notar que esse procedimento para arrecadação e posterior transferência da propriedade à municipalidade não pode ser feito de forma açodada, sob pena de grave ferimento à ordem constitucional, que protege de forma inequívoca o direito à propriedade. Assim, é preciso haver um transcurso razoável de tempo para se configurar o abandono, bem como o inadimplemento dos ônus fiscais. Ainda, conforme ressai do dispositivo, a propriedade não é transferida automaticamente ao Poder Público, fazendo-se necessário o transcurso do triênio sem que o proprietário manifeste a intenção de reaver o bem. Aliás, outros balizamentos sobre o procedimento foram em boa hora trazidos pela Lei nº 13.465, de 11 de julho de 2017, em seus artigos 64 e 65, o que traz segurança jurídica na aplicação deste instrumento.

Sobre a importância do dispositivo, discorre Francisco Eduardo Loureiro:

> A moderna noção de função social da propriedade, e também da posse, exige conduta positiva circunstanciada do possuidor, dando à coisa sua natural finalidade econômica e social. A conduta negativa somente se admite em casos excepcionais, quando revestida de interesse social, por exemplo, a não-exploração de áreas de proteção ambiental. Em termos diversos, o legislador sancionou a falta de atos possessórios positivos, extraindo da conduta omissiva, aliada ao inadimplemento fiscal, o efeito jurídico de animus abandonandi.[14]

Portanto, é possível concluir que o diploma privatista por excelência não ficou alheio à nova formatação do direito de propriedade, conformado pela necessidade de cumprimento de sua função social. Resta analisar a forma como o tema foi tratado na legislação urbanística, notadamente no Estatuto da Cidade.

---

[14] Cf. LOUREIRO, Eduardo Francisco. "Comentário ao art. 1.276 do Código Civil" In: PELUSO, Ministro Cesar. *Código Civil Comentado*: doutrina e jurisprudência. 3. ed. rev. e atual. Barueri: Manole, 2009, p. 1241.

2.3 A função social da propriedade no Direito Urbanístico

Adentrando especificamente o campo do Direito Urbanístico, é preciso destacar que a ideia de função é ínsita a esta área do direito, já que uma de suas principais tarefas consiste justamente em atribuir a uma dada porção do território uma função determinada, por meio da disciplina de seu uso. Essa tarefa é desempenhada precipuamente por meio de instrumentos como os *planos*, leis de uso e ocupação do solo e zoneamento, mas não apenas, conforme se esclarecerá adiante.

Desse modo, é possível afirmar que o Direito Urbanístico não é indiferente ao uso que se confere a uma dada porção do território e, numa análise mais microscópica, às propriedades que o integram. Pelo contrário, é ele que, por meio de planos ou leis de ocupação do solo, disciplina minimamente o seu uso, determinando, por exemplo, se num determinado local se afigura possível ou desejável o estabelecimento de uma indústria ou se, ao contrário, o local é de uso exclusivamente residencial. Daí porque faz absoluto sentido o preceito insculpido no artigo 182, §2º da Constituição Federal, segundo o qual "a propriedade urbana cumpre sua função social quando atende às exigências fundamentais de ordenação da cidade, expressas no plano diretor". Veja-se, assim, que a Constituição Federal não cravou um conceito de função social, relegando essa tarefa para o plano diretor, o que nos leva a crer que, observados os balizamentos constitucionais, aqueles contidos no art. 1.228, §1º do Código Civil e nas leis especiais aplicáveis, a definição de função social compete à esfera municipal.

Assim, é precipuamente o plano diretor, enquanto instrumento capital de ordenação e regulação da *urbes*, que servirá como parâmetro para fins de aferição do cumprimento da função social por parte de uma dada propriedade urbana. É no plano diretor e nos documentos dele derivados – sobretudo as leis de parcelamento, uso e ocupação do solo – que serão fixados, por exemplo, parâmetros de ocupação e índices urbanísticos (ex.: parâmetros de parcelamento com as dimensões mínimas e máximas de lotes, densidades construtivas e demográficas, volumetria das edificações, usos e atividades permitidos, circulação viária etc.), conforme o objetivo que se pretenda para uma determinada área da cidade. Assim, em alguns casos, pode ser desejável que uma região seja mais adensada, por ser central e possuir infraestrutura já instalada e ociosa, em outros casos, pode-se querer justamente o contrário, ou seja, controlar o processo de adensamento. É justamente o plano diretor que deverá lançar as bases do que se pretende para a cidade num determinado período de tempo.

Vejamos, exemplificativamente, o caso das zonas especiais, como as chamadas "Zonas Especiais de Interesse Social" (ZEIS),[15] nas quais são estabelecidos parâmetros de parcelamento e demais índices urbanísticos diferenciados, visando ao propósito de endereçar políticas públicas destinadas à população de baixa renda, seja por meio da regularização fundiária de assentos precários, incentivo à produção de habitação de interesse social (HIS), provisão de equipamentos públicos, recuperação ambiental, dentre outros. Nesta hipótese fica bastante evidente o caráter social da propriedade, e como o Direito Urbanístico, por meio de instrumentos que lhe são próprios, pode orientar o crescimento da cidade no sentido do atendimento de determinados propósitos eminentemente sociais. Naquela porção de território enquadrada como ZEIS, por exemplo, pode-se incentivar a produção de lotes menores, podem ser admitidos e regularizados assentamentos precários, etc. Nesta hipótese, eventuais irregularidades que não seriam toleradas em outra área da cidade podem ser admitidas e tornadas legais em razão do propósito na constituição daquela zona específica da cidade. Nesse sentido, a aferição do cumprimento da função social de uma propriedade situada em ZEIS é balizada por critérios distintos daqueles empregados em uma zona industrial, por exemplo.

Além das ZEIS, que encontram expressa previsão no Estatuto da Cidade, os Municípios poderão, no regular exercício de competência constitucional que lhes é atribuída, criar outras zonas especiais, conforme interesses específicos de ordenação da cidade de cada um. O Município de São Paulo, exemplificativamente, previu em seu plano diretor (Lei nº 16.050, de 31 de julho de 2014) o instituto das "Zonas Especiais de Preservação Cultural" (ZEPECs), como

> porções do território destinados à preservação, valorização e salvaguarda dos bens de valor histórico, artístico, arquitetônico, arqueológico e paisagístico, doravante definidos como patrimônio cultural, podendo se configurar como elementos construídos, edificações e suas respectivas áreas ou lotes; conjuntos arquitetônicos, sítios urbanos ou rurais; sítios arqueológicos, áreas indígenas, espaços públicos; templos religiosos, elementos paisagísticos; conjuntos urbanos, espaços e estruturas que dão suporte ao patrimônio imaterial e/ou aos usos de valor socialmente atribuído.

---

[15] As ZEIS encontram previsão no art. 4º, V, "f" do Estatuto da Cidade.

Portanto, para além do estabelecimento dos usos admitidos (residenciais, mistos, industriais etc.) e de índices urbanísticos, o plano diretor tem, sim, uma função importante na definição de valores a serem levados em conta, inclusive, na aferição do cumprimento da função social por uma determinada propriedade.

Justamente pelo fato de o plano diretor configurar baliza para aferição do cumprimento da função social da propriedade é que se faz necessário que ele reflita, ao menos em parte, o desejo da sociedade. Daí por que ele deve necessariamente ser elaborado com ampla consulta à população, como aliás deflui do art. 39, §4º da Lei nº 10.257/2001. A obrigatoriedade de revisão do plano diretor, no mínimo, a cada 10 anos também se coaduna com a necessidade de revisão das políticas urbanas do Município, bem como de sua aderência aos valores cambiantes daquela sociedade.

Para além do plano diretor, é preciso mencionar alguns outros instrumentos que fixam parâmetros urbanísticos diferenciados para determinadas porções do território de uma cidade. Tais instrumentos, é claro, devem vir previstos no plano diretor e, portanto, o complementam de algum modo. É o caso, exemplificativamente, das operações consorciadas urbanas ou ainda das concessões urbanísticas, a primeira expressamente prevista no rol dos instrumentos do Estatuto da Cidade. Trata-se, conforme será abordado mais adiante, de instrumentos de concertação público-privada por meio dos quais o espaço urbano é forjado, desenvolvido ou modificado. A partir desses instrumentos, podem ser estabelecidas condicionantes e limitações ao exercício do direito de propriedade, por meio de índices e parâmetros urbanísticos próprios. Portanto, o exercício do direito de propriedade, em consonância com o que dispõem tais instrumentos, é um exercício conforme a função social da propriedade.

Nesse sentido, conforme assevera o artigo 182, §2º da Constituição Federal, a aferição do cumprimento da função social por uma determinada propriedade não prescinde da consulta ao plano diretor vigente e tampouco aos demais documentos contratuais, legais ou regulamentares que lhe são conexos. De um modo geral, contudo, é possível asseverar que o cumprimento da função social no âmbito urbano está intimamente ligado a alguns fatores, sendo um dos mais evidentes a equação envolvendo a intensidade de usos vis à vis a infraestrutura urbana e de serviços disponíveis. É a disponibilidade ou a saturação da infraestrutura e dos serviços (leia-se infraestrutura viária, de redes de serviços, dentre outras) que muitas vezes irá definir dimensões de lotes, usos admitidos, etc. Por vezes, inclusive, pode-se prever o estabelecimento de encargos específicos àquele que sobrecarregar em demasia a infraestrutura urbana disponível. É o que ocorre, exemplificativamente, com o chamado *pólo gerador de tráfego*.[16]

Outro aspecto relevante a ser tomado em conta quanto se estuda a função social da propriedade inserida especificamente no contexto urbano diz respeito à inter-relação deste conceito com a chamada *função social da cidade*.[17] A ideia de função social da cidade – termo, aliás, expressamente acolhido pela Constituição em seu artigo 182 – se funda nos conceitos desenvolvidos na chamada Carta de Atenas, manifesto urbanístico fruto do IV Congresso Internacional de Arquitetura Moderna, realizado na capital grega em 1933. Foi justamente em referido documento que ficaram estabelecidas as funções primordiais das cidades (habitação, circulação, trabalho e lazer). No Brasil, o Estatuto da Cidade trabalha este conceito em seu artigo 2º, I.[18] Da leitura deste dispositivo, é possível também inferir que o conceito de *função social da cidade* dialoga com outro conceito amplamente reconhecido pelos urbanistas de *direito à cidade*. Em síntese, trata-se do direito dos munícipes de obterem efetivo acesso a determinados serviços considerados essenciais no âmbito da *urbes*. Jean-Bernard Auby, ao discorrer sobre o encaminhamento dado ao tema do direito à cidade no âmbito do ordenamento jurídico francês, aponta os seguintes aspectos primordiais relacionados ao tema: (i) instrumentos ligados à limitação da segregação urbana; (ii) acesso a serviços urbanos essenciais em condições especiais às pessoas que não detêm condições financeiras

---

[16] Confira-se, nesse sentido, a Lei nº 15.150, de 6 de maio de 2010, do Município de São Paulo, que qualifica os tipos de empreendimentos que deverão serem polos geradores de tráfego, e condiciona sua implantação ou reforma à obtenção de um documento denominado Certidão de Diretrizes, de emissão da Secretaria de Transportes, no qual deverão estar fixados os parâmetros a serem seguidos na execução do projeto de edificação, bem como as medidas mitigadoras de impactos no tráfego, decorrentes do empreendimento.

[17] Para Thiago Marrara, os conceitos de função social da cidade e função social da propriedade urbana são complementares. Vejamos: "A função social da cidade é complementada pela da propriedade urbana, que está explicitamente prevista no texto constitucional – art. 182, §2º". Cf. MARRARA, Thiago. *Bens públicos*: domínio urbano: infraestruturas. Belo Horizonte: Ed. Fórum, 2017. p. 186.

[18] "Art. 2º A política urbana tem por objetivo ordenar o pleno desenvolvimento das funções sociais da cidade e da propriedade urbana, mediante as seguintes diretrizes gerais: I – garantia do direito a cidades sustentáveis, entendido como o direito à terra urbana, à moradia, ao saneamento ambiental, à infraestrutura urbana, ao transporte e aos serviços públicos, ao trabalho e ao lazer, para as presentes e futuras gerações".

de fazê-lo (por meio de tarifas sociais, gratuidades etc.); e (iii) mecanismos relacionados ao direito à habitação.[19]

Ainda sobre a interpenetração desses dois conceitos, discorre Tiago Marrara:

> A breve análise desses diplomas demonstra que a função social da cidade e direito à cidade são faces de uma mesma moeda e conceitos redundantes em essência. Servem para explicitar duas normas jurídicas: a obrigatoriedade de oferta de determinados serviços públicos na cidade e, mais que isso, o direito de acesso efetivo da população a tais serviços – a despeito dos questionamentos sobre a natureza e os limites de exigibilidade desse direito. São conceitos propositalmente utilizados para orientar e estimular políticas públicas, por lei ou atos administrativos de gestão e desenvolvimento urbano em favor da ampliação da oferta de serviços públicos e outras comodidades aos cidadãos.[20]

A outra faceta relevante da função social da propriedade urbana diz respeito ao seu descumprimento pelo proprietário, bem como as consequências que o mesmo pode lhe acarretar. Não fosse assim, infelizmente não haveria qualquer incentivo a que a função social da propriedade fosse cumprida, gerando o desatendimento a preceito constitucional de significativa importância sem maiores consequências, visto que a retenção especulativa de imóvel é prática comum em certas localidades. Nesse sentido, o exercício do direito de propriedade em desconformidade com o que dispõe o plano diretor pode até mesmo ensejar a aplicação das penas insculpidas no §4º do artigo 182, da Constituição. Vejamos:

> §4º – É facultado ao Poder Público municipal, mediante lei específica para área incluída no plano diretor, exigir, nos termos da lei federal, do proprietário do solo urbano não edificado, subutilizado ou não utilizado, que promova seu adequado aproveitamento, sob pena, sucessivamente, de:
>
> I – parcelamento ou edificação compulsórios;
>
> II – imposto sobre a propriedade predial e territorial urbana progressivo no tempo;

---

[19] Cf. *Droit de la ville*: du fonctionnement juridique des villes au droit à la ville. Paris: LexisNexis, 2013. p. 269 e ss.
[20] Cf. MARRARA, Thiago. *Bens públicos*: domínio urbano: infraestruturas. Belo Horizonte: Ed. Fórum, 2017. p. 186.

III – desapropriação com pagamento mediante títulos da dívida pública de emissão previamente aprovada pelo Senado Federal, com prazo de resgate de até dez anos, em parcelas anuais, iguais e sucessivas, assegurados o valor real da indenização e os juros legais.[21]

O imóvel não edificado pode ser entendido como a terra nua que não atende à utilização desejada pelo plano diretor e lei dele decorrente (moradia, indústria, recreação etc.). Por outro lado, o imóvel subutilizado pode ser entendido como o imóvel

> cujo aproveitamento seja inferior ao mínimo definido no plano diretor ou em legislação dele decorrente (art. 5º, §1º, I do Estatuto da Cidade) [...] e por não utilizado o imóvel abandonado e não habitado, incluídas as construções paralisadas e destruídas.[22]

Esta última hipótese se assemelha ao abandono de imóvel urbano, previsto no art. 1.276 do Código Civil, o que poderia colocar a municipalidade diante da questão de qual instrumento se valer na hipótese, sendo importante sublinhar, como já antecipado acima, que a arrecadação de imóvel pelo Município demanda a conjugação de dois fatores: o comportamento de abandono da coisa (aspecto objetivo) aliado à intenção de fazê-lo (aspecto subjetivo), que deverá ser comprovada. Ainda, a opção por um ou outro instrumento demanda o cumprimento do iter procedimental do art. 182, §4º da Constituição Federal ou dos arts. 64 e 65 da Lei nº 13.465/2017, conforme o caso. É preciso não perder de vista, ainda, que ambas as hipóteses configuram uma punição deveras gravosa ao proprietário – visto que implica a perda do próprio bem, o que só poderá ocorrer se seguidos os preceitos legais e constitucionais vigentes, sob pena de ofensa ao direito de propriedade assegurado constitucionalmente.

O art. 182, §4º, aliás, é regulamentado pelo Estatuto da Cidade, que estabelece diversos procedimentos obrigatórios para que o iter contido no dispositivo anteriormente citado seja levado adiante. Veja-se, exemplificativamente, que além do plano diretor, exige-se lei específica

---

[21] Reforçando o papel do plano diretor como instrumento balizador do cumprimento da função social da propriedade urbana, dispõe o art. 5º, §1º, I do Estatuto da Cidade: "Art. 5º [...] §1º. Considera-se subutilizado o imóvel: I – cujo aproveitamento seja inferior ao mínimo definido no plano diretor ou em legislação dele decorrente".

[22] MONTEIRO, Vera. Parcelamento, edificação ou utilização compulsórios da propriedade urbana. In: DALLARI, Adilson Abreu; FERRAZ, Sérgio (Coord.). *Estatuto da cidade*: comentários à Lei Federal nº 10.257/2001. 2. ed. São Paulo: Malheiros/SBDP, 2006.

para que se imponha a exigência de parcelamento e/ou edificação compulsórios. Ainda, o proprietário deverá ser pessoalmente notificado, devendo a notificação ser averbada no cartório de registro de imóveis (art. 5º, §2º). Uma vez notificado, impõe-se um prazo razoável para que o proprietário edifique ou parcele, eis que seria absurdo imaginar que uma obra ou um parcelamento possam ser feitos de um dia para o outro. Daí constar do §4º do mesmo dispositivo que os prazos não podem ser inferiores a: "I – 1 (um) ano, a partir da notificação, para que seja protocolado o projeto no órgão municipal competente; (II) – 2 (dois) anos, a partir da aprovação do projeto para iniciar as obras do empreendimento".

Não nos cabe, no âmbito deste estudo, discorrer à exaustão sobre o tema, contudo, vale lembrar que também no tocante à aplicação do IPTU progressivo no tempo e na hipótese de desapropriação dita sanção, há um rito procedimental a ser seguido. Em síntese, mesmo em casos de descumprimento da função social, é imprescindível que a Administração siga ritos e procedimentos disciplinados em lei, de modo a que o proprietário descumpridor da função social seja instado a cumpri-la em tempo razoável para, só então, valer-se a Administração de medida extrema, qual seja: a desapropriação com pagamento de títulos públicos. Busca-se, assim, um equilíbrio entre direito de propriedade e função social.

Parece-nos, e ainda discorrendo sobre os instrumentos punitivos de que as administrações podem se valer na hipótese de descumprimento da função social da propriedade, que não se faz necessária qualquer alteração legislativa no sentido de se criar novos instrumentos. Contudo, é certo que as municipalidades pouco ou nenhum uso deles fazem, o que corrobora o mau uso das propriedades e, no limite, agrava as tensões sociais tão marcantes em nossa sociedade. Daí por que se falar em desapropriação como sanção urbanística no direito brasileiro é discorrer hipoteticamente sobre instituto que tem pouca ou nenhuma serventia, dado que não utilizado

2.4 Conclusão

O direito de propriedade é dos direitos mais instintivos que existem, pois decorre da natural propensão das pessoas de se apoderar, gozar, tirar frutos e proteger contra terceiros o que lhes pertence legitimamente. Apesar de todas as constituições brasileiras terem assegurado proteção a esse direito, é certo que de algum tempo para cá ele vem sofrendo temperamentos decorrentes da necessidade de adequá-lo a outros valores também protegidos constitucionalmente. Daí por que a função social não se revela propriamente uma limitação ao direito de propriedade, mas passa a integrá-lo, moldando novos contornos a esse direito milenar, que não pode mais ser exercido e/ou interpretado da forma como se fazia à época dos códigos oitocentistas.

O Direito Brasileiro, sobretudo pós-Constituição de 1988, acolheu, assim, a função social da propriedade, seja ela urbana ou rural, conforme se depreende dos dispositivos mencionados e/ou transcritos no âmbito deste estudo. É certo, ainda, que leis recentes continuam a acolher e implementar essa nova ótica do direito de propriedade. É o caso, notadamente, da Lei nº 13.465/2017, que, dentre outras novidades: (i) consolida e uniformiza os procedimentos que denomina de Regularização Fundiária Urbana (Reurb), criando inclusive, figuras novas como a da legitimação fundiária; (ii) cria o chamado direito real de laje; (iii) detalha o procedimento de arrecadação de imóvel abandonado pelo Município ou pelo Distrito Federal, etc.

A despeito dos dispositivos constitucionais e legais que consagram expressamente a função social da propriedade e/ou instrumentos que a operacionalizam, ainda não se pode dizer que no Brasil o direito de propriedade é sempre, ou no mais das vezes, exercido em conformidade com a sua função social. Como se sabe, e a exemplo de tantos instrumentos constantes do rol do art. 4º do Estatuto da Cidade, as administrações municipais pouco ou nenhum uso fazem de diversos instrumentos a seu dispor, como a desapropriação urbanística, a contribuição de melhoria, a preempção, dentre tantos outros outros.

Se entendermos, como indicado acima, que a função social da propriedade se conecta com o direito à cidade, então o *gap* das administrações municipais em implementá-la é ainda mais abissal. De todo modo, a rigor, os instrumentos existem, o que facilita parte da tarefa. Urgem, portanto, administrações aptas a utilizá-los e, mais do que, isso, dispostas a fazê-lo. A utilização dos instrumentos citados, a exemplo da arrecadação de bem abandonado do Código Civil, não constitui afronta ao direito de propriedade, pelo contrário, coaduna-se com uma concepção funcionalizada desse direito, que não pode ignorar as funções que a propriedade exerce no ambiente urbano, para além daquelas tipicamente individuais, que continuam a ser protegidas pelo ordenamento.

3 Condicionamentos ao direito de propriedade

José Fernando Ferreira Brega

A função social constitui, pois, a base para a definição dos contornos da propriedade urbana, sendo tais limites estabelecidos pelas normas urbanísticas. Dessa sorte, é o direito urbanístico que define o regime jurídico da propriedade urbana, fixando-lhe o respectivo conteúdo. As normas urbanísticas constituem, assim, um meio de limitar ou condicionar a propriedade privada, para realizar os fins públicos correspondentes ao planejamento urbanístico.

Em vista do regime jurídico em vigor no Brasil, a função social faz parte da estrutura do direito de propriedade, não importando, assim, em uma limitação externa, que acarrete uma restrição a um direito preexistente. O artigo 1299 do Código Civil, que se refere à tradicional possibilidade de que o proprietário edifique em seu imóvel conforme lhe aprouver, observando os chamados *regulamentos administrativos*, deve ser interpretado de modo atualizado, segundo o regime constitucional em vigor.

Por isso, tem-se entendido, considerando que a função social integra a propriedade (art. 5º, XXIII e art. 182, §2º da Constituição Federal), que não há propriamente *limitação* de tal direito para a realização dos fins urbanísticos, mas mera *conformação*, de acordo com o plano correspondente. A conformação não prejudica a esfera de direitos dos indivíduos, apenas a define. Nesse sentido, ao definir as possibilidades de aproveitamento do solo urbano, o plano não restringe uma liberdade inicial mais ampla, pois a possibilidade de aproveitamento do solo depende essencialmente do plano urbanístico. Em outras palavras, a propriedade urbana nasce com o próprio plano, sendo apenas aparentes as restrições a tal direito.

As normas de direito civil garantem ao proprietário um direito em face dos demais, razão pela qual se considera que se trata de um direito cujo titular é o proprietário e cujo sujeito passivo é a coletividade. No entanto, nem sempre a coletividade está obrigada a suportar que o proprietário exerça, em qualquer medida, as conhecidas faculdades de usar, fruir e dispor no que tange a um dado bem. As normas urbanísticas delimitam a extensão de tais faculdades, condicionando, assim, o exercício do direito de propriedade.

O objetivo de tais normas consiste na preservação da ordem urbanística, bem como na realização do planejamento, o que inclui, por exemplo, o controle do adensamento urbano ou até mesmo o aproveitamento dos efeitos positivos do adensamento e sua compatibilização com a infraestrutura urbana existente.

Os condicionamentos são referentes a diversos aspectos da realidade urbana, estabelecendo condições e exigências relativas aos seguintes temas:

Parcelamento do solo: as normas urbanísticas devem garantir condições fundiárias apropriadas, sendo para isso definidas dimensões de lote, larguras mínimas de vias e percentuais de áreas destinadas a usos públicos. Além disso, deve-se assegurar que os lotes resultantes terão as condições de infraestrutura desejadas, possibilitando, assim, o seu adequado aproveitamento.

Edificações: as normas urbanísticas regulam a chamada *edificabilidade*, ou seja, a faculdade de construir em um terreno urbano, podendo-se limitar, para tanto, a implantação da edificação no lote, por meio da definição de parâmetros urbanísticos, tais como coeficiente de aproveitamento, gabarito de altura máxima e recuos. Vale insistir, pois, que a edificabilidade surge com a legislação urbanística, que atribui tal qualificação ao lote, não sendo tal faculdade uma simples emanação do direito de propriedade, como poderia sugerir uma leitura menos atualizada das normas de direito civil.

Uso dos lotes e das edificações: de acordo com as normas urbanísticas, os lotes e edificações podem também ter seu uso conformado, de forma a delimitar as faculdades conferidas ao proprietário. Assim, as construções existentes podem ser destinadas, conforme o caso, a atividades residenciais, industriais, institucionais ou mistas, o que geralmente é feito de acordo com as regiões da malha urbana, de forma a preservar e potencializar suas vocações. Com isso, resta delimitado não somente o direito de propriedade, mas a própria liberdade para a realização de certas atividades: onde morar, trabalhar ou empreender.

Alienação de imóveis urbanos: lei municipal, baseada no plano diretor, pode conferir ao Município o chamado direito de preempção, ou seja, a preferência para aquisição de imóvel urbano objeto de alienação onerosa entre particulares, que pode vigorar por até cinco anos em relação aos terrenos situados em área delimitada pela legislação municipal (art. 25 da Lei Federal nº 10.257/01 – Estatuto da Cidade). A instituição do direito de preempção acarreta um ônus para o proprietário, na medida em que este passa a estar sujeito a notificar ao Município sua intenção de alienar o bem (art. 27 da mesma lei).

Em se tratando de delimitar o alcance do direito de propriedade, tais restrições devem decorrer de lei, não sendo possível ao Poder Executivo definir, por meio de decretos ou outros atos infralegais, a extensão das faculdades inerentes aos titulares de lotes. Podem ser previstos em regulamento, contudo, os meios e procedimentos para viabilizar o exercício das faculdades relacionadas ao direito de propriedade, ou mesmo a especificação de critérios técnicos a serem atendidos pelo proprietário ou que sirvam de base para a adequada aplicação da lei urbanística, sempre de acordo com as balizas nela estabelecidas.

Além disso, as regras urbanísticas devem observar um mínimo de generalidade. Não há como negar que tais normas apresentam algum caráter discriminatório, podendo estabelecer consequências jurídicas distintas para cada lote do Município. No entanto, é preciso que as regras urbanísticas tenham um alcance global, estando inseridas no planejamento urbano como um todo, que trate de modo isonômico as situações semelhantes. Nesse sentido, devem ser entendidas como juridicamente suspeitas as leis que ensejam mudanças pontuais nas regras de aproveitamento do solo urbano, ampliando ou restringindo as faculdades relacionadas a glebas e lotes específicos. Em vista disso, os diplomas legais que pretendam efeitos dessa natureza devem estar suficientemente embasados em elementos técnicos que possibilitem a compreensão dos fundamentos que levaram à sua edição, permitindo a apuração de sua legitimidade frente aos princípios da isonomia e da razoabilidade.

Por outro lado, a regulação da propriedade deve observar um conteúdo mínimo para o direito de propriedade, correspondente à viabilidade prática e econômica da utilização do bem. Isso decorre da previsão constitucional que garante o direito de propriedade (art. 5º, XXII), a qual seria violada caso as normas urbanísticas pudessem levar à insignificância tal direito, impedindo ao proprietário o exercício das faculdades de usar e fruir o bem, ou mesmo aniquilando seu valor econômico. Deve haver, sempre, uma composição entre o direito de propriedade, como situação subjetiva favorável ao titular, e a função social que fundamenta as normas urbanísticas.

Os condicionamentos ao direito de propriedade não se confundem, é claro, com as situações em que é necessária a tomada do bem pela Administração para a realização de um interesse público – muitas vezes de caráter urbanístico –, o que ocorre por meio da desapropriação. Ao definir as regras de aproveitamento de lotes e glebas, o Poder Público objetiva que tais imóveis ofereçam um desempenho funcional apropriado, nos termos do planejamento urbanístico, o que pressupõe a definição das faculdades e poderes que assistem ao seu proprietário. Estabelecidos de modo compatível com o ordenamento jurídico, os condicionamentos ao direito de propriedade devem ser suportados por seu titular, ainda que eles representem, na prática, uma redução do valor da coisa em relação àquele que poderia verificar-se, em tese, se a legislação urbanística não existisse ou fosse mais permissiva. No entanto, caso a regulação urbanística exceda aos limites expostos – por exemplo, atingindo o mínimo essencial correspondente à propriedade – será possível ao proprietário pleitear indenização, correspondente aos prejuízos sofridos em vista da atuação estatal, à semelhança do que ocorre na chamada desapropriação indireta.

Referências

AUBY, Jean-Bernard. *Droit de la ville*: du fonctionnement juridique des villes au droit à la ville. Paris: LexisNexis, 2013.

DUGUIT, Leon. *Les Transformations générales du droit privé depuis le Code Napoléon*. Paris: Librairie Félix Alcan, 1912.

LOUREIRO, Eduardo Francisco. Comentário ao art. 1.276 do Código Civil. *In:* PELUSO, Ministro Cesar. *Código Civil Comentado*: doutrina e jurisprudência. 3. ed. rev. e atual. Barueri: Manole, 2009

LOPES, Miguel Maria de Serpa. *Curso de Direito Civil*: direito das coisas. 5. ed. rev. e atual. Rio de Janeiro: Freitas Bastos, 2001. v. VI.

MARRARA, Thiago. *Bens públicos*: domínio urbano: infra-estruturas. Belo Horizonte: Ed. Fórum, 2017.

MARQUES NETO, Floriano de Azevedo. *Bens públicos*: função social e exploração econômica: o regime jurídico das utilidades públicas. Belo Horizonte: Fórum, 2009.

MELLO, Celso Antônio Bandeira de. Natureza jurídica do zoneamento. Efeitos. *Revista de Direito Administrativo*, Rio de Janeiro, Fundação Getúlio Vargas, v. 147, p. 23-38, 1982.

MIRANDA, Pontes de. *Tratado de direito privado, parte especial, Tomo XI*: direito das coisas/ propriedade. (Atualizado por Luiz Edson Fachin). São Paulo: Ed. Revista dos Tribunais, 2012.

MONTEIRO, Vera. Parcelamento, edificação ou utilização compulsórios da propriedade urbana. *In:* DALLARI, Adilson Abreu; FERRAZ, Sérgio (Coord.). *Estatuto da cidade*: comentários à Lei Federal nº 10.257/2001. 2. ed. São Paulo: Malheiros/SBDP, 2006.

PINTO, Victor Carvalho. *Direito Urbanístico*: plano diretor e direito de propriedade. 3. ed. rev. e atual. São Paulo: Editora Revista dos Tribunais, 2011.

SILVA, José Afonso. *Direito urbanístico brasileiro*. 6. ed. São Paulo: Malheiros, 2010.

SUNDFELD, Carlos Ari. Função social da propriedade. *In*: DALLARI, Adilson Abreu; FIGUEIREDO, Lúcia Valle (Coord.). *Temas de direito urbanístico*. São Paulo: RT, 1987.

Informação bibliográfica deste texto, conforme a NBR 6023:2018 da Associação Brasileira de Normas Técnicas (ABNT):

BREGA, José Fernando Ferreira; SCHIRATO, Renata Nadalin Meireles. Função social da propriedade Urbana e condicionamento da propriedade. *In*: MEDAUAR, Odete; SCHIRATO, Vitor Rhein; MIGUEL, Luiz Felipe Hadlich; GREGO-SANTOS, Bruno (Coord.). *Direito urbanístico*: estudos fundamentais. Belo Horizonte: Fórum, 2019. p. 75-99. ISBN 978-85-450-0701-2.

PLANEJAMENTO, URBANISMO E AS NORMAS REGULADORAS DA OCUPAÇÃO DO SOLO

ALEXANDRE JORGE CARNEIRO DA CUNHA FILHO

CARLOS VINÍCIUS ALVES RIBEIRO

VÍTOR MONTEIRO

1 Introdução

Alexandre Jorge Carneiro da Cunha Filho

Como para o desenvolvimento das potencialidades inerentes à sua personalidade o ser humano precisa conviver com outros em um dado território, e este, em contraposição às necessidades infinitas dos indivíduos, é um bem escasso, no bojo das sociedades surgem disputas sobre o acesso e uso do solo, as quais devem ser administradas pela organização política.

A gestão adequada dos múltiplos interesses que pairam sobre a exploração da terra corresponde, assim, a uma das principais tarefas do governo.

Para bem desempenhá-la, além de estabelecer regras vocacionadas a conformar a liberdade dos particulares em prol do bem comum, o Estado deve planejar, ou seja investigar, a partir da experiência passada, quais serão as necessidades futuras de um dado agrupamento humano, criando hoje as condições para superação das prováveis dificuldades do amanhã.

O planejamento urbanístico, que em alguma medida manifesta-se no desenvolvimento de nossas cidades mais prósperas desde a

Antiguidade,[1] desponta na atualidade como um dever incontornável daqueles que exercem poder em nome do povo, sobretudo em grandes aglomerados urbanos.[2]

A explosão demográfica experimentada pelo Brasil no século XX, acompanhada de um intenso processo de êxodo rural impulsionado pela mecanização da lavoura, acabaram por criar uma enorme pressão populacional sobre as nossas cidades, pondo em risco a qualidade de vida dos que nelas habitam.

Os recursos naturais e artificias postos à disposição dos cidadãos que vivem em regiões conurbadas não raramente sofrem ameaça de esgotamento em razão do seu manejo desorganizado, quando não predatório.

O Estado, nesse contexto, é chamado a garantir o funcionamento razoável das funções sociais preconizadas para as cidades, o que depende da formulação de políticas públicas de médio-longo prazo em diversos setores, como habitação, trabalho, saneamento, recreação e transporte.[3]

---

[1] No sentido de que em Roma já era possível identificar regras jurídicas urbanísticas relativas à segurança, estética e salubridade das edificações, além da disciplina do que se pode chamar de conjunto urbano, ver: CORREIA, Fernando Alves. *Manual de direito urbanístico*. 4. ed. Coimbra: Almedina, 2012. v. I, p. 183-185. "Integram o elenco das normas destinadas ao ordenamento do conjunto urbano, entre outras, as concernentes à distância entre as construções ('limitatio') – normas estas que não tinham apenas como finalidade a solução de conflitos entre vizinhos, tinham em vista, sobretudo, o estabelecimento de uma configuração geral da cidade, para além, naturalmente, da garantia de uma certa luminosidade e de um mínimo de vistas para as edificações, bem como as respeitantes à largura das ruas". (CORREIA, Fernando Alves. *Manual de direito urbanístico*. 4. ed. Coimbra: Almedina, 2012. v. I, p. 184). Em sentido próximo, referindo-se a algumas regras da antiguidade grega e latina que poderiam ser consideradas como a "pré-história do Direito Urbanístico", ver: KALFLÈCHE, Grégory. *Droit de l'urbanisme*. Paris: PUF, 2012, p. 6-7.

[2] "Embora, por uma forma ou outra, o Direito sempre tenha se ocupado de 'questões urbanas', o fenômeno não tinha as características quantitativa e qualitativa, que, no século XX, engendraram o direito urbanístico'". (SUNDFELD, Carlos Ari. O Estatuto da Cidade e suas diretrizes gerais. *In*: DALLARI, Adilson Abreu; FERRAZ, Sérgio (Coords.). *Estatuto da Cidade – comentários à Lei Federal nº 10.257/2001*. 4. ed. São Paulo: Malheiros, 2014, p. 47).

[3] Art. 2º da Lei nº 10.257/2001 – "A política urbana tem por objetivo ordenar o pleno desenvolvimento das funções sociais da cidade e da propriedade urbana, mediante as seguintes diretrizes gerais: I – garantia do direito a cidades sustentáveis, entendido como o direito à terra urbana, à moradia, ao saneamento ambiental, à infraestrutura urbana, ao transporte e aos serviços públicos, ao trabalho e ao lazer, para as presentes e futuras gerações". (BRASIL. Lei nº 10.257, de 10 de julho de 2001. Regulamenta os arts. 182 e 183 da Constituição Federal, estabelece diretrizes gerais da política urbana e dá outras providências. *Diário Oficial da União*, Brasília: DF, 10 de julho de 2001. Disponível em: http://www.planalto.gov.br/ccivil_03/leis/LEIS_2001/L10257.htm. Acesso em: 08 set. 2017). Sobre o tema cidades sustentáveis/direito à cidade, que é indissociável do imperativo do planejamento urbano, ver: YOSHIDA, Consuelo Y. Moromizato. Sustentabilidade urbano-

Todas essas ações, que para lograrem êxito no amanhã, dependem do sacrifício e planejamento dos que vivem hoje, devem ser pensadas em conjunto a partir de uma dada base territorial, e são indissociáveis de preocupações com o meio ambiente equilibrado[4] e com os fundamentos de um desenvolvimento econômico que permita ao ser humano, com seu trabalho, assegurar sua subsistência.[5]

Se ordenar a ocupação e o uso do solo de modo a propiciar a sobrevivência e a evolução de nossa espécie é um grande desafio para qualquer organização política, em nosso país a adequada realização de tal tarefa ainda encontra alguns obstáculos específicos a serem superados.

Um deles está na própria gênese de nosso Estado, cujo aparato burocrático foi criado não para conferir racionalidade a uma atividade voltada à satisfação dos direitos dos brasileiros, mas como instrumento de arrecadação de recursos para serem remetidos ao exterior e/ou serem apropriados por parcela influente da elite da colônia.[6]

Se é certo que a forma pela qual se deu a nossa colonização não basta para explicar o porquê de, passados cinco séculos, ainda vivermos em um país com tanta miséria e corrupção, nos parece que a baixa qualidade dos serviços públicos prestados à população e uma cultura burocrática autocentrada e pouco preocupada com a eficiência

---

ambiental: os conflitos sociais, as questões urbanístico-ambientais e os desafios à qualidade de vida nas cidades. *In*: MARQUES, José Roberto. *Sustentabilidade e temas fundamentais de direito ambiental*. Campinas-SP: Millenium, 2009. p. 71-100; REISDORFER, Guilherme F. Dias. Definição e concretização do direito à cidade: entre direitos e deveres fundamentais. *Revista de Direito Administrativo Contemporâneo – ReDAC*, ano 3, v. 19, p. 177-197, São Paulo: RT, jul./ago. 2015; DEVILLER, Jacqueline Morand. La ville durable, sujet de droits et de devoirs. *In* : D'ISEP, Clarissa Ferreira Macedo; NERY JÚNIOR, Nelson; MEDAUAR, Odete. *Políticas públicas ambientais – estudos em homenagem ao prof. Michel Prieur*. São Paulo: RT, 2009. p. 335-345; OLIVEIRA, André Tito da Motta. Para uma tentativa de delineamento do princípio da função social da cidade. *In*: CUNHA FILHO, Alexandre J. C. da; NERY, Ana Rita de F.; ARAÚJO, Alexandra F. de (Coord.). *Direito urbanístico – ensaios por uma cidade sustentável*. São Paulo: Quartier Latin, 2016. p. 21-45.

[4] Sobre o ponto, abordando a cidade como um bem ambiental, ver: YOSHIDA, Consuelo Y. Moromizato. Sustentabilidade urbano-ambiental: os conflitos sociais, as questões urbanístico-ambientais e os desafios à qualidade de vida nas cidades. *In*: MARQUES, José Roberto. *Sustentabilidade e temas fundamentais de direito ambiental*. Campinas-SP: Millenium, 2009. p. 74 e ss.

[5] Acerca da importância de um planejamento urbano global, em que a ordenação do solo estabelecida pelo Município esteja em sintonia com políticas econômicas e sociais das demais esferas de governo, como condição para êxito dos planos urbanísticos locais, ver: SILVA, José Afonso da. *Direito urbanístico brasileiro*. 7. ed. São Paulo: Malheiros, 2012. p. 99-103.

[6] FAORO, Raymundo. *Os donos do poder – formação do patronato político brasileiro*. 3. ed. São Paulo: Globo, 2001. p. 200 e ss.

do seu agir revelam que o referido cordão umbilical ainda não fora completamente cortado.

E, esse quadro, imaginamos, tem impacto na função planejadora a cargo de nossas autoridades.[7]

Afinal de contas, é pressuposto para o sucesso de um plano urbanístico o compromisso sincero das autoridades não só com sua elaboração democrática e inteligente, como também para com sua concretização na vida das pessoas.

Se não houver boa fé dos envolvidos no planejar e no cumprir o planejado, é difícil acreditar que projetos de papel bastem para transformar a realidade dos habitantes de uma comunidade.[8]

Por outro lado, em um desenho federativo de três níveis como o adotado no Brasil, a coordenação de esforços entre todas essas esferas de governo para a construção de cidades sustentáveis também não é algo evidente, sobretudo considerando o pano de fundo delineado nas linhas anteriores.

A Constituição de 1988 prevê competências materiais e legislativas para a União, os Estados e Municípios que perpassam a disciplina da ocupação e o uso do solo nos centros urbanos.

Embora o principal ator do enredo para edificação de espaços vitais melhores para o cidadão seja o Município, dado o interesse

---

[7] Floriano de Azevedo Marques Neto e João Eduardo Queiroz, ao abordarem as dificuldades que o *patrimonialismo*, como traço marcante de nossa Administração, implica para o adequado desempenho da função pública de planejamento, observam: "Isso (o patrimonialismo) reflete imediatamente numa profusão de formas legislativas e planos, que se revelam de conteúdos fortemente distintivos de classes, ou seja, um conteúdo beneficiador de determinados grupos". (MARQUES NETO, Floriano de Azevedo; QUEIROZ, João Eduardo Lopes. Planejamento. *In*: CARDOSO, José Eduardo M.; QUEIROZ, João Eduardo L.; SANTOS, Walquiria B. dos (Org.). *Curso de direito administrativo econômico*. São Paulo: Malheiros, 2006. v. 2, p. 66).

[8] A nosso ver, o tema da boa fé no exercício da função pública mereceria uma maior atenção por parte da nossa doutrina, que normalmente não trata tal postulado como princípio autônomo a reger a atuação administrativa, embora o descompasso entre a vontade real e a manifestada por parte dos tomadores de decisão estatal já encontre resposta no nosso Direito pelo emprego do instituto do desvio de poder (art. 2º, "e" da Lei nº 4.717/1965) e/ou da teoria dos motivos determinantes. No que diz respeito à insinceridade das autoridades responsáveis pela elaboração de planos urbanísticos, podemos citar casos em que há no processo respectivo uma abertura à participação popular que seja encarada apenas como uma formalidade pelo gestor, sem que esse tenha real intenção seja de esclarecer os cidadãos com a iniciativa, seja de aprimorar o projeto submetido à avaliação dos integrantes da sociedade civil. Exemplo sintomático do fenômeno pode ser visto em AVRITZER, Leonardo. Instituições participativas e desenho institucional: algumas considerações sobre a variação da participação no Brasil democrático. *Opinião Pública*, Campinas, v. 14, n. 1, p. 43-64, junho de 2008. p. 58 e ss. Disponível em: http://www.scielo. br/scielo.php?script=sci_arttext&pid=S0104-62762008000100002. Acesso em: 31 ago. 2016.

eminentemente local de muitas políticas a serem encampadas com tal propósito, não só esse ente deve observar a legislação produzida em âmbitos federal e regional acerca da matéria, como está sujeito aos reflexos da gestão dominial e de serviços que está a cargo de tomadores de decisão atuantes em quaisquer dessas últimas órbitas.[9]

Além de, em abstrato, já ser possível vislumbrar potenciais conflitos de competência em razão de atribuições sobrepostas conferidas a diversos entes da Federação quanto à tutela dos mesmos bens jurídicos caros à boa organização da urbe (ex. meio ambiente), na prática ainda se observam disfuncionalidades no respectivo exercício decorrentes de uma postura normalmente pouco cooperativa entre órgãos administrativos que deveriam, em conjunto, estar comprometidos com a geração de efeitos positivos na realidade decorrentes das pautas de interesse geral que lhes são (ou ao menos deveriam ser) comuns.

Seja no que se refere a traços culturais, seja no que se refere a características da estrutura federativa nacional e arcabouço normativo aplicável, os elementos ora lembrados como característicos da formação e funcionamento do nosso Estado, como não poderia deixar de ser, repercutem na capacidade de nossos políticos e servidores se desincumbirem adequadamente da tarefa de planejar a expansão e/ou o melhor funcionamento de nossas cidades.

Se por vezes o que se nota é uma total ausência de planejamento no desenvolvimento de muitos dos nossos centros urbanos, em outras observa-se a criação de planos desequilibrados[10] e pouco democráticos ou então o estabelecimento de regras irrealistas e fundadas exclusivamente em técnicas de comando e controle, cuja insuficiência para conduzir a bons resultados no mundo fenomênico tem se revelado flagrante.

Nada obstante as dificuldades, graves problemas experimentados pelas nossas cidades, em especial as mais populosas, em boa

---

[9] Sobre o ponto, ver as reflexões de MELONCINI, Maria Isabela Haro. Planejamento urbano no direito brasileiro: análise crítica à luz do direito francês. *In*: CUNHA FILHO, Alexandre J. C. da *et al.* (Coord.). *Temas atuais de direito público – diálogos entre Brasil e França*. Rio de Janeiro: Lumen Juris, 2016. p. 175 e ss.; SCHIRATO, Vitor R. Ordenações urbanísticas das infraestruturas de utilidade pública. *In*: CUNHA FILHO, Alexandre J. C. da; NERY, Ana Rita de F.; ARAÚJO, Alexandra F. de (Coord.). *Direito urbanístico – ensaios por uma cidade sustentável*. São Paulo: Quartier Latin, 2016. p. 127-135; SUNDFELD, Carlos Ari. O Município e as redes de serviços públicos. *In*: MARTINS, Ives Gandra da S.; GODOY, Mayr (Coord.). *Tratado de direito municipal*. São Paulo: Quartier Latin, 2012. v. 2, p. 849 e ss.

[10] MARQUES NETO, Floriano de Azevedo; QUEIROZ, João Eduardo Lopes. Planejamento. *In*: CARDOSO, José Eduardo M.; QUEIROZ, João Eduardo L.; SANTOS, Walquiria B. dos (Org.). *Curso de direito administrativo econômico*. São Paulo: Malheiros, 2006. v. 2, p. 65-68.

parte decorrentes da ausência ou frustração de planos anteriores,[11] podem dar novo impulso à ideia de planejamento urbanístico como pressuposto da ação pública mais eficiente.

Situada a importância do tema para o Direito Urbanístico, neste espaço vamos discorrer sobre o que é o planejamento urbano, seu conceito, campo de aplicação e efeitos, abordando alguns dos principais planos previstos em nosso ordenamento jurídico para a disciplina do uso e ocupação do solo.

Antes, contudo, vamos tratar das múltiplas sujeições a que está sujeita a propriedade.

2 A multissujeição da propriedade urbana

Carlos Vinícius Alves Ribeiro

A superação da noção absoluta do direito de propriedade, sintetizada por Léon Duguit ao estabelecer que "a propriedade não é mais o direito subjetivo do proprietário, mas função social do detentor de riqueza",[12] repercutiu em nossa ordem constitucional vigente não apenas, de início, no artigo 5º, inciso XXIII – a propriedade urbana atenderá a sua função social – mas, e principalmente, para fins de direito urbanístico, no art. 182, §2º da Constituição da República, que obriga o proprietário urbano ao cumprimento da função social.

---

[11] Para ficarmos em um exemplo que esperamos que não seja esquecido, vale a referência à grave crise hídrica que alcançou algumas das cidades mais populosas do Sudeste do nosso país entre os anos de 2014 e 2015. Sobre o ponto, confira-se duas reflexões que tratam dos desafios de uma gestão integrada da água por parte dos entes dos três níveis de governo da Federação como meio mais adequado para uma administração racional de tal recurso natural: DELIBERADOR, Giuliano Savioli. Aprender para não repetir: o gerenciamento integrado de recursos hídricos visto como um caminho de saída da crise; e ISSA, Rafael Hamze. Federalismo e gestão dos recursos hídricos: mecanismos jurídicos para a gestão integrada das águas. Ambos os textos estão na obra *A Crise Hídrica e o Direito*, respectivamente. (DELIBERADOR, Giuliano Savioli. Aprender para não repetir: o gerenciamento integrado de recursos hídricos visto como um caminho de saída da crise. *In*: CUNHA FILHO, Alexandre J. C. da; NERY, Ana Rita de F.; OLIVEIRA, André T. da M. (Coord.). *A crise hídrica e o Direito*. Rio de Janeiro: Lumen Juris, 2015. p. 145-162; ISSA, Rafael Hamze. Federalismo e gestão dos recursos hídricos: mecanismos jurídicos para a gestão integrada das águas. *In*: CUNHA FILHO, Alexandre J. C. da; NERY, Ana Rita de F.; OLIVEIRA, André T. da M. (Coord.). *A crise hídrica e o Direito*. Rio de Janeiro: Lumen Juris, 2015. p. 181-196).

[12] DUGUIT, Léon. *Las Transformaciones Generales del Derecho Privado*. Madrid: Marcial, 1931. p. 37.

Fato é que, se não era novidade no direito constitucional brasileiro o atrelamento da função social como condicionante ou substrato legitimador do direito de propriedade – pois já presente na Constituição de 1934, em seu artigo 113, nº 17[13] – o que, inclusive, serviu de terreno para o histórico voto do Ministro Castro Nunes em acórdão publicado pelo STF em 1942, de onde ressai que "a propriedade não é legítima senão quando se traduz por uma realização vantajosa para toda a sociedade"[14] – é nova a explicitação da obrigatoriedade do cumprimento da função social para as propriedades urbanas.

A pergunta que ficaria subjacente à regra seria, então: como cumprir a função social da propriedade urbana?

O próprio texto constitucional pavimentou a solução ao explicitar que, cumpre a função social da propriedade urbana aquela que cumpre as obrigações estampadas no plano diretor.

É o plano diretor a norma fixadora das obrigações impostas ao proprietário urbano que servirão de parâmetro para verificação de cumprimento da função social.

Em 2001, dando cumprimento ao comando constitucional do art. 24, inc. I e §1º, bem como art. 21, inc. XX, foi publicado o Estatuto da Cidade, que não apenas reafirmou o sincretismo de competências executivas e legislativas nas questões urbanas, como, igualmente, demonstrou que, nestas questões, as ferramentas jurídicas são interdisciplinares, passando por mecanismos propriamente urbanísticos, como também por ferramentas financeiras e tributárias.

Não obstante, o Estatuto da Cidade, em seu artigo 39, reafirmou o protagonismo do Plano Diretor ao prelecionar que a propriedade urbana cumpre sua função social quando atende as exigências fundamentais de ordenação da cidade nele estampadas.

O instrumento básico de política urbana é, pois, o Plano Diretor, cuja competência legislativa e executiva é municipal.

Se o protagonismo legislativo em questões urbanísticas é do município, nem de longe ele se esgota nas matérias tratadas tradicionalmente pelo Plano Diretor. Compete também ao município ordenar o uso e a ocupação do solo urbano e urbanizável, abrangendo o zoneamento, o loteamento, a composição estética e paisagística da cidade, o controle das construções e até mesmo requisitos estruturais, funcionais

---

[13] "É garantido o direito de propriedade, que não poderá ser exercido contra o interesse social ou coletivo, na forma que a lei determinar".
[14] STF – Pleno, 17.06.1942 – Rel. Min. Castro Nunes, SP, RT nº 147/85.

e estéticos, que geralmente são previstos nos Códigos de Obras e suas normas complementares.

Nada interdita que todas estas matérias sejam abordadas no corpo de um único instrumento. Neste caso, o Plano Diretor abarcaria toda a regulação legislativa municipal.

Ocorre que, para além deste instrumento básico e fundamental, a propriedade urbana está sujeita a outras regulações.

Essa regulação multivetorial convergente sobre a propriedade urbana ou multissujeição da propriedade urbana pode ser analisada de duas formas.

A primeira, tomando em conta a competência legislativa, pode ser nominada de multissujeição legislativa vertical, pois leva em consideração o nível de abrangência da norma.

No nível mais abrangente, o federal, encontram-se, por exemplo, o Estatuto da Cidade, o Código Florestal, o Código Civil, a Lei nº 6.766/79 (Lei de parcelamento do solo urbano), a Lei nº 11.445/07 (Lei de saneamento básico), a Instrução Normativa nº 17-B, do INCRA e a Lei nº 11.977/99, para além do plano nacional de desenvolvimento econômico e social.

Todas estas normas incidem e regulam a utilização da propriedade urbana.

Os estados, igualmente, possuem uma competência para legislar sobre questões ligadas ao meio ambiente e, não por outro motivo, várias unidades da federação possuem seus códigos florestais, incidentes, inclusive, sobre áreas urbanas.

Igualmente compete aos estados a confecção dos planos diretores de regiões metropolitanas, aglomerados urbanos, microrregiões e do plano estadual.

Por fim, ao município não apenas o Plano Diretor, mas também a ordenação do parcelamento, uso e ocupação do solo urbano – matérias que podem ser tratadas no bojo do próprio plano diretor –, além do zoneamento ambiental, das leis orçamentárias que servirão de base financeira para a execução do planejamento formulado e das normas tributárias municipais, que também são instrumentos jurídicos tributários colocados à disposição dos municípios para a ordenação do solo urbano.

Já sob o ponto de vista material, o regramento da propriedade urbana igualmente é vetorado multilateralmente.

Incidem sobre a propriedade urbana normas que regulam privatisticamente os bens, forte o Código Civil, especialmente no Título III.

Essas normas são dirigidas aos interesses individuais de seus proprietários, sendo relacionais a outros interesses igualmente privados. Da mesma forma, a Lei nº 6.015/73, que serve em grande medida à garantia da propriedade do ponto de vista registral.

Já sob o aspecto social, uma plêiade de normas regra a propriedade urbana, afastando-a muito da noção laboratorial de propriedade – como patrimônio intangível – e empurrando-a para o lado social, impondo ao proprietário urbano obrigações e abstenções voltadas não à fruição individual de sua propriedade, mas à adequação coletiva.

Aqui, uma trança normativa pode ser apresentada: Código Florestal Federal e Estaduais, Estatuto da Cidade, Lei de Parcelamento do Solo Urbano, Lei Minha Casa Minha Vida, Lei de Saneamento Básico, dentre várias outras.

Tudo isso demonstra que a propriedade urbana é submetida a sujeições normativas tanto dirigidas ao balizamento horizontal, vale dizer, relacional a outras propriedades, quanto a balizamentos verticais, pertinentes à relação privada com os interesses coletivos e sociais.

3 Planejamento urbano: conceito, campo de aplicação e efeitos

Alexandre Jorge Carneiro da Cunha Filho

O planejamento urbano pode ser definido como uma atividade estatal dirigida à disciplina do uso e ocupação do território, a qual, a partir de um diagnóstico feito da realidade de uma dada cidade, estabelece objetivos a serem alcançados pela respectiva organização no porvir, preordenando os meios necessários para tanto.[15]

Apesar do adjetivo "urbano", a referida missão envolve naturalmente todo o espaço de uma urbe, esteja este situado em sua área urbana ou rural,[16] as quais formam um universo único, com porções

---

[15] Sobre o planejamento urbanístico como um processo composto por diversas etapas, ver: ALVES, Alaôr Caffé. *Planejamento metropolitano e autonomia municipal no direito brasileiro*. São Paulo: José Bushatsky, 1981. p. 42 e ss. Ainda sobre o tema, considerando suas diferentes facetas, conferir: ANTUNES, Luís Felipe Colaço. *Direito urbanístico – um outro paradigma*: a planificação modesto-situacional. Coimbra: Almedina, 2002. p. 95 e ss.; CORREIA, Fernando Alves. *Manual de direito urbanístico*. 4. ed. Coimbra: Almedina, 2012. v. I, p. 361 e ss.; SILVA, José Afonso da. *Direito urbanístico brasileiro*. 7. ed. São Paulo: Malheiros, 2012. p. 87 e ss.

[16] MEIRELLES, Hely Lopes. *Direito municipal brasileiro*. 4. ed. São Paulo: Malheiros, 1981. p. 430; CÂMARA, Jacintho Arruda. Plano Diretor. *In*: DALLARI, Adilson Abreu; FERRAZ,

interdependentes e funções complementares que devem ser geridas de modo a propiciar o bem-estar da população.

Considerando que a experiência revela que nem sempre homens e mulheres, deixados à própria sorte, espontaneamente se autorregulam de modo a alcançar o equilíbrio indispensável à coexistência em coletivo, estabelecendo meios sustentáveis e equânimes de exploração do solo e do meio ambiente, emerge a importância do papel do Estado em planejar, eleger metas e mobilizar recursos para atingi-las, bem como editar regras e exigir o seu cumprimento em face dos respectivos destinatários.

No que se refere ao plano urbanístico, instrumento vocacionado a disciplinar o uso da propriedade imobiliária urbana de modo a favorecer a concretização de pautas de interesse geral,[17] discute-se quais os seus efeitos na vida das pessoas.

O planejamento estatal de ordenação do solo, que entre nós normalmente é aprovado por leis, tem efeitos cogentes ou meramente indicativos para aqueles que interagem em território nacional?

A resposta a esta questão depende da adequada compreensão do que se pode extrair de um texto normativo para a tomada de decisão seja pelo particular, seja pelos agentes públicos.

Sérgio (Coords.). *Estatuto da Cidade – comentários à Lei Federal nº 10.257/2001*. 4. ed. São Paulo: Malheiros, 2014. p. 323-343; MARQUES NETO, Floriano de Azevedo; QUEIROZ, João Eduardo Lopes. Planejamento. *In*: CARDOSO, José Eduardo M.; QUEIROZ, João Eduardo L.; SANTOS, Walquiria B. dos (Org.). *Curso de direito administrativo econômico*. São Paulo: Malheiros, 2006. v. 2, p. 111. Com entendimento mais restritivo a respeito, considerando que o Plano Diretor só se aplica na área rural para incluí-la no projeto de expansão urbana, ver: PINTO, Victor Carvalho. *Direito urbanístico*. 3. ed. São Paulo: RT, 2012. p. 123-124.

[17] Neste ponto nos referimos ao papel do plano urbanístico na disciplina da função social da propriedade privada pelo fato de nos parecer um contrassenso que a propriedade pública, estando à disposição do Estado, necessite de uma imposição do próprio Estado para que seja empregada de modo a atender aspirações caras à coletividade, sobretudo considerando o caráter instrumental da organização política para a promoção da dignidade das pessoas. Nada obstante, é notória a dificuldade que nossa Administração (leia-se ocupantes de cargos políticos e burocratas), em todas as suas esferas, encontra no seu dia a dia para dar adequado uso aos seus bens imóveis, alguns dos quais ficam abandonados por anos a fio, não só não servido ao bem-estar da população, como criando diversos problemas urbanos, como o estímulo à sua ocupação irregular e o favorecimento da violência no seu entorno. Não cabendo neste espaço maior desenvolvimento sobre essa patologia no exercício da função pública, vale a referência à reflexão de Felipe Mêmolo Portela acerca do não uso de imóveis de propriedade do INSS, para o que ainda contribui a existência de uma disciplina legal que talvez não seja a mais favorável ao emprego ótimo de tais bens (que podem ser alienados, mas não podem ser cedidos ao uso de terceiros – arts. 1º e 10 da Lei nº 9.702/1998). (PORTELA, Felipe Mêmolo. A função social dos imóveis públicos à luz do direito urbanístico. *Revista dos Tribunais São Paulo – RTSP*, v. 5-6, p. 281-304, São Paulo: RT, mar./abr., mai./jun. 2014. p. 299 e ss.).

No âmbito do planejamento urbano, há vários tipos de leis que tratam da matéria, com destaque para o Plano Diretor e diplomas que versam sobre o zoneamento, alinhamento, loteamento e construção.[18]

Ao ser chamado a decidir com base em tais fontes, o indivíduo poderá nelas encontrar comandos unívocos (como em algumas disposições sobre zoneamento ou que prevejam regras técnicas a serem observadas em obras) ou então orientações/diretivas para a ação particular ou administrativa no porvir.

De qualquer modo, importante registrar que tal atividade não se confunde com o planejamento econômico previsto como competência estatal no *caput* do art. 174 da Constituição,[19] embora com este necessariamente deva se harmonizar, já que a ordenação do território também envolve políticas públicas relativas à criação de empregos e à geração de renda, para além do simples embelezamento das cidades.

Finalmente, quanto à real capacidade de o plano urbano gerar os efeitos pretendidos pelos seus arquitetos na realidade, tem-se que tanto vai depender do cuidado com a sua elaboração, dos seus termos serem proporcionais e atenderem às expectativas da coletividade, sendo capaz de coordenar as diversas iniciativas públicas e privadas rumo à concretização de seus objetivos.

Como qualquer empresa que dependa da adesão da vontade humana para lograr êxito, a efetividade do planejamento urbanístico é diretamente proporcional à sua legitimidade, à sua capacidade de oferecer resposta às necessidades dos habitantes da urbe, ao seu potencial de seduzir o espírito dos homens e mulheres pela sua utilidade para o bem comum (e não exclusivamente pela ameaça do uso da força contra aqueles que violarem os respectivos ditames).

Em que pese a importância do pronto manejo dos instrumentos de *comando e controle* à disposição do Estado para que este garanta a observância das suas leis de ordenação do território, seara que nosso Poder Público também vem deixando a desejar, é difícil imaginar como uma atuação estatal, que sem minimamente assegurar acesso à moradia e ao trabalho a milhares cidadãos, venha a ser por estes espontaneamente obedecida.[20]

---

[18] PINTO, Victor Carvalho. *Direito urbanístico*. 3. ed. São Paulo: RT, 2012. p. 97.

[19] Art. 174 da CR. "Como agente normativo e regulador da atividade econômica, o Estado exercerá, na forma da lei, as funções de fiscalização, incentivo e planejamento, sendo este determinante para o setor público e indicativo para o setor privado".

[20] A falta de políticas eficientes de acesso à moradia em prol da população de baixa renda, aliada à pressão demográfica observada em grandes centros urbanos do nosso país acaba

4 As normas de regulação da ocupação do solo

Carlos Vinícius Alves Ribeiro

Compreender a forma com que o solo urbano pode ser utilizado por seu proprietário predica, necessariamente, ter em conta, de partida, que a propriedade urbana tem seu uso balizado por normas cogentes em benefício de outros proprietários, bem como normas destinadas à garantia de interesses coletivos.

Inerente à ideia de propriedade, está atrelada a noção de que o proprietário irá usar e gozar de seu imóvel urbano de maneira já diversa das utilizações possíveis a um imóvel rural. A qualificação do solo como urbano já denota suas finalidades elementares, quais sejam: a de habitar, circular, recrear e trabalhar.[21]

Todavia, o próprio Código Civil, especialmente o artigo 1.228 e seus parágrafos, fixa a necessidade de o direito de propriedade ser exercido em consonância com as finalidades sociais estabelecidas em lei, de modo que sejam preservadas a flora, a fauna, as belezas naturais, o equilíbrio ecológico, o patrimônio histórico e artístico, bem como seja evitada a poluição da água e do ar.

Decorrente, ademais, da imposição constitucional do art. 225, normas protetivas do meio ambiente, que impactam no modo como o solo urbano será ocupado.

A propriedade urbana, portanto, está inserida num campo de equilíbrio entre o interesse puramente privado e o interesse coletivo que orienta e condiciona sua utilização à utilização dos bens imóveis urbanos.

Neste campo, de um lado há o regramento do direito à propriedade privada e, de outro, a fixação do conteúdo da propriedade urbana, com seus rendimentos possíveis.

---

levando milhares de pessoas a estabelecer residência em áreas de proteção ambiental, em franco desatendimento à legislação existente sobre a matéria, que acaba por virar letra morta, em desprestígio do ordenamento jurídico como um todo, que passa a conviver com um quadro de normalização do ilícito. Em um cenário como o descrito, vem se defendendo que uma disciplina legal que privilegie ocupações ambientalmente adequadas dos espaços de preservação pode ser mais eficiente para a tutela do bem ambiental do que as tradicionais proibições gerais, sem que haja aparato burocrático apto a fiscalizar o respectivo cumprimento (IURA, Alexandre Miura. Reflexões sobre ações civis públicas e a nova política estadual de proteção aos mananciais. *Cadernos Jurídicos da Escola Paulista da Magistratura*, ano 18, n. 46, p. 47-56, São Paulo: EPM, jan./mar. 2017. p. 51; PINTO, Victor Carvalho. *Direito urbanístico*. 3. ed. São Paulo: RT, 2012. p. 134).

[21] ALVES, José Carlos Moreira. *Direito romano*. 7. ed. rev. e acrescentada. Rio de Janeiro. Forense, 1998.

Se de um lado o direito de propriedade é de fácil constatação – pois as questões a ele ligadas são sanáveis no campo do direito civil e registral -, de outro, a verificação do conteúdo fruível da propriedade urbana impõe pesquisa bastante mais complexa.

Isso pelo fato de, se algumas balizas poderão ser verificadas com alguma facilidade, como as decorrentes do direito de vizinhança, previstas na seção I do capítulo V do Código Civil, outras imporão ao proprietário urbano incursões mais profundas.

Tomando, por exemplo, a regulação ambiental para ocupação do solo urbano, parte-se de uma norma abrangente federal, qual seja: a Lei nº 12.651 de 2012 – Código Florestal -, sendo necessário, igualmente, sondar a regulação ambiental do solo urbano nos Códigos Florestais Estaduais e Municipais, pois a competência legislativa ambiental é titularizada pelos três entes.

Igualmente, no que toca às questões sanitárias, a ocupação do solo urbano sofrerá limites cambiantes, ainda que o mínimo tenha sido fixado pela Lei de Parcelamento do Solo Urbano e pela Lei de Saneamento Básico.

Já as imposições específicas de cada região, apenas são possíveis de detalhamento na legislação e regulações locais.

Apenas com a verificação do Plano Diretor, do Zoneamento Urbano e das normas referentes ao uso do solo e direito de construir é que se torna possível, em cada caso, verificar o plexo regulamentar da ocupação do solo urbano.

Os direitos decorrentes da propriedade urbana, principalmente os ligados à ocupação do solo urbano, tanto do ponto de vista do proprietário quanto do ponto de vista da coletividade são cambiantes no espaço, variando, inclusive, dentro de um mesmo bairro ou região da cidade, e no tempo. Não é incomum perceber diferenças regulatórias ligadas à ocupação do solo urbano, mesmo em uma mesma rua, quando se compara imóveis bastante antigos com obras novas.

Não por outro motivo, o Plano Diretor, como instrumento central na ordenação do solo urbano, tende a ser estável, ainda que com revisões necessárias. As diretrizes da ocupação do solo urbano partem necessariamente do regramento realizado pelo plano diretor.

5 Plano Diretor e seus desdobramentos

Alexandre Jorge Carneiro da Cunha Filho

5.1 Plano Diretor: noção geral

Dentre os planos urbanísticos mais importantes previstos em nossa legislação, tem-se que o Plano Diretor destaca-se por ter sido previsto na nossa Constituição como o instrumento básico da política urbana.[22]

A doutrina noticia que pelo menos desde os anos 30 do século XX a expressão "Plano Diretor" vem sendo utilizada entre nós para designar atos normativos com diferentes conteúdos,[23] sendo que, a partir da CR/1988 e, em especial da promulgação do Estatuto da Cidade (Lei nº 10.257/01), tais diplomas passaram a receber um tratamento mais uniforme pelos Municípios brasileiros.

Segundo a ordem constitucional vigente, o Plano Diretor deve trazer critérios para que o Poder Executivo crie políticas vocacionadas a assegurar o cumprimento da função social pelos seus titulares (§2º do

---

[22] §1º do art. 182 da CR – "O plano diretor, aprovado pela Câmara Municipal, obrigatório para cidades com mais de vinte mil habitantes, é o instrumento básico da política de desenvolvimento e de expansão urbana". (BRASIL. Constituição (1988). *Constituição da República Federativa do Brasil*. Brasília: DF, 05 de outubro de 1988. Disponível em: http://www.planalto.gov.br/ccivil_03/Constituicao/Constituicao.htm. Acesso em: 29 set. 2017). Sobre o tema, ver: SAULE JÚNIOR, Nelson. O tratamento constitucional do Plano Diretor como instrumento de política urbana. *In*: FERNANDES, Edésio (Org.). *Direito urbanístico*. Belo horizonte: Del Rey, 1998. p. 33-65; PINTO, Victor Carvalho. *Direito urbanístico*. 3. ed. São Paulo: RT, 2012. p. 104 e ss.; BREGA, José Fernando Ferreira. Plano Diretor e Estatuto da Cidade. *In*: ALMEIDA, Marcelo Manhães de; LEVY, Wilson (Coord.). *Temas fundamentais de direito imobiliário e urbanístico*. São Paulo: Quartier Latin, 2017. p. 183-198; DALLARI, Adilson Abreu. Planejamento Municipal. *In*: MARTINS, Ives Gandra da Silva; GODOY, Mayr (Coord.). *Tratado de direito municipal*. São Paulo: Quartier Latin, 2012. v. II, p. 783-796; SILVA, José Afonso da. *Direito urbanístico brasileiro*. 7. ed. São Paulo: Malheiros, 2012. p. 136 e ss.; TOBA, Marcos Maurício. Do Plano Diretor. *In*: MEDAUAR, Odete; ALMEIDA, Fernando Dias Menezes de (Coord.). *Estatuto da Cidade*. 2. ed. São Paulo: RT, 2004. p. 225-258; CARVALHO FILHO, José dos Santos. Plano Diretor e inconsciência urbanística. *In*: MARQUES NETO, Floriano de A. *et al.* (Org.). *Direito e administração pública – estudos em homenagem a Maria Sylvia Zanella Di Pietro*. São Paulo: Atlas, 2013. p. 596-612; SOTTO, Débora. Do Plano Diretor como eixo estruturante das políticas públicas municipais do Brasil. *In*: SANTOS, Bruno Grego; BERNARDO, Leandro Ferreira; FRACALOSSI, Willian (Org.). *Temas Avançados da Advocacia Pública – III*: direito administrativo e políticas públicas. Maringá: Vivens, 2013. p. 294-311; CÂMARA, Jacintho Arruda. Plano Diretor. *In*: DALLARI, Adilson Abreu; FERRAZ, Sérgio (Coords.). *Estatuto da Cidade – comentários à Lei Federal nº 10.257/2001*. 4. ed. São Paulo: Malheiros, 2014. p. 323-343.

[23] PINTO, Victor Carvalho. *Direito urbanístico*. 3. ed. São Paulo: RT, 2012. p. 105 e ss.

art. 182 da CR),[24] sendo que as áreas que podem ser objeto de intimação para fins de uso, parcelamento ou edificação compulsórios precisam estar definidas em tal diploma (§4º do art. 182 da CR).[25]

O Plano Diretor, que deve abranger todo o território do Município (§2º do art. 40 da Lei nº 10.257/01), é obrigatório pelo menos para as cidades com mais de 20 mil habitantes,[26] sendo que sua elaboração precisa ser permeada por mecanismos de participação democrática (art. 40, §4º da Lei nº 10.257/01)[27] e seu teor revisado no mínimo a cada 10 anos (art. 40, §3º da Lei nº 10.257/01).

---

[24] §2º do art. 182 da CR – "A propriedade urbana cumpre sua função social quando atende às exigências fundamentais de ordenação da cidade expressas no plano diretor". (BRASIL. Constituição (1988). *Constituição da República Federativa do Brasil*. Brasília: DF, 05 de outubro de 1988. Disponível em: http://www.planalto.gov.br/ccivil_03/Constituicao/Constituicao.htm. Acesso em: 29 set. 2017).

[25] §4º do art. 182 da CR – "É facultado ao Poder Público municipal, mediante lei específica para área incluída no plano diretor, exigir, nos termos da lei federal, do proprietário do solo urbano não edificado, subutilizado ou não utilizado, que promova seu adequado aproveitamento, sob pena, sucessivamente, de: I – parcelamento ou edificação compulsórios; II – imposto sobre a propriedade predial e territorial urbana progressivo no tempo; III – desapropriação com pagamento mediante títulos da dívida pública de emissão previamente aprovada pelo Senado Federal, com prazo de resgate de até dez anos, em parcelas anuais, iguais e sucessivas, assegurados o valor real da indenização e os juros legais". (BRASIL. Constituição (1988). *Constituição da República Federativa do Brasil*. Brasília: DF, 05 de outubro de 1988. Disponível em: http://www.planalto.gov.br/ccivil_03/Constituicao/Constituicao.htm. Acesso em: 29 set. 2017).

[26] Lei nº 10.257/01 – art. 41. "O plano diretor é obrigatório para cidades: I – com mais de vinte mil habitantes; II – integrantes de regiões metropolitanas e aglomerações urbanas; III – onde o Poder Público municipal pretenda utilizar os instrumentos previstos no §4º do art. 182 da Constituição Federal; IV – integrantes de áreas de especial interesse turístico; V – inseridas na área de influência de empreendimentos ou atividades com significativo impacto ambiental no âmbito regional ou nacional. VI – incluídas no cadastro nacional de Municípios com áreas suscetíveis à ocorrência de deslizamentos de grande impacto, inundações bruscas ou processos geológicos ou hidrológicos correlatos". (Incluído pela Lei nº 12.608, de 2012). (BRASIL. Lei nº 10.257, de 10 de julho, de 2001. Regulamenta os arts. 182 e 183 da Constituição Federal, estabelece diretrizes gerais da política urbana e dá outras providências. *Diário Oficial da União*. Brasília: DF, 10 de julho de 2001. Disponível em: http://www.planalto.gov.br/ccivil_03/leis/LEIS_2001/L10257.htm. Acesso em: 29 set. 2017).

[27] §4º do art. 40 da Lei nº 10.257/01- "No processo de elaboração do plano diretor e na fiscalização de sua implementação, os Poderes Legislativo e Executivo municipais garantirão: I – a promoção de audiências públicas e debates com a participação da população e de associações representativas dos vários segmentos da comunidade; II – a publicidade quanto aos documentos e informações produzidos; III – o acesso de qualquer interessado aos documentos e informações produzidos". (BRASIL. Lei nº 10.257, de 10 de julho, de 2001. Regulamenta os arts. 182 e 183 da Constituição Federal, estabelece diretrizes gerais da política urbana e dá outras providências. *Diário Oficial da União*. Brasília: DF, 10 de julho de 2001. Disponível em: http://www.planalto.gov.br/ccivil_03/leis/LEIS_2001/L10257.htm. Acesso em: 29 set. 2017).

Principal parâmetro a guiar o desenvolvimento urbano da polis e ferramenta para concretiza-lo, o Plano Diretor, aprovado como lei ordinária municipal, passa a ser condição para a aplicabilidade de outros planos urbanísticos que versem sobre a ordenação do território em nível local.[28]

5.2 Plano Diretor e diálogo das fontes

Apesar de o Plano Diretor ser formalmente do mesmo nível hierárquico de outras leis que discorram sobre planejamento (como leis de zoneamento), não só o modo de sua elaboração é distinto daquele que é seguido por esses outros textos normativos (em especial no que se refere à exigência expressa de uma maior intervenção da sociedade na sua construção), como sua função organizacional é constitucionalmente diversa da dos outros diplomas que tratam da ordenação do solo, já que estes encontram naquele limites para sua própria aplicação.

Logo, ainda que se possa questionar se uma lei municipal posterior poderia conter um plano que implique modificação em regra prevista no Plano Diretor, acreditamos que, tanto pela competência conferida pela nossa Constituição a tal tipo de lei para ser o marco fundamental da regulação urbana no Município, quanto pelo procedimento específico exigido para sua aprovação, o que reclamaria um modo revestido de solenidade análoga para a respectiva alteração, a resposta seja negativa.[29]

---

[28] Adilson Abreu Dallari defende que "são nulas as leis e decretos (que), interferindo no uso e ocupação do solo, estiverem em desacordo com as estipulações do Plano Diretor". (DALLARI, Adilson Abreu. Planejamento Municipal. *In*: MARTINS, Ives Gandra da Silva; GODOY, Mayr (Coord.). *Tratado de direito municipal*. São Paulo: Quartier Latin, 2012. v. II, p. 791). Preferimos a ideia de ineficácia para designar o fenômeno já que um mesmo diploma, em diferentes porções do território, pode ou não ser aplicado em razão de sua conformidade/contrariedade com o Plano Diretor.

[29] No sentido de haver uma preponderância da ordenação prevista no Plano Diretor em face da que é objeto de outras urbanísticas, ver: LUFT, Rosangela Marina. *Políticas públicas urbanas*: premissas e condições para efetivação do direito à cidade. Belo Horizonte: Fórum, 2011. p. 174-177; APPARECIDO JÚNIOR, José Antônio. Plano Diretor como parâmetro de aferição de validade material de leis urbanísticas municipais. *Revista dos Tribunais – RTSP*, São Paulo, v. 5-6, p. 71-96, mar./abr., mai./jun. 2014. Neste sentido, aliás, já se manifestava Hely Lopes Meirelles mesmo antes da Constituição de 1988 (MEIRELLES, Hely Lopes. *Direito municipal brasileiro*. 4. ed. São Paulo: Malheiros, 1981. p. 444). No que se refere à competência de os Municípios editarem leis locais que tragam planos específicos, mas compatíveis com o Plano Diretor, confira-se a tese de repercussão geral pelo Supremo Tribunal Federal no Recurso Extraordinário nº 607.940/DF, julgado em 29.10.2015.

Fenômeno complexo se dá quando há disposições discrepantes entre leis promulgadas por outros entes federativos, no exercício de missões específicas que lhes são reservadas pela Constituição, e a disciplina estabelecida pelo ente local para a ordenação do solo, que, nos termos do que prevê os incisos I e VIII do art. 30 da Carta Política,[30] é incumbência que lhe cabe.

Os exemplos desse tipo de conflito potencial entre textos normativos são inúmeros,[31] o que aliás era de se imaginar em uma Federação com três esferas governamentais como a nossa, cujas competências para atuação se entrecruzam.

Em havendo incidência de leis antagônicas sobre uma mesma realidade, fica ao intérprete responsável pela sua aplicação a tarefa de fazer a respectiva concordância quando chamado a decidir uma questão concreta, a partir de critérios que nem sempre são pacíficos.

Algumas das hipóteses mais intrigantes se passam no âmbito da tutela do meio ambiente.

Em havendo espaço qualificado como Área de Preservação Permanente (APP) no perímetro urbano do Município, e o Plano Diretor deste preveja que em tal porção do território são facultados usos de moradia ou de prestação de serviços. Deve-se observar o "não uso" estipulado pela legislação federal ou deve-se privilegiar o planejamento local, desde que levando em conta a proteção devida aos bens ambientais?[32]

---

[30] Art. 30 da Constituição da República: "Compete aos Municípios: I – legislar sobre assuntos de interesse local; [...] VIII – promover, no que couber, adequado ordenamento territorial, mediante planejamento e controle do uso, do parcelamento e da ocupação do solo urbano". (BRASIL. Constituição (1988). *Constituição da República Federativa do Brasil*. Brasília: DF, 05 de outubro de 1988. Disponível em: http://www.planalto.gov.br/ccivil_03/Constituicao/Constituicao.htm. Acesso em: 30 set. 2017).

[31] Quanto às leis da União e dos Estados que têm repercussão na competência municipal de ordenação do solo, confira-se: PINTO, Victor Carvalho. *Direito urbanístico*. 3. ed. São Paulo: RT, 2012. p. 130 e ss. O autor lembra que a matéria é tratada em muitas Constituições estaduais e, no âmbito federal, dentre outras, pelo Código Florestal (Lei nº 12.651/2012, que revogou a Lei nº 4.771/1965), Lei de Parcelamento do Solo Urbano (Lei nº 6.766/1979), Estatuto da Cidade (Lei nº 10.257/2001), leis que versem sobre programas habitacionais ou regularização fundiária (Lei nº 13.465/2017 e Lei nº 11.977/2009), saneamento básico (Leis nºs 11.445/2007 e 12.305/2010), Código de Trânsito Brasileiro (Lei nº 9.503/1997), leis de proteção do patrimônio cultural (Decreto-Lei nº 25/1937) e Código Brasileiro de Aeronáutica (Lei nº 7.565/1986).

[32] Segundo a redação do parágrafo único do art. 2º da Lei nº 4.771/1965, hoje revogada pela Lei nº 12.651/2012: "No caso de áreas urbanas, assim entendidas as compreendidas nos perímetros urbanos definidos por lei municipal, e nas regiões metropolitanas e aglomerações urbanas, em todo o território abrangido, observar-se-á o disposto nos respectivos planos diretores e leis de uso do solo, respeitados os princípios e limites a que se refere este

A experiência revela que em muitas cidades populosas do Brasil, como na cidade de São Paulo, a pressão demográfica aliada à incapacidade de o Estado ou o mercado oferecer habitações em quantidade suficiente e a valores acessíveis a grandes contingentes da população, em um quadro marcado pela ineficiência da fiscalização a cargo do Poder Público, acaba resultando na ocupação irregular de enormes porções do território da urbe, algumas das quais vocacionadas a atender funções ecológicas relevantes (ex. entorno de mananciais), e que, assim, deveriam permanecer livres de pessoas e edificações.

Dessa forma, ainda que o ideal fosse a simples abstenção de uso no que se refere às áreas de APP, além de parecer-nos que a solução mais adequada sob o prisma do que preveem os incisos I e VIII do art. 30 da CR seja a da prevalência do planejamento previsto no Plano Diretor como diretriz para o desenvolvimento urbano, pragmaticamente, assegurar que tais espaços tenham usos compatíveis com o meio ambiente pode corresponder à forma mais eficiente de preservá-los.[33]

5.3 Plano Diretor: formação

O Plano Diretor pode ser qualificado como uma lei-medida (uso da forma legal para revestir um instrumento de ação política), que tem sua iniciativa no Poder Executivo, mas que deve ser aprovado pelo Poder Legislativo.

---

artigo". (BRASIL. Lei nº 4.771, de 15 de setembro de 1965. Institui o novo Código Florestal. *Diário Oficial da União*. Brasília: DF, 15 de setembro de 1965. Disponível em: http://www.planalto.gov.br/ccivil_03/leis/L4771.htm. Acesso em: 01 out. 2017; BRASIL. Lei nº 12.651, de 25 de maio de 2012. Dispõe sobre a proteção da vegetação nativa; altera as Leis nºs 6.938, de 31 de agosto de 1981, 9.393, de 19 de dezembro de 1996, e 11.428, de 22 de dezembro de 2006; revoga as Leis nºs 4.771, de 15 de setembro de 1965, e 7.754, de 14 de abril de 1989, e a Medida Provisória nº 2.166-67, de 24 de agosto de 2001; e dá outras providências. *Diário Oficial da União*. Brasília: DF, 25 de maio de 2012. Disponível em: http://www.planalto.gov.br/ccivil_03/_Ato2011-2014/2012/Lei/L12651.htm#art83. Acesso em: 01 out. 2017).

[33] Neste sentido, ver: PINTO, Victor Carvalho. *Direito urbanístico*. 3. ed. São Paulo: RT, 2012. p. 134. E essa é a solução que ao que tudo indica fora expressamente encampada pelo novo Código Florestal, ao prever em seu art. 8º, que *"a intervenção ou a supressão de vegetação nativa em Área de Preservação Permanente somente ocorrerá nas hipóteses de utilidade pública, de interesse social ou de baixo impacto ambiental previstas nesta Lei"*. (Lei nº 12.651/2012) (g.n.) BRASIL. Lei nº 12.651, de 25 de maio de 2012. Dispõe sobre a proteção da vegetação nativa; altera as Leis nºs 6.938, de 31 de agosto de 1981, 9.393, de 19 de dezembro de 1996, e 11.428, de 22 de dezembro de 2006; revoga as Leis nºs 4.771, de 15 de setembro de 1965, e 7.754, de 14 de abril de 1989, e a Medida Provisória nº 2.166-67, de 24 de agosto de 2001; e dá outras providências. *Diário Oficial da União*. Brasília: DF, 25 de maio de 2012. Disponível em: http://www.planalto.gov.br/ccivil_03/_Ato2011-2014/2012/Lei/L12651.htm#art83. Acesso em: 01 out. 2017.

Quando da sua preparação no âmbito do Executivo, a construção do projeto de Plano Diretor deverá ser precedida do levantamento de dados técnicos, do diagnóstico dos problemas enfrentados na realidade, do estabelecimento de metas a serem perseguidas no porvir e da escolha dos meios necessários para alcança-las.[34]

É indispensável que, no curso da confecção do Plano, os profissionais responsáveis pela sua elaboração conduzam suas propostas tendo em mente as diretrizes de política urbana positivadas no Estatuto da Cidade,[35] em especial no que diz respeito à busca de equilíbrio entre os ônus e os bônus decorrentes do processo de urbanização.[36]

O Plano Diretor, ao estabelecer prioridades de investimentos estatais, bem como ao implicar limitações ou ampliações às faculdades reconhecidas aos proprietários de terrenos, reflete no preço da terra, levando à valorização de algumas áreas em detrimento de outras, o que deverá ser administrado pelo Poder Público a fim de corrigir distorções,[37] de modo que sua intervenção na realidade seja sempre

---

[34] José Afonso da Silva divide as etapas de concepção do Plano Diretor em quatro, a saber: I – estudos preliminares; II – diagnóstico; III – plano de diretrizes e IV – instrumentação do plano (SILVA, José Afonso da. *Direito urbanístico brasileiro*. 7. ed. São Paulo: Malheiros, 2012. p. 141-144). Sobre o ponto, observando que a elaboração dos planos e projetos urbanísticos é atividade "reservada aos profissionais de arquitetura e urbanismo", que têm responsabilidade técnica pelas suas propostas, devendo oferecer parecer sobre as alterações que venham a ser sugeridas no trâmite para sua aprovação, ver: PINTO, Victor Carvalho. *Direito urbanístico*. 3. ed. São Paulo: RT, 2012. p. 241-250.

[35] O art. 2º da Lei nº 10.257/01, em seus XVIII incisos, prevê uma série de diretrizes a orientar a formulação das políticas urbanas nas cidades. A título ilustrativo, confira-se o *caput* e o primeiro inciso do dispositivo em comento: art. 2º "A política urbana tem por objetivo ordenar o pleno desenvolvimento das funções sociais da cidade e da propriedade urbana, mediante as seguintes diretrizes gerais: I – garantia do direito a cidades sustentáveis, entendido como o direito à terra urbana, à moradia, ao saneamento ambiental, à infraestrutura urbana, ao transporte e aos serviços públicos, ao trabalho e ao lazer, para as presentes e futuras gerações; [...]". (BRASIL. Lei nº 10.257, de 10 de julho, de 2001. Regulamenta os arts. 182 e 183 da Constituição Federal, estabelece diretrizes gerais da política urbana e dá outras providências. *Diário Oficial da União*, Brasília: DF, 10 de julho de 2001. Disponível em: http://www.planalto.gov.br/ccivil_03/leis/LEIS_2001/L10257.htm. Acesso em: 07 out. 2017)

[36] Incisos IX, X e XI do art. 2º da Lei nº 10.257/01: "IX – justa distribuição dos benefícios e ônus decorrentes do processo de urbanização". X – adequação dos instrumentos de política econômica, tributária e financeira e dos gastos públicos aos objetivos do desenvolvimento urbano, de modo a privilegiar os investimentos geradores de bem-estar geral e a fruição dos bens pelos diferentes segmentos sociais; XI – recuperação dos investimentos do Poder Público de que tenha resultado a valorização de imóveis urbanos".

[37] Uma reflexão aprofundada sobre os tratamentos desiguais decorrentes dos planos urbanísticos e a necessidade de preservação da igualdade nas relações entre os cidadãos e entre estes e o Estado pode ser conferida em: CORREIA, Fernando Alves. *O plano jurídico e o princípio da igualdade*. Coimbra: Almedina, 2001. p. 393 e ss. Quanto ao dever de apropriação pública das mais-valias obtidas por alguns particulares em razão da atuação

pautada pela persecução do bem-estar coletivo, no cumprimento dos objetivos que a ordem constitucional lhe impõe.[38]

Ao lado do elemento técnico a servir de suporte para o texto base da lei projetada, é necessário que o iter de elaboração, retificação e aprovação do Plano Diretor seja permeado da participação por parte daqueles que serão diretamente atingidos pela sua disciplina.[39]

Em observância ao imperativo de gestão democrática da cidade,[40] devem ser abertas oportunidades de participação dos cidadãos no curso do procedimento de concepção e votação do Plano Diretor, intervenção que deve ser compreendida como reflexo do direito de o indivíduo ser ouvido pelas autoridades que exercem poder em seu nome,[41] bem como

---

estatal urbanística em nome de interesse geral, o que não vem sendo feito adequadamente entre nós nem através do tradicional (e tímido) instituto da contribuição de melhoria (por obra pública) previsto no art. 81 do Código Tributário Nacional, ver: ALFONSIN, Betânia de Moraes. Operações urbanas consorciadas como instrumento de captação de mais-valias urbanas: um imperativo da nova ordem jurídico-urbanística brasileira. In: FERNANDES, Edésio; ALFONSIN, Betânia. Direito urbanístico – estudos brasileiros e internacionais. Belo Horizonte: Del Rey, 2006. p. 287-300.

[38] Art. 3º da CR/88: "Constituem objetivos fundamentais da República Federativa do Brasil: I – construir uma sociedade livre, justa e solidária; II – garantir o desenvolvimento nacional; III – erradicar a pobreza e a marginalização e reduzir as desigualdades sociais e regionais; IV – promover o bem de todos, sem preconceitos de origem, raça, sexo, cor, idade e quaisquer outras formas de discriminação". (BRASIL. Constituição (1988). *Constituição da República Federativa do Brasil*. Brasília: DF, 05 de outubro de 1988. Disponível em: http://www.planalto.gov.br/ccivil_03/Constituicao/Constituicao.htm. Acesso em: 07 out. 2017).

[39] Art. 2, inciso II da Lei nº 10.257/2001 estabelece como diretriz geral da política urbana: "gestão democrática por meio da participação da população e de associações representativas dos vários segmentos da comunidade na formulação, execução e acompanhamento de planos, programas e projetos de desenvolvimento urbano". (BRASIL. Lei nº 10.257, de 10 de julho, de 2001. Regulamenta os arts. 182 e 183 da Constituição Federal, estabelece diretrizes gerais da política urbana e dá outras providências. *Diário Oficial da União*. Brasília: DF, 10 de julho de 2001. Disponível em: http://www.planalto.gov.br/ccivil_03/leis/LEIS_2001/L10257.htm. Acesso em: 07 out. 2017).

[40] Sobre o ponto, ver: BUCCI, Maria Paula Dallari. Gestão democrática da cidade. In: DALLARI, Adilson Abreu; FERRAZ, Sérgio (Coord.). *Estatuto da Cidade*. 4. ed. São Paulo: Malheiros, 2014. p. 344-364. Maior desenvolvimento da nossa visão a respeito do tema, tendo por especial preocupação o papel das audiências públicas na formação e controle das políticas públicas urbanas, pode ser visto em: CUNHA FILHO, Alexandre Jorge Carneiro da. Audiência pública e urbanismo – a audiência pública como instrumento de participação popular na formação e controle de políticas voltadas à ordenação da cidade. *Revista Brasileira de Direito Municipal – RBDM*, ano 15, n. 52, p. 36-62, abr./jun. 2014.

[41] "Há de se salientar a existência do princípio constitucional implícito da participação popular na Administração Pública. Falar neste princípio significa dizer que a função do cidadão não fica restrita à de mero eleitor; ele deve participar do cotidiano da Administração, até mesmo quando da tomada de decisões administrativas. Continua havendo a democracia representativa, entretanto, com algumas prerrogativas dadas aos cidadãos no sentido de legitimar sua participação na gestão administrativa". (MARQUES NETO, Floriano de Azevedo; QUEIROZ, João Eduardo Lopes. Planejamento. In: CARDOSO, José Eduardo M.; QUEIROZ, João Eduardo L.; SANTOS, Walquiria B. dos (Org.). *Curso de direito administrativo econômico*. São Paulo: Malheiros, 2006. v. 2, p. 115).

instrumento vocacionado a conferir uma maior legitimidade e eficiência às opções que serão feitas quanto ao uso e à ordenação do solo.

Ao se garantir o direito de o particular se manifestar sobre alterações projetadas na legislação urbanística, os gestores não só cumprem a Constituição[42] e a lei,[43] como assumem o ônus próprio da função estatal de sopesar os diversos interesses públicos e privados que incidem sobre a disciplina do território, motivando adequadamente as escolhas que vão impactar no cotidiano da população.[44]

A intervenção dos privados no iter de concepção e aprovação do Plano Diretor desempenha, neste sentido, o importante papel de conferir mais transparência e racionalidade[45] a um processo de tomada de decisão que, envolvendo gastos públicos consideráveis, tem reflexos nos valores dos imóveis da urbe e na qualidade de vida de seus habitantes.

No que se refere ao respectivo processo legislativo, tem-se que não houve previsão, seja na Constituição, seja no Estatuto da Cidade, de quórum qualificado para sua aceitação pelo Parlamento.[46]

---

[42] Art. 29, XII da CR – "O Município reger-se-á por lei orgânica [...] atendidos os princípios estabelecidos nesta Constituição, na Constituição do respectivo Estado e os seguintes preceitos: [...] XII – cooperação das associações representativas no planejamento municipal". (BRASIL. Constituição (1988). *Constituição da República Federativa do Brasil*. Brasília: DF, 05 de outubro de 1988. Disponível em: http://www.planalto.gov.br/ccivil_03/Constituicao/Constituicao.htm. Acesso em: 07 out. 2017).

[43] Art. 40, §4º da Lei nº 10.257/2001: "§4º No processo de elaboração do plano diretor e na fiscalização de sua implementação, os Poderes Legislativo e Executivo municipais garantirão: I – a promoção de audiências públicas e debates com a participação da população e de associações representativas dos vários segmentos da comunidade; II – a publicidade quanto aos documentos e informações produzidos; III – o acesso de qualquer interessado aos documentos e informações produzidos". (BRASIL. Lei nº 10.257, de 10 de julho, de 2001. Regulamenta os arts. 182 e 183 da Constituição Federal, estabelece diretrizes gerais da política urbana e dá outras providências. *Diário Oficial da União*. Brasília: DF, 10 de julho de 2001. Disponível em: http://www.planalto.gov.br/ccivil_03/leis/LEIS_2001/L10257.htm. Acesso em: 07 out. 2017).

[44] PINTO, Victor Carvalho. *Direito urbanístico*. 3. ed. São Paulo: RT, 2012. p. 219 e ss.

[45] O que pressupõe o agir proporcional, a criação de restrições à liberdade individual apenas na medida do que for necessário para a satisfação de pautas coletivas. Sobre tal aspecto, observando que a intensa participação popular na formação do último Plano Diretor Estratégico da cidade de São Paulo (PDE nº 16.050/2014) repercutiu no reduzido número de questionamentos judiciais e administrativos que lhe foram feitos (quando comparados a iniciativas análogas anteriores), confira-se a reflexão de: APPARECIDO JÚNIOR, José Antônio. Consensualidade administrativa e a eficiente gestão democrática das cidades. ALMEIDA, Marcelo Manhães de; LEVY, Wilson (Coord.). *Temas fundamentais de direito imobiliário e urbanístico*. São Paulo: Quartier Latin, 2017. p. 71-91 (em especial p. 80 e ss.). Ainda sobre o ponto, ver: ARAÚJO, Alexandra Fuchs de. *Participação democrática na administração*: o procedimento da reforma do plano diretor da cidade de São Paulo – fase do executivo – gestões Kassab (2006-2012) e Haddad (2013-2016). Dissertação de Mestrado, Faculdade de Direito da Universidade de São Paulo, 2016. (em especial p. 94 e ss.).

[46] Hely Lopes Meirelles, discorrendo sobre o processo de aprovação de Planos Diretores anteriormente à ordem jurídica inaugurada pela CR/1988, afirma: "A aprovação do Plano

Tal fato acaba sendo questionado como possível fonte de instabilidade do Plano Diretor, que poderia, em tese, ser alterado por uma lei ordinária.[47]

Por outro lado, como se trata de um projeto de lei de iniciativa do Executivo, também se coloca a dúvida sobre a viabilidade e, em caso positivo, sobre o alcance do poder de emenda a ser exercido na sua redação pelos parlamentares.[48]

Apesar de o nosso direito positivo não oferecer resposta de antemão às referidas indagações, entendemos que a interpretação sistemática e teleológica dos dispositivos existentes sobre a matéria baste para que se dê tratamento adequado aos questionamentos que surjam a respeito.

Como apontado em linhas anteriores, considerando o enquadramento que a Constituição confere ao Plano Diretor na disciplina urbanística do Município, uma leitura sistemática que envolva esta lei e as demais que encontram nela o fundamento para sua aplicação conduz à prevalência do quanto previsto no planejamento geral em face dos planos setoriais, independentemente de serem tais diplomas aprovados como lei ordinária ou dependerem de quórum diverso para tanto.

Logo, se pretendida alguma alteração pontual no Plano Diretor, pensamos que essa providência deveria ser buscada via projeto de lei que tenha por propósito específico a referida mudança,[49] o que

---

Diretor deve ser por lei, e lei com supremacia sobre as demais para dar preeminência e maior estabilidade às regras e diretrizes do planejamento. Daí porque os Estados costumam estabelecer que seus Municípios só aprovem a Lei do Plano Diretor e suas modificações por maioria qualificada (2/3), infundindo assim mais segurança e perenidade a essa legislação". (MEIRELLES, Hely Lopes. *Direito municipal brasileiro*. 4. ed. São Paulo: Malheiros, 1981. p. 446).

[47] Sobre a possibilidade de se estabelecer na Lei Orgânica do Município a necessidade de quórum qualificado para aprovação do Plano Diretor, há posições favoráveis e outras mais céticas a respeito, como se pode verificar em Rosangela Marina Luft (LUFT, Rosangela Marina. *Políticas públicas urbanas*: premissas e condições para efetivação do direito à cidade. Belo Horizonte: Fórum, 2011. p. 175) e José Fernando Ferreira Brega (BREGA, José Fernando Ferreira. Plano Diretor e Estatuto da Cidade. *In*: ALMEIDA, Marcelo Manhães de; LEVY, Wilson (Coord.). *Temas fundamentais de direito imobiliário e urbanístico*. São Paulo: Quartier Latin, 2017. p. 191), respectivamente.

[48] Sobre o ponto, ressaltando que a tendência vem sendo de se aceitar o exercício da prerrogativa de emenda ao projeto de Plano Diretor pelos parlamentares, ver José Fernando Ferreira Brega (BREGA, José Fernando Ferreira. Plano Diretor e Estatuto da Cidade. *In*: ALMEIDA, Marcelo Manhães de; LEVY, Wilson (Coord.). *Temas fundamentais de direito imobiliário e urbanístico*. São Paulo: Quartier Latin, 2017. p. 190).

[49] Em sentido diverso, entendendo ser possível a alteração pontual no Plano Diretor por intermédio de lei municipal de mesma hierarquia, desde que mantida sua "coerência e sistematicidade", ver: CÂMARA, Jacintho Arruda. Plano Diretor. *In*: DALLARI, Adilson Abreu; FERRAZ, Sérgio (Coords.). *Estatuto da Cidade – comentários à Lei Federal nº 10.257/2001*. 4. ed. São Paulo: Malheiros, 2014. p. 342.

é fundamental para que se garanta a devida atenção e discussão sobre uma iniciativa vocacionada a intervir no planejamento urbano da cidade.

Além disso, do mesmo modo que se dá com o Plano Diretor, em uma espécie de atratividade das formas, acreditamos que o projeto de lei modificativo deva ser acompanhado de parecer técnico que ateste sua compatibilidade com o plano global em vigor e ser submetido a institutos de participação democrática, seguindo o que é estabelecido para o trâmite legal do ato normativo a ser reformado.

Já no que se refere à prerrogativa de o parlamentar emendar projetos de lei de iniciativa reservada, acreditamos que a resposta esteja em se perquirir qual é a finalidade de se prever que certas matérias só podem ter seu processo legislativo deflagrado a partir de determinado órgão.

Como a nosso ver tal prerrogativa deve ser compreendida como uma primazia de um centro de competência para propor regras relativas a assunto atinente ao seu funcionamento e/ou área de atuação, parece-nos natural reconhecer limites ao poder de emenda a cargo dos parlamentares, que em sua atuação não poderiam desconfigurar completamente o projeto original que é submetido à sua apreciação.[50]

5.4 Plano Diretor: conteúdo e implementação

Não há um conteúdo pré-definido para o Plano Diretor, o qual, como instrumento de governo aprovado por lei, tende a ser mais ou menos abrangente conforme a importância que lhe é conferida pelos responsáveis pela sua elaboração em uma dada gestão pública.[51]

---

[50] Defendendo restrição à prerrogativa de emenda nos projetos de Plano Diretor, ver SILVA, José Afonso da. *Direito urbanístico brasileiro*. 7. ed. São Paulo: Malheiros, 2012. p. 145; JAMPAULO JÚNIOR, João. Plano Diretor – o processo legislativo. In: DALLARI, Adilson Abreu; DI SARNO, Daniela Campos Libório de (Coord.) *Direito urbanístico e ambiental*. 2. ed. Belo Horizonte: Fórum, 2011, p. 185; CÂMARA, Jacintho Arruda. Plano Diretor. In: DALLARI, Adilson Abreu; FERRAZ, Sérgio (Coords.). *Estatuto da Cidade – comentários à Lei Federal nº 10.257/2001*. 4. ed. São Paulo: Malheiros, 2014. p. 342.

[51] Para composição do Plano Diretor desponta como ferramenta importante as orientações previstas na Resolução nº 34/2005 do Conselho das Cidades, que, como técnica jurídica de *soft law*, busca uma uniformização do quanto deve ser abordado por tais leis, extraindo sua força da utilidade e legitimidade de suas prescrições (ao invés do tradicional mecanismo do emprego da força para quem violar a norma). Para conferir o texto do referido ato normativo: (BRASIL. Resolução Recomendada nº 34 de 01 de Julho de 2005, alterada pela resolução recomendada nº 164 de 26 de março de 2014. *Diário Oficial da União*. 14 de julho de 2005. Disponível em: http://www.cidades.gov.br/images/stories/ArquivosCidades/ArquivosPDF/Resolucoes/resolucao-34-2005_alterada.pdf. Acesso em: 10 out. 2017).

De todo modo, há a previsão de alguns assuntos que necessariamente deverão ser objeto do referido diploma, como a discriminação das áreas passíveis de indução compulsória de aproveitamento (§4º do art. 182 da CR) e em que poderão ser empregados importantes instrumentos previstos no Estatuto da Cidade para a ordenação do território, como o direito de preempção, as operações urbanas consorciadas, a outorga onerosa e a transferência do direito de construir.[52]

Além das matérias expressamente estipuladas em lei,[53] o Plano Diretor deve sistematizar regras relativas à função social da propriedade (como o estabelecimento de índices mínimos e máximos de aproveitamento de imóveis por área da urbe, por exemplo)[54] e às funções sociais da cidade, em especial no que concerne à tutela ambientalmente sustentável[55] dos direitos à moradia, à mobilidade[56], ao trabalho e ao lazer (art. 2, I da Lei nº 10.257/01).[57]

---

[52] Art. 42, II c.c arts. 25, 28, 29, 32 e 35 da Lei nº 10.257/01.

[53] Além da Constituição e do Estatuto da Cidade, há outras leis esparsas que fazem remissão ao Plano Diretor, como é o caso da Lei nº 6.766/1979, com a redação que lhe foi dada pela Lei n. 9.785/1999, que versa sobre o parcelamento do solo urbano. Confira-se a redação do art. 3º de tal diploma: "Somente será admitido o parcelamento do solo para fins urbanos em zonas urbanas, de expansão urbana ou de urbanização específica, assim definidas pelo Plano Diretor ou aprovadas por lei municipal". (BRASIL. Lei nº 6.766, de 19 de dezembro de 1979. Dispõe sobre o Parcelamento do Solo Urbano e dá outras Providências. *Diário Oficial da União*. Brasília: DF, 19 de dezembro de 1979. Disponível em: http://www.planalto.gov.br/ccivil_03/Leis/L6766.htm. Acesso em: 11 out. 2017). Sobre o ponto, ver: PINTO, Victor Carvalho. *Direito urbanístico*. 3. ed. São Paulo: RT, 2012. p. 135 e ss.

[54] José Fernando Ferreira BREGA lembra, a título ilustrativo, que a aptidão para o Plano Diretor dispor sobre índices urbanísticos está expressamente prevista no art. 28, §3º do Estatuto da Cidade e no art. 2º, §4º da Lei nº 6.766/1979. (BREGA, José Fernando Ferreira. Plano Diretor e Estatuto da Cidade. *In*: ALMEIDA, Marcelo Manhães de; LEVY, Wilson (Coord.). *Temas fundamentais de direito imobiliário e urbanístico*. São Paulo: Quartier Latin, 2017. p. 193).

[55] SAULE JÚNIOR, Nelson. O tratamento constitucional do Plano Diretor como instrumento de política urbana. *In*: FERNANDES, Edésio (Org.). *Direito urbanístico*. Belo horizonte: Del Rey, 1998. p. 48 e ss.; SOTTO, Débora. Do Plano Diretor como eixo estruturante das políticas públicas municipais do Brasil. *In*: SANTOS, Bruno Grego; BERNARDO, Leandro Ferreira; FRACALOSSI, Willian (Org.). *Temas Avançados da Advocacia Pública – III*: direito administrativo e políticas públicas. Maringá: Vivens, 2013. p. 296 e ss.

[56] Sendo que o §2º do art. 41 da Lei nº 10.257/01 prevê: "No caso de cidades com mais de quinhentos mil habitantes, deverá ser elaborado um plano de transporte urbano integrado, compatível com o plano diretor ou nele inserido". (BRASIL. Lei nº 10.257, de 10 de julho, de 2001. Regulamenta os arts. 182 e 183 da Constituição Federal, estabelece diretrizes gerais da política urbana e dá outras providências. *Diário Oficial da União*. Brasília: DF, 10 de julho de 2001. Disponível em: http://www.planalto.gov.br/ccivil_03/leis/LEIS_2001/L10257.htm. Acesso em: 07 out. 2017).

[57] Para ficarmos nas quatro funções sociais da cidade referidas na Carta de Atenas de 1933, e que foram se ampliando com o passar do tempo. Sobre o ponto, confira-se a seguinte passagem de estudo de Débora Sotto: "Há, no caso, uma clara referência do texto legal

Do plano central também devem fazer parte os objetivos a guiar as políticas de desenvolvimento da polis e as estratégias para alcançá-los[58], sendo que a Lei nº 12.608/2012 incluiu no Estatuto da Cidade óbice à ampliação do perímetro urbano dos Municípios sem que haja planejamento específico que discipline o fenômeno, esteja este contido no Plano Diretor ou em lei que trate exclusivamente do tema.[59]

(art. 2, I da Lei nº 10.257/01) às quatro funções da cidade enumeradas na Carta de Atenas, de 1933 — marco do urbanismo modernista: habitação, trabalho, circulação e lazer, posteriormente ampliadas, nos anos de 1998 e 2003, já sob a perspectiva do desenvolvimento urbano sustentável, para dez funções ou conceitos de cidade, propostos pelo Conselho Europeu de Urbanistas na Nova Carta de Atenas: cidade para todos; participativa; refúgio; saudável; produtiva; inovadora; acessível; ecológica; cultural e histórica". (SOTTO, Débora. Do Plano Diretor como eixo estruturante das políticas públicas municipais do Brasil. In: SANTOS, Bruno Grego; BERNARDO, Leandro Ferreira; FRACALOSSI, Willian (Org.). Temas Avançados da Advocacia Pública – III: direito administrativo e políticas públicas. Maringá: Vivens, 2013. p. 300).

[58] No Plano Diretor do Município de São Paulo (Lei nº 16.050/2014) estão previstos, a título ilustrativo, 17 objetivos estratégicos (art. 7º): "I – conter o processo de expansão horizontal da aglomeração urbana, contribuindo para preservar o cinturão verde metropolitano; II – acomodar o crescimento urbano nas áreas subutilizadas dotadas de infraestrutura e no entorno da rede de transporte coletivo de alta e média capacidade; III – reduzir a necessidade de deslocamento, equilibrando a relação entre os locais de emprego e de moradia; IV – expandir as redes de transporte coletivo de alta e média capacidade e os modos não motorizados, racionalizando o uso de automóvel; [...]". (BRASIL. Lei nº 16.050, de 31 de julho de 2014. Aprova a Política de Desenvolvimento Urbano e o Plano Diretor Estratégico do Município de São Paulo e revoga a Lei nº 13.430/2002. Diário Oficial da União. Brasília: DF, 31 de julho de 2014. Disponível em: http://gestaourbana.prefeitura.sp.gov.br/arquivos/PDE_lei_final_aprovada/TEXTO/2014-07-31%20-%20LEI%2016050%20-%20PLANO%20DIRETOR%20ESTRAT%C3%89GICO.pdf. Acesso em: 11 out. 2017).

[59] Art. 42-B da Lei nº 10.257/01 – "Art. 42-B. Os Municípios que pretendam ampliar o seu perímetro urbano após a data de publicação desta Lei deverão elaborar projeto específico que contenha, no mínimo: I – demarcação do novo perímetro urbano; II – delimitação dos trechos com restrições à urbanização e dos trechos sujeitos a controle especial em função de ameaça de desastres naturais; III – definição de diretrizes específicas e de áreas que serão utilizadas para infraestrutura, sistema viário, equipamentos e instalações públicas, urbanas e sociais; IV – definição de parâmetros de parcelamento, uso e ocupação do solo, de modo a promover a diversidade de usos e contribuir para a geração de emprego e renda; V – a previsão de áreas para habitação de interesse social por meio da demarcação de zonas especiais de interesse social e de outros instrumentos de política urbana, quando o uso habitacional for permitido; VI – definição de diretrizes e instrumentos específicos para proteção ambiental e do patrimônio histórico e cultural; e VII – definição de mecanismos para garantir a justa distribuição dos ônus e benefícios decorrentes do processo de urbanização do território de expansão urbana e a recuperação para a coletividade da valorização imobiliária resultante da ação do poder público. §1º O projeto específico de que trata o caput deste artigo deverá ser instituído por lei municipal e atender às diretrizes do plano diretor, quando houver. §2º Quando o plano diretor contemplar as exigências estabelecidas no caput, o Município ficará dispensado da elaboração do projeto específico de que trata o caput deste artigo. §3º A aprovação de projetos de parcelamento do solo no novo perímetro urbano ficará condicionada à existência do projeto específico e deverá obedecer às suas disposições". (Incluído pela Lei nº 12.608, de 2012). (BRASIL. Lei nº 10.257, de 10 de julho, de 2001. Regulamenta os arts. 182 e 183 da Constituição Federal,

Caso haja porções no território da cidade suscetíveis a desastres naturais, elas também devem ser tratadas no Plano Diretor (art. 42-A da Lei nº 10.257/01).

Tal lei, ao apontar para uma visão de futuro da cidade e identificar as iniciativas públicas e privadas a serem coordenadas para que o porvir projetado saia do papel, tem que ter suas diretrizes e prioridades incorporadas pelas leis orçamentárias (§1º do art. 40 da Lei nº 10.257/01),[60] condição para que as despesas governamentais respectivas se realizem.

No que diz respeito à implementação do Plano Diretor, ao lado do aspecto financeiro, o Município deve organizar um sistema de acompanhamento e controle eficiente (art. 42, III da Lei nº 10.257/01).

Eis o calcanhar de Aquiles do planejamento estatal como um todo.

Como se observa das diversas disposições legais referidas, o Brasil já conta com um quadro normativo mais do que suficiente para compelir as autoridades públicas a pautarem suas ações de ordenação do território em um plano global que considere diversas facetas relevantes para o desenvolvimento urbano.

Contudo, a experiência revela que só a disciplina de deveres na Constituição e nas leis, desacompanhada de capacidade técnica[61] e de uma vontade real por parte de nossos dirigentes de cumpri-las, é a receita para continuarmos em um movimento de precarização da qualidade de vida que toca milhares de pessoas em diferentes porções do país.[62]

---

estabelece diretrizes gerais da política urbana e dá outras providências. *Diário Oficial da União*. Brasília: DF, 10 de julho de 2001. Disponível em: http://www.planalto.gov.br/ccivil_03/leis/LEIS_2001/L10257.htm. Acesso em: 07 out. 2017).

[60] §1º do art. 40 da Lei nº 10.257/01 – "O plano diretor é parte integrante do processo de planejamento municipal, devendo o plano plurianual, as diretrizes orçamentárias e o orçamento anual incorporar as diretrizes e as prioridades nele contidas". (BRASIL. Lei nº 10.257, de 10 de julho, de 2001. Regulamenta os arts. 182 e 183 da Constituição Federal, estabelece diretrizes gerais da política urbana e dá outras providências. *Diário Oficial da União*. Brasília: DF, 10 de julho de 2001. Disponível em: http://www.planalto.gov.br/ccivil_03/leis/LEIS_2001/L10257.htm. Acesso em: 07 out. 2017.

[61] APPARECIDO JÚNIOR, José Antônio. *Direito urbanístico aplicado – os caminhos da eficiência jurídica nos projetos urbanísticos*. Curitiba: Juruá, 2017. p. 262 e ss.

[62] Para ficarmos em um exemplo singelo de proposta de desenvolvimento urbano que é no mínimo questionável sob a perspectiva da necessidade de construção de cidades sustentáveis para todos, vale a referência à política de permissão de construção de arranha-céus na orla da cidade Balneário Camboriú (no litoral catarinense), que acaba privando de sol boa parte da sua praia ainda no início da tarde, dado que pode não ser importante para os moradores de tais edifícios, mas certamente impacta negativamente na vida das pessoas

Embora haja um papel importante a ser cumprido pelos órgãos de controle estatal e pela fiscalização da população na busca do enquadramento dos governantes na obrigação de elaborar planos urbanísticos e, posteriormente, na busca de segui-los, parece-nos que tal atuação, sem o efetivo engajamento por parte dos responsáveis pela tarefa executiva sob exame, sempre ficará aquém do necessário para que os efeitos buscados pela legislação ganhem a realidade.

6 O zoneamento urbano

Alexandre Jorge Carneiro da Cunha Filho

O Plano Diretor como instrumento de desenvolvimento urbano convive com outras técnicas de planejamento e de implementação de políticas públicas dirigidas ao aprimoramento das cidades, como leis de zoneamento.

Para que haja a coordenação entre os usos pretendidos pelos indivíduos sobre o território, emerge a necessidade de um planejamento por parte do Poder Público que especifique quais as *atividades* e a *densidade de ocupação* que são possíveis em cada porção do espaço sobre o qual este exerce sua influência.[63]

Tal disciplina, que, como a de outras leis que versam sobre o emprego e o gozo da propriedade imobiliária, conforma o direito de propriedade,[64] pode encontrar alguns parâmetros no próprio Plano Diretor, mas normalmente é objeto de lei específica, detalhada por decreto.[65]

---

que costumavam tomar banho de mar no local. Sobre o problema, ver notícia de 28.12.2015: Disponível em: http://dc.clicrbs.com.br/sc/noticias/de-ponto-a-ponto/noticia/2015/12/folha-de-s-paulo-destaca-a-sombra-dos arranha-ceus-em-balneario-camboriu-4939664.html. Acesso em: 12 out. 2017.

[63] Confira-se duas possibilidades de definição para zoneamento encontrado em nossa doutrina: "O zoneamento urbano consiste na repartição da cidade e das áreas urbanizáveis segundo sua precípua destinação de uso e ocupação do solo". (MEIRELLES, Hely Lopes. *Direito municipal brasileiro*. 4. ed. São Paulo: Malheiros, 1981. p. 458). Ou então: "Denomina-se zoneamento a disciplina condicionadora do uso da propriedade imobiliária mediante delimitação de áreas categorizadas em vista das utilizações urbanas nelas admitidas". (MELLO, Celso Antônio Bandeira de. Natureza jurídica do zoneamento: efeitos. *Revista de Direito Administrativo – RDA*, v. 147, p. 23-38, RJ: FGV, jan./mar. 1982. p. 23).

[64] MELLO, Celso Antônio Bandeira de. Natureza jurídica do zoneamento: efeitos. *Revista de Direito Administrativo – RDA*, v. 147, p. 23-38, RJ: FGV, jan./mar. 1982. p. 27-30.

[65] "A jurisprudência admite, com certa tranquilidade, que, uma vez fixados normas e critérios de zoneamento por lei, a individualização das áreas zoneadas poderá ser feita por decreto". (SILVA, José Afonso da. *Direito urbanístico brasileiro*. 7. ed. São Paulo: Malheiros,

Embora haja alguma variedade de nomenclatura, a designação das zonas em que será dividido o território costuma seguir um padrão, destacando-se as de uso residencial (ZR), comercial (ZC) e industrial (ZI), que podem ser exclusivas ou preponderantes (zonas mistas – ZM), de baixa, média ou alta densidade ocupacional.

Também são reservadas áreas para uso institucional (ZI) ou especial (ZE), sendo que dentre estas há as chamadas ZEIS – zona especial de interesse social, que se destinam à moradia de população economicamente vulnerável, nas quais é frequente uma relativização dos critérios de construção e uso para fins de atendimento a tal finalidade.[66]

Além das disposições dirigidas à classificação das porções do território conforme o uso/nível de ocupação que lhes são admitidos, o zoneamento ainda se vale de regras concernentes à dimensão de lotes, a coeficientes de construção e a recuos que devem ser observados pelas edificações, todas essas indutoras dos comportamentos desejados pelo plano para as respectivas áreas.[67]

O controle das regras de zoneamento normalmente ocorre na fiscalização do direito de construir e na concessão de alvarás de funcionamento, alguns dos quais submetidos a revisões periódicas.

Logo, para que a lei em questão cumpra seu propósito, é fundamental que os órgãos municipais responsáveis pela referida atividade de controle sejam devidamente aparelhados para fazer face a tal missão, o que entre nós ainda é um grande desafio, mesmo em Municípios dotados de orçamentos significativos, como São Paulo.

2012. p. 245). Em sentido próximo, ver: MELLO, Celso Antônio Bandeira de. Natureza jurídica do zoneamento: efeitos. *Revista de Direito Administrativo – RDA*, v. 147, p. 23-38, RJ: FGV, jan./mar. 1982. p. 31.

[66] Para uma lista das denominações tradicionais a respeito, ver: SILVA, José Afonso da. *Direito urbanístico brasileiro*. 7. ed. São Paulo: Malheiros, 2012. p. 242-245.

[67] MELLO, Celso Antônio Bandeira de. Natureza jurídica do zoneamento: efeitos. *Revista de Direito Administrativo – RDA*, v. 147, p. 23-38, RJ: FGV, jan./mar. 1982. p. 31 e ss. Sobre a importância do estabelecimento dos tamanhos mínimos dos lotes para a adequada configuração da cidade, destacamos passagem da lição do autor: "O estabelecimento de dimensões mínimas para os lotes visa, sobretudo, impedir que uma especulação imobiliária desabusada venha a gerar condições de habitabilidade extremamente desfavoráveis. Mas serve também para incentivar o surgimento de lotes de grande extensão, quando o mínimo é fixado em nível muito alto, tendo em vista preservar, em certas áreas, condições ecológicas satisfatórias. É fácil perceber a importância da definição das dimensões mínimas do lote, pois os coeficientes de edificação e as taxas de ocupação, calculados sobre ele, é que irão determinar as características da cidade". (MELLO, Celso Antônio Bandeira de. Natureza jurídica do zoneamento: efeitos. *Revista de Direito Administrativo – RDA*, v. 147, p. 23-38, RJ: FGV, jan./mar. 1982. p. 32).

Quanto ao zoneamento, nos parecem relevantes dois aspectos principais: 1) o caráter democrático do seu processo de formação; 2) regras de transição que sejam proporcionais, resguardando o quanto possível os usos que até então eram permitidos sob a vigência do planejamento anterior.[68]

Como é sabido, o preço da terra urbana depende diretamente das infraestruturas que a servem, bem como das faculdades de gozo que a legislação confere ao respectivo proprietário.

Assim, qualquer mudança normativa que venha a interferir nessas variáveis tende a repercutir não só na liberdade das pessoas como no valor dos terrenos (leia-se no patrimônio de seus titulares),[69] razão pela qual não vemos justificativa para o processo de elaboração de leis de zoneamento ser menos transparente e participativo do que aquele vocacionado à composição do Plano Diretor.[70]

Em havendo diversos interesses em disputa em um projeto dirigido a rever os usos do solo admitidos na cidade, deve a Administração procedimentalizar o iter de tomada de decisão pertinente. Isso significa dizer que é obrigação do Executivo (através de sua burocracia) a criação de canais para a oitiva daqueles que serão potencialmente afetados pelas mudanças propostas, sopesando os prós e os contras das sugestões recebidas, para o que é pressuposto à ampla divulgação dos estudos que embasam sua iniciativa de reforma.

Apenas dessa forma será viável que os agentes estatais responsáveis pela tarefa busquem a compatibilização entre as diversas aspirações que existem acerca da novel disciplina urbanística, só impondo à liberdade individual as restrições que sejam indispensáveis para o bem-estar coletivo.

Diretamente relacionado com o dever de procedimentalização das etapas preparatórias do projeto de zoneamento,[71] e de certo modo

---

[68] Sobre o ponto, ver: CUNHA FILHO, Alexandre Jorge Carneiro da. A alteração dos planos urbanísticos e o direito de propriedade. *Revista dos Tribunais – RTSP*, São Paulo, ano 2, v. 5-6, p. 251-266, mar./abr., mai./jun. 2014.

[69] A grave repercussão que as alterações no zoneamento potencialmente acarretam para vida dos habitantes da urbe já levaria a se entender tal tipo de iniciativa como excepcional, em homenagem ao princípio da segurança jurídica. Sobre tal aspecto, ver: MEIRELLES, Hely Lopes. *Direito municipal brasileiro*. 4. ed. São Paulo: Malheiros, 1981. p. 458.

[70] Para crítica quanto à inexistência de participação popular e à falta de cuidado técnico no trâmite de projetos de lei vocacionados a alterar as regras de zoneamento, ver: PINTO, Victor Carvalho. *Direito urbanístico*. 3. ed. São Paulo: RT, 2012. p. 223-225.

[71] E que deve alcançar não só a lei respectiva, como seu decreto regulamentador, já que este, como aquela, corresponde a ato geral e abstrato capaz de repercutir sensivelmente nas esferas de liberdade e propriedade dos indivíduos, por força de inovação própria, ainda que subordinada ao quanto previsto pelo legislador a respeito.

um natural desdobramento da referida garantia, é a questão da previsão de regras de transição para situações já consolidadas ou em que haja o exercício de faculdades conforme o quadro normativo anterior, mas que passaram a ser vedadas ou limitadas pelo atual.[72]

Se é legítimo que os representantes eleitos busquem a criação de regras que atendam melhor os interesses da maioria dos membros de uma comunidade, em um Estado de Direito como o nosso tanto não pode se dar em total desprezo aos direitos e expectativas individuais, que devem ser sempre levados em conta pelos detentores do Poder nas escolhas feitas em nome do todo.

Assim, quando a regulação, apesar de geral, implicar compressão especial e grave das esferas de liberdade de alguns indivíduos, a estes caberá a prerrogativa de provocar o Poder Público quanto à motivação adequada da restrição superveniente, pleiteando ao menos uma disciplina de transição que permita-lhes reorganizar suas atividades para a nova realidade (recuperando, por exemplo, os investimentos que já tenham sido feitos na esperança da manutenção da legislação anterior).

Além deste mínimo de proteção dos indivíduos em face do zoneamento posterior, há na doutrina a defesa de que usos desconformes pré-existentes à nova legislação, desde que regulares à época em que se se iniciaram, sejam garantidos na mesma condição em que originalmente exercidos,[73] sem que seja admitida a sua ampliação ou a renovação de suas construções ou ainda sua transferência para terceiros.[74]

Nessa hipótese, caso seja de interesse do Poder Público o sacrifício imediato deste direito, tanto só poderá ser feito mediante indenização.

---

[72] Hely Lopes Meirelles, após pontuar que a tentativa de o Município buscar disciplinar o uso da propriedade por regras de zoneamento muitas vezes se dá sobre uma realidade que surgiu e se desenvolveu de forma espontânea e desregrada até então, qualifica as atividades exercidas à luz do novo plano urbanístico como *usos conformes*, *desconformes* ou *tolerados*, sendo que a cada qual deve ser dado um efeito jurídico. Os *conformes* são os compatíveis com o ordenamento e que geram o direito de continuarem a ser exercidos após sua alteração, desde que nas suas condições originais. Os *desconformes* são os incompatíveis para o local, podendo ser impedidos sumariamente sem indenização. Se houver pré-ocupação com relação ao novo plano, tais usos merecem proteção limitada, como será exposto no corpo do texto. Já os *tolerados* não seriam nem *conformes*, nem *desconformes*, sendo que, admitidos a título precário, podem ser impedidos a qualquer tempo sem indenização. (MEIRELLES, Hely Lopes. *Direito municipal brasileiro*. 4. ed. São Paulo: Malheiros, 1981. p. 459-460).

[73] FIGUEIREDO, Lúcia Valle. *Disciplina urbanística da propriedade*. São Paulo: RT, 1980. p. 51-52.

[74] MEIRELLES, Hely Lopes. *Direito municipal brasileiro*. 4. ed. São Paulo: Malheiros, 1981. p. 459-460.

Outras técnicas que podem ser previstas pelo legislador para preservação de direitos e interesses dos indivíduos à vista da superveniência de zoneamento mais restritivo é o chamado *zoneamento de transição*, pelo qual busca-se disciplina mais flexível quanto às vedações de uso em áreas limítrofes a espaços em que um dado emprego do solo passou a ser admitido;[75] e o *direito de protocolo*, que assegura que projetos de edificação apresentados sob a vigência da legislação anterior sejam analisados tendo como parâmetro a lei revogada, desde que observadas certas condições.[76]

7 Os limites ao direito de construir e seus efeitos

Carlos Vinícius Alves Ribeiro

O direito de edificar, geralmente atrelado aos direitos decorrentes da propriedade, encontra limites de toda sorte, inaugurados pelo Código Civil, em seu art. 1228, ao estabelecer que o proprietário pode levantar em seu terreno as construções que lhe interessar, salvo o direito dos vizinhos e os regulamentos administrativos.

O primeiro grupo limitador ao direito de construir pode ser nominado de limitações civis, ligadas, principalmente, aos direitos de vizinhança.

Ainda que de cunho civil, as limitações decorrentes do "estado de vizinhança" são cercadas de regulações publicísticas, como as questões ligadas ao meio ambiente sonoro, questões sanitárias e até mesmo as limitações ligadas propriamente às obras, com regulações municipais no campo da postura e obras.

Já as limitações administrativas visam tutelar, genericamente, a coletividade, sendo esta, segundo Hely Lopes Meirelles, a principal diferença entre elas e as limitações civis. Enquanto uma é *uti singuli*, a outra é *uti universi*.[77]

---

[75] GUIMARÃES JÚNIOR, João Lopes. Direito urbanístico, direito de vizinhança e defesa do meio ambiente urbano. *Revista de Direito Ambiental*, ano 6, n. 23, p. 110-124, São Paulo: RT, jul./set. 2001. p. 119; SILVA, José Afonso da. *Direito urbanístico brasileiro*. 7. ed. São Paulo: Malheiros, 2012. p. 247.

[76] Sobre o instituto do direito de protocolo, discorrendo em especial sobre seu uso abusivo por parte de empreendedores, ver: CUNHA FILHO, Alexandre Jorge Carneiro da. Questões de alta indagação envolvendo o direito de construir. De efeitos cumulativos a direito de protocolo – quem está errado: a lei ou o intérprete? *Cadernos Jurídicos da Escola Paulista da Magistratura*, ano 18, n. 46, p. 27-46, São Paulo: EPM, 2017. em especial p. 36 e ss.

[77] MEIRELLES, Hely Lopes. *Direito de Construir*. 9. ed. São Paulo: Malheiros, 2005. p. 89-90.

O que deve, todavia, ficar claro, é que as limitações se cruzam, de modo que, ainda que as limitações administrativas sejam instituídas em benefício coletivo, sua violação pode causar danos aos particulares.

7.1 O direito de construir: patrimonialidade, transferibilidade e aproveitamento pelo titular da propriedade urbana

- Patrimonialidade

O Estatuto da Cidade cuidou de cindir o direito de propriedade do direito de construir, gerando, num primeiro momento, espécie, pelo risco de perda do valor da propriedade ante a diminuição do potencial de construir sobre determinado imóvel urbano.

Em torno da cisão ou inerência entre o direito de propriedade e o direito de construir, três doutrinas: uma advogando a inseparabilidade, outra defendendo a ruptura e, por fim, aquela que busca conciliar as duas noções, conforme ensina Floriano Azevedo Marques Neto.[78]

Não por outro motivo, a doutrina pós-Estatuto da Cidade construiu a Teoria do Conteúdo Mínimo da Propriedade Urbana.[79]

Defende-se que o direito à propriedade urbana, bem como os direitos dela decorrentes – usar, gozar, fruir do bem – inserem-se no campo dos direitos fundamentais, admitindo-se restrições e limitações, desde que gerais, proporcionais, racionais, razoáveis, e não esvaziadoras do próprio direito de propriedade.

Ademais, a propriedade urbana tem um conteúdo mínimo frente a qual o poder público não poderia investir. Esse núcleo de propriedade intangível da propriedade é marcado pela possibilidade de sua utilização econômica.

Dizendo de outra forma, não é possível regular a utilização do imóvel urbano, independentemente do pretexto, a ponto de esvaziar seu potencial econômico sem que isso gere, em favor do proprietário, indenização decorrente da desapropriação indireta.

O Supremo Tribunal Federal, no RE 140.463-1/SP, reconheceu esse conteúdo mínimo da propriedade, ao estabelecer que *se a restrição advinda da limitação administrativa causa aniquilamento da propriedade privada, resulta, em favor do proprietário, o direito à indenização.*

---

[78] MARQUES NETO, Floriano Azevedo; DALLARI, Adilson Abreu; FERRAZ, Sérgio (Coord.). *Estatuto da Cidade*. 3. ed. São Paulo: Malheiros, 2002. p. 225.

[79] PINTO, Victor Carvalho. *Direito urbanístico*. 3. ed. São Paulo: RT, 2012. p. 252-299.

Se o esvaziamento do direito de construir de determinada propriedade urbana é gerador de justa indenização em seu favor por parte do Estado, de igual maneira, a mais valia patrimonial decorrente do incremento do potencial de edificação de determinada região deve ser objeto de alguma forma de compensação que deve ser realizada pelo proprietário do imóvel em favor da coletividade.

O desatrelamento do direito de construir do direito de propriedade impõe ao direito brasileiro a criação de institutos e ferramentas jurídicas capazes de fazer frente às questões que diuturnamente são apresentadas.

Situação distinta pode ser observada nas cidades onde não há planos diretores, seja por omissão do poder público, seja pela desnecessidade de sua confecção.

Nestas localidades, é relevante vincular o imóvel à situação fática em que se encontra. É dizer, a maneira como a propriedade urbana estava sendo fruída ou utilizada naquela região determinada cria uma vinculação prospectiva, de modo que não se pode admitir outras formas de utilização díspares daquelas ordinariamente observadas e que, eventualmente, poderão gerar ônus sociais ou coletivos.

Como exemplo, pode-se citar a impossibilidade de se edificar em imóvel situado na zona rural não dotado de infraestrutura, conquanto que é viável a edificação em imóvel inserido em área urbana já ladeado de outras edificações similares.

A funcionalidade do imóvel urbano, nestes casos, deve ser observada para vincular as funções futuras, caso não haja regulação estatal específica.

Do ponto de vista da patrimonialização do direito de edificar, a partida é fixada, onde existe, pelas normas contidas no Plano Diretor.

A fixação, pela legislação municipal, dos índices urbanísticos, somado ao adimplemento, pelo proprietário do imóvel urbano, do ônus imposto pelo Plano Diretor, gera ao proprietário urbano o direito potencial de construir em seu imóvel, respeitando as condições estabelecidas no Plano Diretor.

Essa desvinculação entre o direito de propriedade e o direito de construir, que apenas passa a ser fruível pelo proprietário de imóvel urbano após o cumprimento da obrigação ou ônus que lhe foi imposto, acabou desvinculando esses dois direitos, quais sejam: o de propriedade e o de construir.

A equidistribuição dos benefícios e dos ônus inerentes ao processo de urbanização, princípio consagrado pelo Estatuto da Cidade, guarda estreita relação com o conceito econômico das externalidades.

Trocando em miúdos, quando o Plano Diretor fixa um *quantum* que deverá ser pago pelo proprietário de terra urbana para ter implementando o seu direito potencial de construir, o que se está fazendo é internalizar a ele, o proprietário urbano, os cursos e benefícios inerentes ao seu direito de construir, atribuindo a ele o financiamento das transformações urbanísticas necessárias à própria garantia do seu direito de construir.

A técnica adotada no direito urbanístico para viabilizar essa internalização de custos e benefícios é a imposição de ônus *urbanísticos aos proprietários, em troca da incorporação aos seus terrenos de porções quantificadas de direito de construir.*[80]

Esses ônus decorrentes da urbanização surgem, em verdade, antes mesmo de existir a propriedade urbana.

Quando da transformação de áreas rurais em áreas urbanas, ao loteador são impostas por lei uma série de obrigações, marcadamente infraestrutura e reserva de áreas públicas, institucionais e ambientais.

O loteador, aliás, é o primeiro a fixar as restrições ao direito de construir dos lotes que serão gerados com o processo de loteamento, eis que é sua obrigação fixar os usos permitidos naquela área.

Essas limitações decorrem, principalmente, de uma questão fática e, obviamente, econômica. A depender da infraestrutura performada pelo loteador em sua gleba, os lotes suportarão usos mais ou menos adensados, vale dizer, com maior ou menor potencial de construir.

Criado o loteamento e, por conseguinte, surgidos os lotes, sobre eles surgirão regramentos *standardizados* advindos do próprio processo de loteamento, bem como do Plano Diretor e das regras referentes ao uso e à ocupação dos imóveis urbanos.

Todavia, é possível que um ou alguns lotes tenham a possibilidade de serem utilizados em parâmetros superiores. Neste caso, o proprietário arcará com o ônus imposto pelo poder público municipal e, adimplida essa obrigação vinculada à melhoria da infraestrutura necessária à utilização pretendida, surge, aí sim, o direito de construir.

A patrimonialização do direito de construir cria direitos de construir díspares de lote para lote, cambiantes no tempo, no espaço e nos ônus impostos pelo município.

---

[80] PINTO, Victor Carvalho. *Direito urbanístico*. 3. ed. São Paulo: RT, 2012. p. 252-299.

- *Outorga onerosa do direito de construir e de alteração do uso*

Para fazer frente a esta lógica, o Estatuto da Cidade fez previsão da outorga onerosa do direito de construir,[81] com origem marcadamente advinda do instituto do solo criado, que por sua vez nasceu da ideia de que era tecnicamente possível a criação de áreas horizontais mediante edificação acima ou abaixo da superfície natural do solo. Tudo que era construído acima ou abaixo do solo natural era considerado solo criado.[82]

Ocorre que pouca valia tinha esse instituto sem que houvesse a jurisdicionalização ou seu aproveitamento econômico em prol da sociedade.

Com esse instrumento, mediante contraprestação, o proprietário de terra urbana poderá edificar acima do coeficiente de aproveitamento básico adotado – o C.A.B. é a relação entre a metragem da área urbana e a área passível de edificação ordinariamente -, desde que adimplida a obrigação imposta pelo município.

Para tanto, o Plano Diretor ou outra norma municipal determinará, primeiro, o coeficiente básico, segundo, marcará a região passível de outorga onerosa do direito de construir e, por fim, criará a fórmula, com todas as suas variáveis, para o cálculo do ônus a ser imposto ao proprietário urbano que desejar construir acima do coeficiente básico.

Passa a municipalidade, portanto, a dominar o direito imaterial do potencial construtivo sobre propriedades urbanas alheias.

Nos dizeres de Márcia Walquíria Batista dos Santos, o proprietário urbano poderá adquirir um direito virtual à edificação acima de determinado coeficiente.[83]

É sempre necessário a fixação de um coeficiente máximo, que terá, como limite natural e lógico, a saturação da infraestrutura existente no local.

---

[81] Art. 28. O plano diretor poderá fixar áreas nas quais o direito de construir poderá ser exercido acima do coeficiente de aproveitamento básico adotado, mediante contrapartida a ser prestada pelo beneficiário. §1º Para os efeitos desta Lei, coeficiente de aproveitamento é a relação entre a área edificável e a área do terreno. §2º O plano diretor poderá fixar coeficiente de aproveitamento básico único para toda a zona urbana ou diferenciado para áreas específicas dentro da zona urbana. §3º O plano diretor definirá os limites máximos a serem atingidos pelos coeficientes de aproveitamento, considerando a proporcionalidade entre a infraestrutura existente e o aumento de densidade esperado em cada área.

[82] O instituto é normatizado pela primeira vez na França, pela Lei nº 1.328/75, que regulou o controle eficiente de ocupação do solo urbano, sob o nome de *plafond legal de densité*.

[83] SANTOS, Márcia Waiquíria Batista; MEDAUAR, Odete; ALMEIDA, Fernando Dias (Coord.). *Estatuto da Cidade*. São Paulo: RT, 2002. p. 143.

Os recursos advindos da outorga onerosa poderão ser alocados pela municipalidade em quaisquer regiões do município, não havendo nenhuma imposição de referibilidade.

É justamente por tal motivo que a outorga onerosa do direito de construir não poderá ser manejada em áreas delimitadas pelo Plano Diretor para operações urbanas consorciadas, uma vez que os recursos advindos deste instituto devem ser empregados no financiamento das obras previstas no projeto de operações consorciadas.[84]

Esse instrumento, como salientou Campos Filho,

> é um modo de não mais se jogar os custos da urbanização dos serviços de suporte, especialmente de circulação, que os moradores de prédios adensados exigem, nas costas de toda a população. A cobrança de um preço pelo potencial construtivo adicional que se compre será um modo de ressarcimento do que já foi investido por nós na infraestrutura de suporte dos edifícios enquanto serviços públicos.[85]

- *Transferência do direito de construir*

Na transferência do direito de construir, contrariamente à outorga onerosa, o proprietário de área urbana se vê impossibilitado de construir em sua propriedade, mesmo dentro dos parâmetros standardizados por razões de interesse social ou coletivo relevante.

Por tal razão, objetivando compensá-lo do prejuízo, a lei autoriza a transferência de seu direito de construir que se viu inutilizado naquela primeira propriedade, para outro terreno urbano, mediante uma operação de cessão de direito construtivo.

Essa transferência é iminentemente objetiva, incidente sobre propriedades. Portanto, poderá haver transferência tanto para terrenos de um mesmo proprietário, quanto pode haver a alienação para terceiros daquele direito de construir.

Neste caso haverá, ao contrário da outorga onerosa, que é uma operação entre o município e o proprietário urbano, uma relação negocial entre particulares – entre o detentor do direito de construir esbulhado e o interessado em adquirir aquele patrimônio imaterial.

Diógenes Gasparini cuidou de diferenciar a outorga onerosa da transferência, destacando que:

---

[84] Sobre operações urbanas consorciadas, consultar: OLBERTZ, Karlin. *Operações Urbanas Consorciadas*. Belo Horizonte: EF, 2011.

[85] CAMPOS FILHO, Cândido Malta. *Reinvente seu bairro. Caminhos para você participar do planejamento de sua cidade*. São Paulo: Ed. 34, 2003. p. 93).

Na transferência do direito de construir estão envolvidos os proprietários dos imóveis por ela beneficiados, não participando o Município, sempre presente na outorga onerosa do direito de construir; na transferência do direito de construir somente é cedido o direito que o beneficiário possui, nada, portanto, é transferido acima do coeficiente de aproveitamento, o que não ocorre na outorga onerosa do direito de construir que transfere além do coeficiente; na transferência do direito de construir o preço é ajustado livremente pelas partes, não se caracterizando, portanto, preço público como se passa na outorga onerosa do direito de construir; a transferência do direito de construir é formalizada por escritura pública, o que não ocorre no caso da outorga onerosa do direito de construir; com a transferência do direito de construir não há adensamento populacional além do previsto para o coeficiente de aproveitamento, situação diversa da outorga onerosa do direito de construir em que sempre haverá aumento de densidade populacional.[86]

8 Planejamento urbano e regiões metropolitanas

Vítor Monteiro

Desde a promulgação da Constituição Federal de 1988, a posição institucional das regiões metropolitanas foi objeto de intenso debate por parte da doutrina jurídica, na medida em que o texto constitucional indicou competir aos Estados-membros a instituição de regiões metropolitanas – bem como de aglomerações urbanas e microrregiões – por meio de lei complementar.

Segundo o próprio artigo 25, §3º, da Constituição Federal, essas regiões metropolitanas seriam "constituídas por agrupamentos de municípios limítrofes, para integrar a organização, o planejamento e a execução de funções públicas de interesse comum".

Nesse sentido, evidente a posição duvidosa das regiões metropolitanas em face dos municípios, conquanto latente o conflito decorrente do poder atribuído pelo texto constitucional aos Estados-membros para a integração das funções públicas de interesse comum de organização, planejamento e execução de atividades por parte dos municípios agrupados em regiões e a autonomia federativa dos municípios garantida constitucionalmente.[87]

---

[86] GASPARINI, Diógenes. *Interesse Público – IP*, Belo Horizonte, n. 47, ano 10, jan./fev. 2008. Disponível em: http://bid.editoraforum.com.br/bid/PDI0006.aspx?pdiCntd=52486. Acesso em: 30 jul. 2014.

[87] Remete-se, sobretudo, ao disposto nos artigos 1º e 18 da Constituição Federal. Sobre o assunto, aponta-se as considerações de Fernanda Dias Menezes de Almeida relativas à

Por essa razão, o uso deste instrumento de "implementação do sistema de cooperação entre os diversos níveis de Governo do Estado Federal Brasileiro",[88] para utilizar uma expressão de Raul Machado Horta, foi objeto de controvérsias jurídicas por anos.

Entre os casos de destaque no assunto, remete-se à Ação Direta de Inconstitucionalidade nº 1842 – Rio de Janeiro, julgada em março de 2013 pelo Supremo Tribunal Federal.[89]

O caso envolvendo a instituição da região metropolitana do Rio de Janeiro – e da microrregião dos Lagos –, pela Lei Complementar do Estado do Rio de Janeiro nº 87/97, consagrou a compatibilidade do mecanismo da região metropolitana com a autonomia municipal, ainda que compulsória a integração do Município à região metropolitana criada por lei complementar pelo Estado-membro, sempre que vislumbrados interesses de natureza comuns.

Neste processo histórico, restavam ser definidos os contornos jurídicos da relação entre as regiões metropolitanas e os municípios. É sob esse contexto que é editado o Estatuto da Metrópole,[90] Lei nº 13.089, de 12 de janeiro de 2015, inovação legislativa importante para o estudo da relação entre planejamento urbano e regiões metropolitanas.

Preliminarmente, destaca-se o fundamento constitucional para a edição da Lei nº 13.089/15. Segundo o artigo 1º da legislação, o Estatuto da Metrópole assenta-se na competência material e legislativa dos entes federados brasileiros para o tratamento do tema do desenvolvimento urbano.

Assim, o diploma normativo pretende assentar-se na competência material privativa da União Federal para "instituir diretrizes

---

"passagem da competência em causa para a órbita dos Estados [de criação das regiões metropolitanas, competência a cargo da União Federal sob a égide da Constituição de 1967 e da Emenda Constitucional nº 1 de 1969], que definirão as diferentes regiões metropolitanas, estabelecendo sua organização e as suas finalidades, respeitada, porém, a autonomia dos Municípios que as integram, já que a autonomia municipal configura exatamente um daqueles princípios de consideração necessária pelo Estado em sua auto-organização". ALMEIDA, Fernanda Dias Menezes de. *Competências na Constituição de 1988*. São Paulo: Atlas, 2010. p. 110.

[88] HORTA, Raul Machado. *Direito Constitucional*. 5. ed. rev. e atual. por Juliana Campos Horta. Belo Horizonte: Del Rey, 2010. p. 599.

[89] Ação Direta de Inconstitucionalidade nº 1.842/RJ. Tribunal Pleno. Relator Luiz Fux. Relator do Acórdão Ministro Gilmar Mendes. Julgado: 06.03.2013. DJe 16.09.2013.

[90] Para uma análise ampla e crítica da Lei nº 13.089/15, enquanto diploma normativo integrante das normas de natureza urbanística, cf.: SCHIRATO, Renata Nadalin Meireles. Estatuto da Metrópole: uma análise jurídica preliminar. *Revista de Direito Administrativo Contemporâneo*, ano 4, v. 22, p. 185-197, 2016.

para o desenvolvimento urbano, inclusive habitação, saneamento básico e transportes urbanos" (artigo 21, XX) e na competência material comum da União, dos Estados, do Distrito Federal e dos Municípios para "promover programas de construção de moradias e a melhoria das condições habitacionais e de saneamento básico" (artigo 23, IX). O Estatuto da Metrópole, inclusive, por sua expressa disposição, complementaria o rol de diretrizes gerais da política de desenvolvimento urbano, prevista no artigo 182 da Constituição Federal.

Ademais, no campo das competências legislativas concorrentes, tal norma teria abrigo no poder constitucionalmente conferido à União, aos Estados-membros, ao Distrito Federal e aos Municípios de legislar sobre direito urbanístico (artigo 24, I).[91]

Insere-se, portanto, enquanto diploma jurídico, entre as normas gerais editadas pela União Federal a serem observadas por Estados-membros e Municípios que poderão suplementá-las no limite dos seus interesses definidos constitucionalmente.[92]

Nesse contexto, a harmonização entre o Estatuto da Metrópole e o Estatuto da Cidade não passou ao largo do legislador quando da aprovação da Lei nº 13.089/15. O §2º, do artigo 1º, da referida legislação, estabeleceu que na aplicação das normas do Estatuto da Metrópole deverão ser observadas as normas gerais de direito urbanístico constantes no Estatuto da Cidade.[93] Por seu turno, a Lei nº 10.257/01 determinou que as cidades integrantes de regiões metropolitanas – ou de aglomerações urbanas – devem possuir plano diretor.

Há que se lembrar que, durante a tramitação legislativa do Estatuto da Metrópole, pretendeu-se elaborar uma norma dedicada ao planejamento regional urbano, conforme se percebe da leitura da

---

[91] Para a competência dos municípios na matéria das competências legislativas concorrentes, ver artigo 30, inciso II, da Constituição Federal.

[92] No mesmo sentido, quanto à posição de norma geral editada pela União Federal do Estatuto da Metrópole, ver: FERRAZ, Ágata Bobbio. Regiões metropolitanas, aglomerações urbanas e microrregiões (unidades territoriais): contextualização, gestão, e comentários ao PL 3.460/2004 (Estatuto da Metrópole). *Revista de Direito Administrativo Contemporâneo*, ano 2, v. 10, p. 177-196, 2014. p. 190 e seguintes.

[93] Para um estudo da relação entre planos urbanos municipais e regionais, advogando pela preferência das disposições do Estatuto da Metrópole sobre as do Estatuto das Cidades, para a promoção do desenvolvimento urbano, cf. BONIZZATO, Luigi. O Estatuto da Metrópole e novas esperanças para o futuro da política de planificação e planejamento no Brasil: o plano de desenvolvimento urbano integrado. *Revista de Direito da Cidade*, v. 7, n. 4, p. 1864-1887, 2015. Disponível em: http://www.e-publicacoes.uerj.br/index.php/rdc/article/view/20917. Acesso em: 01 nov. 2017.

ementa[94] do Projeto de Lei nº 3.460, apresentado em 05 de maio de 2004 pelo Deputado Federal do Estado de São Paulo Walter Feldman, posteriormente convertido na Lei nº 13.089/15.

É por essa razão que a norma centra a sua atenção no que chamou de *plano de desenvolvimento urbano integrado*.

Esta peça permanente de planejamento urbano integra-se às regiões metropolitanas quando aprovada por lei estadual. Registra-se que essa norma não se confunde com a lei complementar estatual de criação da região metropolitana e organização da sua estrutura de governança interfederativa,[95] mas com ela caracteriza a região metropolitana como possuidora de "gestão plena",[96] requisito para o apoio da União Federal à unidade territorial.

Diante disso, o planejamento urbano nas regiões de metrópole[97] – ou mesmo de aglomerações urbanas[98] – ganha contornos mais

---

[94] Ementa do Projeto de Lei nº 3.460/04: "Institui diretrizes para a Política Nacional de Planejamento Regional Urbano, cria o Sistema Nacional de Planejamento e Informações Regionais Urbanas e dá outras providências". Disponível em: http://www.camara.gov.br/proposicoesWeb/fichadetramitacao?idProposicao=251503. Acesso em: 01 nov. 2011.

[95] Registra-se que, por força do disposto no Estatuto da Cidade, a estrutura de governança interfederativa deverá incluir "obrigatória e significativa participação da população e de associações representativas dos vários segmentos da comunidade, de modo a garantir o controle direto de suas atividades e o pleno exercício da cidadania" (artigo 45 da Lei nº 10.257/01). Em consonância com essa disposição, o Estatuto da Metrópole na definição da estrutura básica da unidade de governança interfederativa, determinou a participação de representante da sociedade civil em sua instância colegiada deliberativa (cf. artigo 8º, inciso II, da Lei nº 13.089/15).

[96] Cf. artigo 2º, inciso III, da Lei nº 13.089/15. A noção de "gestão plena", como bem lembra Ágata Bobbio Ferraz em homenagem às características do federalismo brasileiro, "[n]ão se trata [...] de imposição que deva ser observada pelos demais entes da Federação, haja vista que extrapola os limites de uma norma geral. Afinal, a forma de gestão de uma unidade é assunto de natureza essencialmente local, a ser definida pelos Estados, mediante suas assembleias legislativas [...]. Isto, não obstante, trata-se de parâmetro que pautará a alocação de recursos federais, na estratégia da União de indução dos demais entes a adotar modelo compartilhado e participativo de gestão da unidade territorial. (FERRAZ, Ágata Bobbio. Regiões metropolitanas, aglomerações urbanas e microrregiões (unidades territoriais): contextualização, gestão, e comentários ao PL 3.460/2004 (Estatuto da Metrópole). *Revista de Direito Administrativo Contemporâneo*, ano 2, v. 10, p. 177-196, 2014. p. 192-193).

[97] Segundo o artigo 2º, inciso V, da Lei nº 13.089/15, metrópole é o "espaço urbano com continuidade territorial que, em razão de sua população e relevância política e socioeconômica, tem influência nacional ou sobre uma região que configure, no mínimo, a área de influência de uma capital regional, conforme os critérios adotados pela Fundação Instituto Brasileiro de Geografia e Estatística – IBGE".

[98] Por seu turno, aglomeração urbana é a "unidade territorial urbana constituída pelo agrupamento de 2 (dois) ou mais Municípios limítrofes, caracterizada por complementaridade funcional e integração das dinâmicas geográficas, ambientais, políticas e socioeconômicas" (artigo 2º, inciso I, da Lei nº 13.089/15).

amplos do que os limites territoriais dos municípios e dos instrumentos de planejamento tratados pelo Estatuto das Cidades.

Nesse novo contexto de gestão interfederativa, destacam-se noções como a prevalência do interesse comum[99] sobre o tradicional interesse local dos municípios e a divisão de responsabilidades para o alcance do desenvolvimento urbano entre os entes federados que integram a unidade territorial – o que inclui não só os municípios integrantes da região metropolitana, mas, eventualmente, também os Estados-membros envolvidos e a União Federal.

Portanto, acrescem-se aos instrumentos da política urbana, tratados no artigo 4º do Estatuto das Cidades, interessantes mecanismos para o desenvolvimento urbano integrado, como os planos setoriais interfederativos e operações urbanas consorciadas interfederativas, além da possibilidade de compensação pelos demais integrantes do agrupamento municipal de determinados serviços, como aqueles de natureza ambiental, prestados por um dos municípios à unidade territorial.

De toda sorte, como anteriormente apontado, o plano de desenvolvimento urbano integrado é o instrumento central de planejamento das regiões metropolitanas.

Isso se deve não só à possibilidade de que esses planos abriguem ações para o desenvolvimento de políticas públicas setoriais para as regiões metropolitanas, mas por impactarem sobre o instrumento chave da política urbana no âmbito municipal: o plano diretor.

O Estatuto da Metrópole estabeleceu a obrigatoriedade de que os municípios compatibilizem seu plano diretor ao plano de desenvolvimento integrado aprovado para a unidade territorial urbana. A sanção ao não atendimento dessa providência é grave, fazendo incorrer em improbidade administrativa o Chefe do Executivo municipal que deixar de proceder a essa compatibilização no prazo de três anos da aprovação do plano de desenvolvimento integrado por lei estadual.

Esse aspecto é crítico ao planejamento urbano em face da amplitude das diretivas estabelecidas pelo Estatuto da Metrópole ao plano de desenvolvimento urbano integrado para o assunto, de modo que, além de abranger áreas urbanas e rurais do território integrado, há um

---

[99] O Estatuto da Metrópole define interesse comum como a "política pública ou a ação nela inserida, cuja realização por parte de um Município, isoladamente, seja inviável ou cause impacto em Municípios limítrofes" (artigo 2º, inciso II, da Lei nº 13.089/15).

rol de conteúdos mínimos a serem tratados no plano de desenvolvimento urbano integrado com potencial conflito com os instrumentos de política urbana previstos no Estatuto das Cidades.

É o caso da obrigatoriedade de tratamento pelo plano de desenvolvimento urbano integrado das "diretrizes quanto à articulação dos Municípios no parcelamento, uso e ocupação no solo urbano"[100] (artigo 12, §1º, inciso III, da Lei nº 13.089/15) e da "delimitação das áreas com restrições à urbanização, visando à proteção do patrimônio ambiental ou cultural" (artigo 12, §1º, inciso V, da Lei nº 13.089/15). Tais aspectos possivelmente demandarão compatibilização entre os planos diretores existentes nos municípios e o plano de desenvolvimento urbano integrado para a unidade territorial urbana, colocando em debate os limites ao planejamento urbano do instrumento cooperativo das regiões metropolitanas.

Contudo, parece inegável que o Estatuto da Metrópole tenha incorporado ao plano de desenvolvimento urbano integrado elementos normativos avançados de políticas públicas.

Primeiramente, com a obrigatoriedade de processo participativo na elaboração do plano de desenvolvimento urbano, seja por meio de audiências públicas e debates (artigo 12, §2º, inciso I), seja no âmbito da instância deliberativa colegiada com participação de representantes da sociedade civil da estrutura de governança interfederativa da região metropolitana (artigo 10, §4º, da Lei nº 13.089/15), previamente ao envio do plano à deliberação da assembleia legislativa estadual.

Ademais, registra-se a possibilidade de sanção ao Governador do Estado ou ao agente público responsável pela estrutura de gestão interfederativa, caso este não adote as providências de elaboração e aprovação do plano de desenvolvimento urbano integrado em até três anos da entrada em vigor da lei complementar estadual instituidora da região metropolitana (artigo 21, inciso I, alínea "b").

Em seguida, no processo de acompanhamento da política, verifica-se tanto a obrigação de publicidade dos documentos e informações produzidos, relativos ao plano de desenvolvimento urbano

---

[100] Para uma análise dos conflitos normativos sob a ótica das regras de zoneamento urbano entre Municípios, Estados-membros e União Federal, ver: MOREIRA, Danielle de Andrade; GUIMARÃES, Virgínia Totti. Regiões metropolitanas e funções públicas de interesse comum: o ordenamento territorial diante do estatuto da metrópole. *Revista de Direito da Cidade*, v. 7, n. 3, p. 1249-1269, 2015. p. 1259 e seguintes. Disponível em: http://www.e-publicacoes.uerj.br/index.php/rdc/article/view/18587. Acesso em: 01 nov. 2017.

integrado (artigo 12, §2º, inciso II, da Lei nº 13.089/15), quanto o dever de que este contenha um sistema de acompanhamento das suas políticas (artigo 12, §1º, inciso VI, da Lei nº 13.089/15) e seja revisado, ao menos, a cada 10 anos (artigo 11 da Lei nº 13.089/15).

Já quanto ao processo de fiscalização, o Estatuto da Metrópole convoca, ainda que de modo dispensável, já que inerente à função constitucional do *parquet*, a figura do Ministério Público para acompanhar a sociedade no controle da execução do plano de desenvolvimento urbano integrado (artigo 12, §2º, inciso II, da Lei nº 13.089/15).

Assim, enquanto instrumento de política pública para o planejamento urbano, pode-se dizer que o plano de desenvolvimento urbano integrado se apresenta como um novo marco nas políticas urbanas brasileiras, cujas consequências merecem ser observadas nos próximos anos.

9 Planejamento urbano e leis orçamentárias

Vítor Monteiro

Elencados no artigo 4º da Lei nº 10.257/01 como alguns dos instrumentos gerais para o planejamento municipal, o plano plurianual, a lei de diretrizes orçamentárias e a lei orçamentária anual afiguram-se como elementos importantes à organização da política urbana.

Nesse sentido, o artigo 40, §1º, do Estatuto da Cidade destaca a necessidade de que tais leis orçamentárias incorporem o conjunto de diretrizes e prioridades estabelecidas no plano diretor, o instrumento básico de planejamento urbano.

Desse modo, convém discorrer sobre o próprio diálogo entre planejamento e leis orçamentárias.

Como normas que organizam as atividades financeiras do Estado, as leis orçamentárias são centrais para o planejamento da ação da Administração Pública.[101] No âmbito do planejamento municipal, as leis orçamentárias podem exercer essa função tanto por si mesmas, como quando integradas a outros instrumentos de planejamento das cidades.

---

[101] A respeito, ver CARVALHO, André de Castro; LOCHAGIN, Gabriel Loretto; SILVEIRA, Francisco Secaf A. Orçamento Público. *In*: OLIVEIRA, Regis Fernandes de *et al*. (Coord.-Geral). *Lições de direito financeiro*. São Paulo: Revista dos Tribunais, 2011, p. 67-94.

Consideradas em conjunto, as leis orçamentárias, quais sejam, o plano plurianual, a lei de diretrizes orçamentárias e a lei orçamentária anual, formam um sistema próprio de planejamento, em face do tratamento a elas determinado pela Constituição Federal e pela Lei nº 4.320/1964 (Lei dos Orçamentos Públicos).

Nessa medida, o plano plurianual é responsável por definir as diretrizes, os objetivos e as metas relativas às despesas de capital[102] e delas decorrentes, bem como aos programas de duração continuada.

Com isso, é instrumento de planejamento urbano na medida em que qualquer investimento cuja execução orçamentária ultrapasse um exercício financeiro – ou seja, iniciado em um determinado ano civil e executado ao longo do(s) ano(s) seguinte(s), como geralmente ocorre com grandes obras de infraestrutura urbana que costumam alterar a dinâmica da cidade – não poderá ser iniciado sem que esteja previsto no plano plurianual, sob pena de crime de responsabilidade do agente político.

Já a lei de diretrizes orçamentárias, muito embora também seja responsável por indicar as metas e prioridades da Administração Pública, limita suas determinações ao exercício financeiro para o qual é editada, destacando-se sua especial função de orientar a elaboração da lei orçamentária anual.[103] Considerando que as leis de diretrizes orçamentárias também são responsáveis por estabelecer os limites à realização de despesas ou a assunção de obrigações ao Poder Público durante determinado exercício financeiro, é inevitável o seu impacto, ainda que indireto, sobre o planejamento urbano.

Por fim, tem-se a lei orçamentária anual, dedicada exclusivamente à previsão de receitas e fixação de despesas autorizadas para o Estado. É, portanto, nesta norma orçamentária editada anualmente pelos municípios que estarão discriminadas, em uma única legislação, as autorizações de gastos e as receitas previstas para a adoção da política urbana intentada pelos governos.

Cada uma destas normas orçamentárias possui uma função específica na gestão dos orçamentos públicos brasileiros e, quando

---

[102] Nos termos do artigo 12, §§4º a 6º, da Lei nº 4.320/1964 são despesas correntes aquelas destinadas aos investimentos, inversões financeiras e transferências de capital.

[103] O artigo 165, §2º, da Constituição Federal também define como campo normativo a cargo da lei de diretrizes orçamentárias as alterações na legislação tributária e a definição da política de aplicação das agências financeiras oficiais de fomento, esta sem aplicação aos municípios.

compatibilizadas enquanto sistema orçamentário, constituem um poderoso instrumento de política urbana ao congregarem não só o conjunto de possíveis receitas e despesas autorizadas dos municípios, mas também as diretrizes, objetivos e metas que orientam a aplicação dos recursos públicos.

Ademais, deve-se lembrar que a atividade financeira do Estado consubstanciada nessas normas orçamentárias faz com que as políticas de planejamento urbano sejam inicialmente produto de um acordo político entre Poder Executivo e Poder Legislativo, na oportunidade da edição das leis orçamentárias, já que cabe ao Executivo propor essas normas, e ao Legislativo aprová-las.

Além disso, a execução orçamentária, conquanto atividade administrativa do Poder Executivo, permite o acompanhamento da política de gestão urbana instrumentalizada por meio dessas normas orçamentárias, vez que o texto constitucional atribui a competência de fiscalização e controle dessa atividade ao Poder Legislativo municipal e ao órgão da Administração Pública que lhe auxilia nesta tarefa, o Tribunal de Contas.

Ademais, relacionado com essa temática, destacam-se outros planos previstos no texto constitucional que, embora não componham o sistema orçamentário, com ele conversam, e também se apresentam como instrumentos de planejamento, como os planos nacionais e regionais de desenvolvimento e os planos setoriais plurianuais ante o seu recorrente impacto na organização das cidades.[104]

Entre esses, ressalta-se o Plano Nacional de Educação (PNE), previsto no artigo 214 da Constituição Federal. Considerando a meta estabelecida na Lei nº 13.005/14 de aumentar a oferta de educação infantil em creches de forma a atender, no mínimo, 50% (cinquenta por cento) das crianças de até 3 (três) anos até o término da vigência do PNE para o decênio de 2014-2024 e a obrigação dos municípios de oferecer essa forma de educação infantil, estabelecida pelo artigo 11, inciso V, da Lei de Diretrizes e Bases da Educação Nacional (Lei nº 9.394/96), tem-se um bom exemplo do impacto de um plano setorial plurianual na dinâmica do planejamento urbano.

---

[104] Para o destaque da relação, FARIA, Rodrigo Oliveira de. PPA Versus Orçamento: uma leitura do escopo, extensão e integração dos instrumentos constitucionais brasileiros de planejamento. *In*: CONTI, José Maurício; SCAFF, Fernando Facury (Org.). *Orçamentos Públicos e Direito Financeiro*. São Paulo: Revista dos Tribunais, 2011, p. 674.

Por fim, convém lembrar a "gestão orçamentária participativa", taxativamente tratada como um dos mecanismos de gestão democrática da cidade pelo artigo 44 do Estatuto das Cidades.

Como instrumento de planejamento municipal, essa gestão participativa nos orçamentos públicos pressupõe, como condição à deliberação de aprovação pela Câmara Municipal, que as propostas de plano plurianual, lei de diretrizes orçamentárias e lei orçamentária anual sejam precedidas de mecanismos de participação como debates, audiências e consultas públicas.

Note-se que o Estatuto da Cidade não tratou do fenômeno do orçamento participativo, experimentado com feições diversas por alguns municípios brasileiros nas últimas décadas, que, em maior grau, delega diretamente à população a escolha sobre a alocação de parte dos recursos públicos.

Por sua vez, o instrumento de gestão orçamentária participativa tratado pela Lei nº 10.257/01 apenas determina requisito de forma ao processo de elaboração e aprovação das normas orçamentárias com a inclusão de etapa de participação popular (debates, audiências e consultas públicas).

Referências

ALFONSIN, Betânia de Moraes. Operações urbanas consorciadas como instrumento de captação de mais-valias urbanas: um imperativo da nova ordem jurídico-urbanística brasileira. *In*: FERNANDES, Edésio; ALFONSIN, Betânia. *Direito urbanístico – estudos brasileiros e internacionais*. Belo Horizonte: Del Rey, 2006.

ALMEIDA, Fernanda Dias Menezes de. *Competências na Constituição de 1988*. São Paulo: Atlas, 2010.

ALVES, Alaôr Caffé. *Planejamento metropolitano e autonomia municipal no direito brasileiro*. São Paulo: José Bushatsky, 1981.

ALVES, José Carlos Moreira. *Direito romano*. 7.ed. rev. e acrescentada. Rio de Janeiro: Forense, 1998.

ANTUNES, Luís Felipe Colaço. *Direito urbanístico – um outro paradigma*: a planificação modesto-situacional. Coimbra: Almedina, 2002.

APPARECIDO JÚNIOR, José Antônio. Consensualidade administrativa e a eficiente gestão democrática das cidades. ALMEIDA, Marcelo Manhães de; LEVY, Wilson (Coord.). *Temas fundamentais de direito imobiliário e urbanístico*. São Paulo: Quartier Latin, 2017.

APPARECIDO JÚNIOR, José Antônio. Plano Diretor como parâmetro de aferição de validade material de leis urbanísticas municipais. *Revista dos Tribunais – RTSP*, São Paulo, v. 5-6, p. 71-96, mar./abr., mai./jun. 2014.

APPARECIDO JÚNIOR, José Antônio. *Direito urbanístico aplicado – os caminhos da eficiência jurídica nos projetos urbanísticos.* Curitiba: Juruá, 2017.

ARAÚJO, Alexandra Fuchs de. *Participação democrática na administração:* o procedimento da reforma do plano diretor da cidade de São Paulo – fase do executivo – gestões Kassab (2006-2012) e Haddad (2013-2016). Dissertação de Mestrado, Faculdade de Direito da Universidade de São Paulo, 2016.

AVRITZER, Leonardo. Instituições participativas e desenho institucional: algumas considerações sobre a variação da participação no Brasil democrático. *Opinião Pública,* Campinas, v. 14, n. 1, p. 43-64, junho de 2008. Disponível em: http://www.scielo.br/scielo.php?script=sci_arttext&pid=S0104-62762008000100002. Acesso em: 31 ago. 2016.

BONIZZATO, Luigi. O Estatuto da Metrópole e novas esperanças para o futuro da política de planificação e planejamento no Brasil: o plano de desenvolvimento urbano integrado. *Revista de Direito da Cidade,* v. 7, n. 4, p. 1864-1887, 2015. Disponível em: http://www.e-publicacoes.uerj.br/index.php/rdc/article/view/20917. Acesso em: 01 nov. 2017.

BRASIL. Constituição (1988). *Constituição da República Federativa do Brasil.* Brasília: DF, 05 de outubro de 1988. Disponível em: http://www.planalto.gov.br/ccivil_03/Constituicao/Constituicao.htm. Acesso em: 29 set. 2017.

BRASIL. Lei nº 4.771, de 15 de setembro de 1965. Institui o novo Código Florestal. *Diário Oficial da União.* Brasília: DF, 15 de setembro de 1965. Disponível em: http://www.planalto.gov.br/ccivil_03/leis/L4771.htm. Acesso em: 01 out. 2017.

BRASIL. Lei nº 6.766, de 19 de dezembro de 1979. Dispõe sobre o Parcelamento do Solo Urbano e dá outras Providências. *Diário Oficial da União.* Brasília: DF, 19 de dezembro de 1979. Disponível em: http://www.planalto.gov.br/ccivil_03/Leis/L6766.htm. Acesso em: 11 out. 2017.

BRASIL. Lei nº 10.257, de 10 de julho, de 2001. Regulamenta os arts. 182 e 183 da Constituição Federal, estabelece diretrizes gerais da política urbana e dá outras providências. *Diário Oficial da União.* Brasília: DF, 10 de julho de 2001. Disponível em: http://www.planalto.gov.br/ccivil_03/leis/LEIS_2001/L10257.htm. Acesso em: 08 set. 2017.

BRASIL. Lei nº 12.651, de 25 de maio de 2012. Dispõe sobre a proteção da vegetação nativa; altera as Leis nºs 6.938, de 31 de agosto de 1981, 9.393, de 19 de dezembro de 1996, e 11.428, de 22 de dezembro de 2006; revoga as Leis nºs 4.771, de 15 de setembro de 1965, e 7.754, de 14 de abril de 1989, e a Medida Provisória nº 2.166-67, de 24 de agosto de 2001; e dá outras providências. *Diário Oficial da União.* Brasília: DF, 25 de maio de 2012. Disponível em: http://www.planalto.gov.br/ccivil_03/_Ato2011-2014/2012/Lei/L12651.htm#art83. Acesso em: 01 out. 2017.

BRASIL. Lei nº 16.050, de 31 de julho de 2014. Aprova a Política de Desenvolvimento Urbano e o Plano Diretor Estratégico do Município de São Paulo e revoga a Lei nº 13.430/2002. *Diário Oficial da União.* Brasília: DF, 31 de julho de 2014. Disponível em: http://gestaourbana.prefeitura.sp.gov.br/arquivos/PDE_lei_final_aprovada/TEXTO/2014-07-31%20-%20LEI%2016050%20-%20PLANO%20DIRETOR%20ESTRAT%C3%89GICO.pdf. Acesso em: 11 out. 2017.

BRASIL. Resolução Recomendada nº 34 de 01 de julho de 2005, alterada pela resolução recomendada nº 164 de 26 de março de 2014. *Diário Oficial da União.* 14 de julho de 2005. Disponível em: http://www.cidades.gov.br/images/stories/ArquivosCidades/ArquivosPDF/Resolucoes/resolucao-34-2005_alterada.pdf. Acesso em: 10 out. 2017.

BREGA, José Fernando Ferreira. Plano Diretor e Estatuto da Cidade. *In*: ALMEIDA, Marcelo Manhães de; LEVY, Wilson (Coord.). *Temas fundamentais de direito imobiliário e urbanístico*. São Paulo: Quartier Latin, 2017.

BUCCI, Maria Paula Dallari. Gestão democrática da cidade. *In*: DALLARI, Adilson Abreu; FERRAZ, Sérgio (Coord.). *Estatuto da Cidade*. 4. ed. São Paulo: Malheiros, 2014.

CÂMARA, Jacintho Arruda. Plano Diretor. *In*: DALLARI, Adilson Abreu; FERRAZ, Sérgio (Coords.). *Estatuto da Cidade – comentários à Lei Federal nº 10.257/2001*. 4. ed. São Paulo: Malheiros, 2014.

CAMPOS FILHO, Cândido Malta. *Reinvente seu bairro. Caminhos para você participar do planejamento de sua cidade*. São Paulo: Ed. 34, 2003.

CARVALHO FILHO, José dos Santos. Plano Diretor e inconsciência urbanística. *In*: MARQUES NETO, Floriano de A. *et al.* (Org.). *Direito e administração pública – estudos em homenagem a Maria Sylvia Zanella Di Pietro*. São Paulo: Atlas, 2013.

CARVALHO, André de Castro; LOCHAGIN, Gabriel Loretto; SILVEIRA, Francisco Secaf A. Orçamento Público. *In*: OLIVEIRA, Regis Fernandes de *et al.* (Coord.-Geral). *Lições de direito financeiro*. São Paulo: Revista dos Tribunais, 2011.

CORREIA, Fernando Alves. *Manual de direito urbanístico*. 4. ed. Coimbra: Almedina, 2012. v. I.

CORREIA, Fernando Alves. *O plano jurídico e o princípio da igualdade*. Coimbra: Almedina, 2001.

CUNHA FILHO, Alexandre Jorge Carneiro da. A alteração dos planos urbanísticos e o direito de propriedade. *Revista dos Tribunais – RTSP*, São Paulo, ano 2, v. 5-6, p. 251-266, mar./ abr., mai./jun. 2014.

CUNHA FILHO, Alexandre Jorge Carneiro da. Audiência pública e urbanismo – a audiência pública como instrumento de participação popular na formação e controle de políticas voltadas à ordenação da cidade. *Revista Brasileira de Direito Municipal – RBDM*, ano 15, n. 52, p. 36-62, abr./jun. 2014.

CUNHA FILHO, Alexandre Jorge Carneiro da. Questões de alta indagação envolvendo o direito de construir. De efeitos cumulativos a direito de protocolo – quem está errado: a lei ou o intérprete? *Cadernos Jurídicos da Escola Paulista da Magistratura*, ano 18, n. 46, p. 27-46, São Paulo: EPM, 2017.

DALLARI, Adilson Abreu. Planejamento Municipal. *In*: MARTINS, Ives Gandra da Silva; GODOY, Mayr (Coord.). *Tratado de direito municipal*. São Paulo: Quartier Latin, 2012. v. II.

DELIBERADOR, Giuliano Savioli. Apreender para não repetir: o gerenciamento integrado de recursos hídricos visto como um caminho de saída da crise. *In*: CUNHA FILHO, Alexandre J. C. da; NERY, Ana Rita de F.; OLIVEIRA, André T. da M. (Coord.). *A crise hídrica e o Direito*. Rio de Janeiro: Lumen Juris, 2015.

DEVILLER, Jacqueline Morand. La ville durable, sujet de droits et de devoirs. *In*: D'ISEP, Clarissa Ferreira Macedo; NERY JÚNIOR, Nelson; MEDAUAR, Odete. *Políticas públicas ambientais – estudos em homenagem ao prof. Michel Prieur*. São Paulo: RT, 2009.

DUGUIT, Léon. *Las Trasformaciones Generales del Derecho Privado*. Madrid: Marcial, 1931.

FAORO, Raymundo. *Os donos do poder – formação do patronato político brasileiro*. 3. ed. São Paulo: Globo, 2001.

FARIA, Rodrigo Oliveira de. PPA versus Orçamento: uma leitura do escopo, extensão e integração dos instrumentos constitucionais brasileiros de planejamento. *In*: CONTI, José Maurício; SCAFF, Fernando Facury (Org.). *Orçamentos Públicos e Direito Financeiro*. São Paulo: Revista dos Tribunais, 2011.

FERRAZ, Ágata Bobbio. Regiões metropolitanas, aglomerações urbanas e microrregiões (unidades territoriais): contextualização, gestão, e comentários ao PL 3.460/2004 (Estatuto da Metrópole). *Revista de Direito Administrativo Contemporâneo*, ano 2, v. 10, p. 177-196, 2014.

FIGUEIREDO, Lúcia Valle. *Disciplina urbanística da propriedade*. São Paulo: RT, 1980.

GASPARINI, Diógenes. *Interesse Público – IP*, Belo Horizonte, n. 47, ano 10, jan./fev. 2008. Disponível em: http://bid.editoraforum.com.br/bid/PDI0006.aspx?pdiCntd=52486. Acesso em: 30 jul. 2014.

GUIMARÃES JÚNIOR, João Lopes. Direito urbanístico, direito de vizinhança e defesa do meio ambiente urbano. *Revista de Direito Ambiental*, ano 6, n. 23, p. 110-124, São Paulo: RT, jul./set. 2001.

HORTA, Raul Machado. *Direito Constitucional*. 5. ed. rev. e atual. por Juliana Campos Horta. Belo Horizonte: Del Rey, 2010.

ISSA, Rafael Hamze. Federalismo e gestão dos recursos hídricos: mecanismos jurídicos para a gestão integrada das águas. *In*: CUNHA FILHO, Alexandre J. C. da; NERY, Ana Rita de F.; OLIVEIRA, André T. da M. (Coord.). *A crise hídrica e o Direito*. Rio de Janeiro: Lumen Juris, 2015.

IURA, Alexandre Miura. Reflexões sobre ações civis públicas e a nova política estadual de proteção aos mananciais. *Cadernos Jurídicos da Escola Paulista da Magistratura*, ano 18, n. 46, p. 47-56, São Paulo: EPM, jan./mar. 2017.

JAMPAULO JUNIOR, João. Plano Diretor – o processo legislativo. *In*: DALLARI, Adilson Abreu; DI SARNO, Daniela Campos Libório de (Coord.). *Direito urbanístico e ambiental*. 2. ed. Belo Horizonte: Fórum, 2011.

KALFLÈCHE, Grégory. *Droit de l'urbanisme*. Paris: PUF, 2012.

LUFT, Rosangela Marina. *Políticas públicas urbanas*: premissas e condições para efetivação do direito à cidade. Belo Horizonte: Fórum, 2011.

MARQUES NETO, Floriano de Azevedo; QUEIROZ, João Eduardo Lopes. Planejamento. *In*: CARDOSO, José Eduardo M.; QUEIROZ, João Eduardo L.; SANTOS, Walquiria B. dos (Org.). *Curso de direito administrativo econômico*. São Paulo: Malheiros, 2006. v. 2.

MARQUES NETO, Floriano Azevedo; DALLARI, Adilson Abreu; FERRAZ, Sérgio (Coord.). *Estatuto da Cidade*. 3. ed. São Paulo: Malheiros, 2002.

MEIRELLES, Hely Lopes. *Direito municipal brasileiro*. 4. ed. São Paulo: Malheiros, 1981.

MEIRELLES, Hely Lopes. *Direito de Construir*. 9. ed. São Paulo: Malheiros, 2005.

MELLO, Celso Antônio Bandeira de. Natureza jurídica do zoneamento: efeitos. *Revista de Direito Administrativo – RDA*, v. 147, p. 23-38, RJ: FGV, jan./mar. 1982.

MELONCINI, Maria Isabela Haro. Planejamento urbano no direito brasileiro: análise crítica à luz do direito francês. *In*: CUNHA FILHO, Alexandre J. C. da *et al.* (Coord.). *Temas atuais de direito público – diálogos entre Brasil e França*. Rio de Janeiro: Lumen Juris, 2016.

MOREIRA, Danielle de Andrade; GUIMARÃES, Virgínia Totti. Regiões metropolitanas e funções públicas de interesse comum: o ordenamento territorial diante do estatuto da metrópole. *Revista de Direito da Cidade*, v. 7, n. 3, p. 1249-1269, 2015. Disponível em: http://www.e-publicacoes.uerj.br/index.php/rdc/article/view/18847. Acesso em: 01 nov. 2017.

OLBERTZ, Karlin. *Operações Urbanas Consorciadas*. Belo Horizonte: EF, 2011.

OLIVEIRA, André Tito da Motta. Para uma tentativa de delineamento do princípio da função social da cidade. *In*: CUNHA FILHO, Alexandre J. C. da; NERY, Ana Rita de F.; ARAÚJO, Alexandra F. de (Coord.). *Direito urbanístico – ensaios por uma cidade sustentável*. São Paulo: Quartier Latin, 2016.

PINTO, Victor Carvalho. *Direito urbanístico*. 3. ed. São Paulo: RT, 2012.

PORTELA, Felipe Mêmolo. A função social dos imóveis públicos à luz do direito urbanístico. *Revista dos Tribunais São Paulo – RTSP*, v. 5-6, p. 281-304, São Paulo: RT, mar./abr., mai./jun. 2014.

REISDORFER, Guilherme F. Dias. Definição e concretização do direito à cidade: entre direitos e deveres fundamentais. *Revista de Direito Administrativo Contemporâneo – ReDAC*, ano 3, v. 19, p. 177-197, São Paulo: RT, jul./ago. 2015.

SANTOS, Walquiria B. dos (Org.). *Curso de direito administrativo econômico*. São Paulo: Malheiros, 2006. v. 2.

SANTOS, Márcia Walquíria Batista; MEDAUAR, Odete; ALMEIDA, Fernando Dias (Coord.). *Estatuto da Cidade*. São Paulo: RT, 2002.

SAULE JÚNIOR, Nelson. O tratamento constitucional do Plano Diretor como instrumento de política urbana. *In*: FERNANDES, Edésio (Org.). *Direito urbanístico*. Belo horizonte: Del Rey, 1998.

SCHIRATO, Renata Nadalin Meireles. Estatuto da Metrópole: uma análise jurídica preliminar. *Revista de Direito Administrativo Contemporâneo*, ano 4, v. 22, p. 185-197, 2016.

SCHIRATO, Vitor R. Ordenações urbanísticas das infraestruturas de utilidade pública. *In*: CUNHA FILHO, Alexandre J. C. da; NERY, Ana Rita de F.; ARAÚJO, Alexandra F. de (Coord.). *Direito urbanístico – ensaios por uma cidade sustentável*. São Paulo: Quartier Latin, 2016.

SILVA, José Afonso da. *Direito urbanístico brasileiro*. 7. ed. São Paulo: Malheiros, 2012.

SOTTO, Débora. Do Plano Diretor como eixo estruturante das políticas públicas municipais do Brasil. *In*: SANTOS, Bruno Grego; BERNARDO, Leandro Ferreira; FRACALOSSI, Willian (Org.). *Temas Avançados da Advocacia Pública – III*: direito administrativo e políticas públicas. Maringá: Vivens, 2013.

SUNDFELD, Carlos Ari. O Município e as redes de serviços públicos. *In*: MARTINS, Ives Gandra da S.; GODOY, Mayr (Coord.). *Tratado de direito municipal*. São Paulo: Quartier Latin, 2012, v. 2.

SUNDFELD, Carlos Ari. O Estatuto da Cidade e suas diretrizes gerais. *In*: DALLARI, Adilson Abreu; FERRAZ, Sérgio (Coords.). *Estatuto da Cidade – comentários* à *Lei Federal* nº 10.257/2001. 4. ed. São Paulo: Malheiros, 2014.

TOBA, Marcos Maurício. Do Plano Diretor. *In*: MEDAUAR, Odete; ALMEIDA, Fernando Dias Menezes de (Coord.). *Estatuto da Cidade*. 2. ed. São Paulo: RT, 2004.

YOSHIDA, Consuelo Y. Moromizato. Sustentabilidade urbano-ambiental: os conflitos sociais, as questões urbanístico-ambientais e os desafios à qualidade de vida nas cidades. *In*: MARQUES, José Roberto. *Sustentabilidade e temas fundamentais de direito ambiental*. Campinas-SP: Millenium, 2009.

Informação bibliográfica deste texto, conforme a NBR 6023:2018 da Associação Brasileira de Normas Técnicas (ABNT):

CUNHA FILHO, Alexandre Jorge Carneiro da; RIBEIRO, Carlos Vinícius Alves; MONTEIRO, Vítor. Planejamento, Urbanismo e as Normas Reguladoras da Ocupação do Solo. *In*: MEDAUAR, Odete; SCHIRATO, Vitor Rhein; MIGUEL, Luiz Felipe Hadlich; GREGO-SANTOS, Bruno (Coord.). *Direito urbanístico*: estudos fundamentais. Belo Horizonte: Fórum, 2019. p. 101-151. ISBN 978-85-450-0701-2.

PARTICIPAÇÃO DEMOCRÁTICA E GESTÃO URBANA

FABIO GOMES DOS SANTOS

1 Exposição do tema

Para que se conclua adequadamente a segunda parte desta obra, que trata da regulação urbanística no Direito brasileiro, cabe ainda tratar da participação democrática enquanto instrumento de realização de políticas urbanas.

A compreensão da intervenção dos cidadãos na condução dos assuntos urbanos como elemento necessário ao pleno desenvolvimento das funções sociais da cidade e da propriedade urbana constitui noção consolidada no âmbito jurídico.[1]

Mais que isso, trata-se de ideia cara à disciplina urbana estabelecida pelo Estatuto da Cidade, cuja história é permeada pela valorização da participação dos cidadãos.[2] Logo no início do referido diploma,

---

[1] Para uma visão abrangente dos fundamentos legais e constitucionais da gestão democrática da cidade, associada a comentários sobre dispositivos do Estatuto da Cidade, vide PETRUCCI, Jivago. Gestão democrática da cidade – delineamento constitucional e legal. *In*: DALLARI, Adilson Abreu; DI SARNO, Daniela Campos Libório (Coords). *Direito urbanístico e ambiental*. Belo Horizonte: Fórum, 2011; e ELIAS, Evian. O estatuto da cidade e a participação popular. *Fórum de Direito Urbano e Ambiental – FDUA*, Belo Horizonte, ano 6, n. 32, mar./abr. 2007. Sobre gestão democrática das cidades, em obra dedicada especialmente às audiências públicas realizadas neste âmbito, conferir MENCIO, Mariana. *Regime jurídico da audiência pública na gestão democrática das cidades*. Belo Horizonte: Fórum, 2007. p. 87-109.

[2] Mariana Moreira, traçando breve histórico legislativo do estatuto, destaca a inserção das questões participativas em sua elaboração: "O projeto de 1990 [projeto de Lei nº 5.788/90, que veio a ser o Estatuto da Cidade], mais afeto aos novos dispositivos constitucionais,

dentre as diretrizes que devem nortear a política urbana, figura uma noção de *gestão democrática* a ser caracterizada pela "[...] participação da população e de associações representativas dos vários segmentos da comunidade na formulação, execução e acompanhamento de planos, programas e projetos de desenvolvimento urbano" (artigo 2º, *caput* e II da Lei nº 10.257/01).

Ainda, importa notar que legislações mais recentes afetas à gestão urbana não têm deixado de prestigiar a temática participativa. É o que pode ser verificado, por exemplo, na Política Nacional de Mobilidade Urbana (Lei nº 12.587/12)[3] e no Estatuto da Metrópole (Lei nº 13.089/15).[4] Ademais, não pode deixar de ser registrada uma profusão de normas regulamentares sobre o tema, inclusive em nível federal, servindo as resoluções do Conselho das Cidades (CONCIDADES)[5] como bons exemplos.

---

aprimorou seu antecessor, na medida em que trouxe para a letra da lei a necessária participação popular na elaboração de planos urbanísticos e enfatizou o papel do planejamento urbano sob a forma de planos diretores municipais. Além disso, os projetos substitutivos foram concebidos no âmbito de intensa participação da Sociedade Civil, especialmente nos últimos três anos de sua tramitação". MOREIRA, Mariana. A história do estatuto da cidade. *In*: DALLARI, Adilson Abreu; FERRAZ, Sérgio. *Estatuto da cidade*: comentários à Lei Federal nº 10.257/01. São Paulo: Malheiros, 2010. p. 43.

[3] Refira-se, em especial, à necessidade de uma gestão democrática do Sistema Nacional de Mobilidade Urbana (art. 2º, *caput*), o princípio da gestão democrática e controle social do planejamento e avaliação da Política Nacional de Mobilidade Urbana (art. 5º, V); a consolidação da gestão democrática como instrumento e garantia da construção contínua da mobilidade urbana (art. 7º, V); ao direito do usuário de participar do planejamento, fiscalização e avaliação da política local de mobilidade urbana (art. 14, III); e à prescrição de instrumentos asseguratórios da sociedade civil na Política Nacional de Mobilidade Urbana (art. 15).

[4] Convém mencionar a aplicação das normas gerais de direito urbanístico no âmbito metropolitano (o artigo 1º, §2º), atraindo a necessária gestão democrática da cidade, que é expressamente mencionada na lei (art. 6º, V); a necessidade de definição de meios de controle social nas leis instituidoras das regiões metropolitanas (art. 5º, IV); a participação de representantes da sociedade civil nos processos de planejamento e de tomada de decisão, no acompanhamento da prestação de serviços e na realização de obras afetas às funções públicas de interesse comum como diretriz (artigo 6º, V); a inserção de instância colegiada deliberativa com representação da sociedade civil no contexto da governança interfederativa (art. 8º, II); a promoção de audiências públicas e debates com a participação de representantes da sociedade civil e da população em todos os Municípios integrantes da unidade territorial urbana no plano de desenvolvimento urbano integrado de região metropolitana ou de aglomeração urbana (art. 12, §2º, I) e a participação da sociedade civil na coordenação do Sistema Nacional de Desenvolvimento Urbano (SNDU) a cargo de entes públicos.

[5] A competência do Conselho das Cidades (CONCIDADES), atualmente inserido na estrutura do Ministério das Cidades, encontra-se prevista na Medida Provisória nº 2.220/01. Em seu artigo 10, inciso IV, figura a possibilidade de serem emitidas orientações e recomendações sobre a aplicação do Estatuto da Cidade e demais atos normativos relativos ao desenvolvimento urbano. Cite-se, como exemplo, a resolução nº 25/05 desse órgão, que, ao trazer recomendações concernentes à elaboração do Plano Diretor, preocupa-se em especial com a dimensão participativa.

De fato, importa notar que a valorização da gestão democrática das cidades traz reflexos necessários à utilização dos instrumentos de política urbana de uma forma geral.[6] Por conta disso, sem prescindir de elementos esparsos nos textos legislativos que prestigiam tal conclusão,[7] não deve surpreender que a configuração desses instrumentos seja dotada de arranjos participativos explícitos. É o que ocorre, por exemplo, com as operações urbanas consorciadas[8] (artigo 32, §1º, e 33, VII), com a instituição dos organismos gestores das regiões metropolitanas e aglomerações urbanas (artigo 45); e na elaboração e fiscalização da implementação do plano diretor (artigo 40, §4º).

Além dessa incidência na conformação normativa dos instrumentos, também pode ser entendida a participação, por si própria, como um relevante mecanismo de gestão urbana. Mesmo sem adentrar nos riquíssimos debates acerca dos desafios da participação no Brasil,[9] considera-se pertinente comentar algumas das suas potencialidades para o devido desenvolvimento do espaço urbano.

Como forma de melhor observar a instrumentalização da participação, pode-se observar como o manejo de alguns mecanismos participativos[10] podem propiciar uma "melhor instrução da atuação pública

---

[6] Nas palavras de Maria Paula Dallari Bucci: "A plena realização da gestão democrática é, na verdade, a única garantia de que os instrumentos de política urbana introduzidos, regulamentados ou sistematizados pelo Estatuto da Cidade (tais como o direito de preempção, o direito de construir, as operações consorciadas etc.) não serão meras ferramentas a serviço de concepções tecnocráticas, mas, ao contrário, verdadeiros instrumentos de promoção do direito à cidade para todos, sem exclusões". BUCCI, Maria Paula Dallari. Gestão democrática da cidade. *In*: DALLARI, Adilson Abreu; FERRAZ, Sérgio. *Estatuto da cidade*: comentários à Lei Federal nº 10.257/01. São Paulo: Malheiros, 2010. p. 337.

[7] Um exemplo é a necessária submissão ao controle social quando presente dispêndio de recursos do Poder Público municipal (artigo 4º, §3º, da Lei nº 10.257/01).

[8] Referindo-se, especificamente, à participação neste âmbito, mas também tratando das operações urbanas consorciadas em geral em obra aprofundada sobre esse instrumento de política urbana, cf. OLBERTZ, Karlin. *Operação urbana consorciada*. Belo Horizonte: Fórum, 2011. p. 85-88.

[9] Tais debates são extremamente ricos no campo da ciência política, pois, além da perspectiva teórica da participação, também examina alguns de seus aspectos empíricos. Abordando o tema da participação (em sentido não restrito ao urbanismo), vide coletâneas como PIRES, Roberto C. Rocha (Org.). *Efetividade das instituições participativas no Brasil*: estratégias de avaliação. Brasília: Ipea, 2011; e COELHO, Vera P. Schattan; NOBRE, Marcos (Orgs.). *Participação e deliberação*: teoria democrática e experiências institucionais no Brasil contemporâneo. São Paulo: Editora 34, 2004. Para um tratamento da participação democrática observada da perspectiva do direito administrativo, cf. SANTOS, Fabio Gomes dos. *Audiências públicas administrativas no direito brasileiro*. Rio de Janeiro: Lumen Juris, 2015. p. 23-28.

[10] Pense-se, para uma visualização facilitada, naqueles previstos no artigo 43 do Estatuto da Cidade: *a instituição de órgãos colegiados; de debates, audiências e consultas públicas; de conferências; e do uso da iniciativa popular na produção de projetos de lei e de planos, programas e*

na gestão urbana; conferir a ela maior publicidade; possibilitar seu maior controle; incrementar sua legitimidade e propiciar o exercício da prática democrática pelos habitantes das cidades".[11]

Tome-se, em primeiro lugar, a possibilidade de melhor instruir a atuação pública na gestão urbana. Nota-se como característica dos mecanismos participativos, a presença de um duplo papel informativo,[12] instituindo-se com eles tanto um fluxo de informações dirigidas à sociedade (que acaba informada quanto à atuação pública) quanto ao Poder Público, que recebe *inputs* importantes dos cidadãos quanto à realidade da urbe.

Dessa forma, medidas como a instituição de órgãos colegiados para tratativas de temáticas urbanas específicas (como moradia, meio-ambiente, transportes etc.) ou adstritas a espaços determinados dentro do espaço urbano (no interior de subprefeituras, distritos etc.) podem servir como espaços permanentes para transmissão desses tipos de dados. Em especial, da perspectiva dos gestores públicos, assegura-se o acesso a dois tipos de informações, que didaticamente podem ser entendidas como de caráter técnico e sociopolítico.

A exigência constitucional de uma atuação administrativa eficiente demanda que o Poder Público disponha de informações técnicas para o adequado planejamento e execução de suas atribuições. Com isso, em complemento ao produzido pela burocracia estatal, é possível que arquitetos, engenheiros, sociólogos, economistas, historiadores e outros estudiosos possam contribuir com sua *expertise* ao intervirem na condução dos assuntos locais.

Além de contribuições de índole técnica, é importante o acesso a visões da realidade sociopolítica dos espaços urbanos que permitam à Administração avaliar como alcançar melhores resultados durante o exercício de suas atribuições. Muitas vezes não basta a racionalidade de

---

projetos de desenvolvimento urbano. Note-se, de toda forma, que o diploma mencionado já deixa claro não se tratar de rol exaustivo, visto a expressão "entre outros" constar do *caput* do dispositivo mencionado.

[11] Considera-se possível aplicar, com algumas adaptações e para os fins deste texto, as funções entendidas como desempenhadas pelas audiências públicas administrativas aos demais mecanismos mencionados. Para uma análise mais aprofundada dessas funções em relação ao instrumento mencionado, vide SANTOS, Fabio Gomes dos. *Audiências públicas administrativas no direito brasileiro*. Rio de Janeiro: Lumen Juris, 2015. p. 157-168.

[12] Tal noção foi originalmente proposta no contexto das audiências públicas, entendendo-se de toda forma pela sua aplicabilidade à situação discutida. Vide. OLIVEIRA, Gustavo Justino de. Administração pública democrática e efetivação de direitos fundamentais. *In*: OLIVEIRA, Gustavo Justino de. *Direito administrativo democrático*. Belo Horizonte: Fórum, 2010. p. 159-187.

uma medida para o seu sucesso, havendo condicionantes determinantes de índole cotidiana que não chegam a ser notados sem uma atenção especificamente dedicada a eles. Assim, por exemplo, pode se mostrar imprescindível a identificação dos atores políticos potencialmente envolvidos na iniciativa pública a ser intentada no intuito de maximizar as chances de sua eficaz implementação.

Em segundo lugar, observe-se também como a participação pode ser utilizada como mecanismo para conferir maior publicidade à atuação pública.

A promoção do diálogo por meio de debates e audiências públicas, por exemplo, institui contextos adequados à divulgação pelo Poder Público de informações relacionadas à temática urbana, em complemento à publicidade formal exigida da atividade administrativa. Ao convocar os cidadãos a debaterem questões públicas surge naturalmente o imperativo de informar os participantes mais profundamente sobre as questões em pauta, além de eventualmente conduzir à produção de respostas a questionamentos pertinentes e ao detalhamento de outras ações públicas associadas à discussão.

Além disso, estabelecido um canal comunicativo privilegiado com os cidadãos, o Poder Público também pode aproveitá-lo para a divulgação de informações públicas relevantes, muitas vezes necessárias ao sucesso das medidas empreendidas.[13] Como destaca Thiago Marrara,[14] a publicidade administrativa contemporânea também pode ser dotada de uma dimensão educativa, preocupada com a difusão de informações relacionadas a políticas públicas em curso e com a disseminação de valores cívicos. Ademais, ao reunirem participantes especialmente interessados em questões urbanas, tais medidas podem conduzir a um efeito multiplicador, com os envolvidos no diálogo divulgando o discutido ou até mesmo participando ativamente de sua concretização.

Além disso, tais canais podem também ser úteis à divulgação de valores e práticas benéficas à convivência urbana, colocando em evidência temas como o respeito a direitos fundamentais e a importância de

---

[13] Cf. CHEVALLIER, Jacques. *Science administrative*. 4. ed. Paris: Presses Universitaires de France (PUF), 2007. p. 442-444. Para um estudo destinado especificamente à comunicação pública, cf. GOMES, Maria Teresa Salis. Comunicação pública para uma democracia participada. In: GOMES, Maria Teresa Salis (Coord.). *A face oculta da governança*: cidadania, Administração pública e sociedade. Coimbra: INA, 2003. p. 191-213.

[14] Cf. MARRARA, Thiago. O princípio da publicidade: uma proposta de renovação. In: MARRARA, Thiago (Org.). *Princípios de direito administrativo*. São Paulo: Atlas, 2012. p. 283-287. Deve-se notar que o caráter educativo da publicidade, como destaca o autor, possui, inclusive, fundamento constitucional (artigo 37, §1º da Constituição).

valores democráticos. Ainda, e oportunamente, podem ser divulgadas práticas (inclusive privadas) que concretamente auxiliem na consecução da atuação administrativa e do interesse público em geral, em uma ação de reconhecimento público e estímulo a iniciativas socialmente desejáveis.

Da mesma forma e, em terceiro lugar, a participação oferece meios relevantes de controle da atuação pública na gestão das cidades.

Assumindo-se que o controle constitui, como propõe Odete Medauar, "verificação da conformidade da atuação da Administração Pública a certos parâmetros, independentemente de ser adotada, pelo controlador, medida que afete, do ponto de vista jurídico, a decisão ou o agente",[15] amplos espaços de discussão e construção como as conferências podem ser utilizados como formas de acompanhamento e reflexão, somando-se a outras medidas habituais de controle da atuação pública.

De fato, o material produzido pelas conferências pode, inclusive, ser de grande valia para o controle administrativo, seja ele de caráter *interno* ou *externo*.[16] Dessa forma, a Administração poderia utilizar, por exemplo, a transcrição dos debates para verificar se órgãos ou entes de sua estrutura atuam conforme exige o ordenamento, assim como parlamentares, juízes, promotores ou membros dos Tribunais de Contas poderiam utilizar o mesmo material para um exame mais apurado da atuação administrativa.

Dentre os tipos de controle propiciados, há um que merece ser sublinhado: o *controle social*. Usualmente associado à participação,[17] ele

---

[15] Essa definição de controle, em acepção ampla, é proposta por Odete Medauar em obra dedicada especificamente ao tema. Cf. MEDAUAR, Odete. *Controle da administração pública*. 2. ed. rev., atual. e ampl. São Paulo: Editora Revista dos Tribunais, 2012. p. 30. Para análise sobre os desafios atuais do controle da Administração, cf. MARQUES NETO, Floriano de Azevedo. Os grandes desafios do controle da Administração Pública. *In*: MODESTO, Paulo. (Coord.). *Nova organização administrativa brasileira*. Belo Horizonte: Fórum, 2009. p. 195-226.

[16] Utilizando a tipologia de Odete Medauar, *controle interno* consistiria de toda a atualização fiscalizadora realizada por órgãos, setores ou entidades inseridos no âmbito da Administração. Já o *controle externo* seria aquele realizado por órgão, ente ou instituição externa à estrutura administrativa. MEDAUAR, Odete. *Controle da administração pública*. 2. ed. rev., atual. e ampl. São Paulo: Editora Revista dos Tribunais, 2012. p. 43-44.

[17] Para um tratamento teórico do controle social, além dos estudos sobre controle já referidos, cf. VALLE, Vanice Regina Lírio do. Controle social: promovendo a aproximação entre a administração pública e a cidadania. *In*: BRASIL. Tribunal de Contas da União. *Prêmio Serzedello Corrêa 2001*: monografias vencedoras: perspectivas para o controle social e a transparência da administração Pública. Brasília: TCU, 2002. p. 75-138. Também, por pretender distinguir controle social e participação, merece ser referido BRITTO, Carlos

consistiria na verificação de conformidade da atuação administrativa efetuada pelos cidadãos, sendo institucionalizado pela promoção dos debates.[18] Através do *controle social*, caberia à população verificar se o Poder Público atua de acordo com o que lhe impõe o ordenamento no âmbito da gestão urbana. Caso conclua-se em razão das conferências, por exemplo, pela existência de irregularidades (em especial as ligadas à gestão de recursos públicos), elas poderão ser comunicadas a órgãos legalmente incumbidos do controle administrativo, ocasiões em que tal modalidade de controle demonstra seu potencial para suplementar outras formas de controle existentes na sistemática brasileira.[19]

Ao lado da possibilidade da verificação de irregularidades, o *controle social* também possui uma perspectiva política, relacionada à *accountability*[20] administrativa. Por meio das conferências podem ser postos sob o escrutínio da população a forma como são conduzidas as questões urbanas, permitindo que seja verificada a conformidade da atuação pública com o que os habitantes das cidades esperam em termos políticos. Assim, mesmo diante de condutas lícitas e regulares, pode-se conferir se estariam sendo satisfeitas expectativas quanto a um projeto político de cidade em nome dos quais foram escolhidos os representantes eleitos pelos cidadãos.

Em quarto lugar, também não deve ser subestimado o potencial da participação para a aquisição de legitimidade durante o regramento do espaço urbano.

A busca pela legitimidade é dotada de relevância particular em regimes democráticos calcados na soberania popular, como é o caso brasileiro (artigo 1º, parágrafo único da Constituição). Uma vez instituído o povo como a única fonte legítima do poder político, o

---

Ayres. Distinção entre "controle social do poder" e "participação popular". *Revista de Direito Administrativo*, Rio de Janeiro, v. 189. p. 114-122, 1992.

[18] MEDAUAR, Odete, *Controle da administração pública*. 2. ed. rev., atual. e ampl. São Paulo: Editora Revista dos Tribunais, 2012. p. 175-180.

[19] Sobre essa relação de complementaridade, cf. MILESKI, Hélio Saul. Controle Social: um aliado do controle oficial. *Interesse Público - IP (versão digital)*, Belo Horizonte, ano 8, n. 36, mar./abr. 2006.

[20] Em termos simples, *accountability* nesse contexto poderia ser entendida como a necessidade do Poder Público prestar contas ou ser responsabilizado por seus atos. Para maior tratamento teórico do tema, vide CENEVIVA, Ricardo; FARAH, Marta Ferreira Santos. O papel da avaliação de políticas públicas como mecanismo de controle democrático da Administração pública. *In*: GUEDES, Álvaro Martim; FONSECA, Francisco (Orgs.). *Controle social da Administração pública*: cenário, avanços e dilemas no Brasil. São Paulo: Cultura Acadêmica: Oficina Municipal; Rio de Janeiro: FGV, 2007. p. 129-156.

exercício desse poder passa a ser justificado pela remissão a essa origem, instrumentalizada por uma série de arranjos e práticas institucionais. Assim, constituindo forma de atuação estatal, a gestão urbana deve ser justificada considerando os anseios e as necessidades dos cidadãos, sempre em atenção à formatação estabelecida pelo ordenamento jurídico. A exigência da *gestão democrática das cidades*, prevista no já mencionado Estatuto da Cidade, torna ainda mais explícita esta exigência sistêmica, acentuando sua importância no contexto urbano.

Diante dessa perspectiva, mecanismos participativos como as consultas públicas constituem vias para a obtenção de formas de legitimidade suplementares às que o Poder Público usualmente dispõe.[21] A noção de "legitimidade de proximidade" (*legitimité de proximité*)[22] cunhada por Pierre Rosanvallon[23] e seus desdobramentos serve como aparato conceitual interessante para abordar algumas delas.

A legitimidade de proximidade relaciona-se a um comportamento estatal que busca estar mais próximo aos cidadãos, atentando-se às particularidades da realidade vivenciada por eles, mostrando-se presente em suas vidas e promovendo interações constantes.

Nessa toada, a gestão local dos espaços urbanos é legitimada perante os cidadãos ao deixar de ser promovida mecanicamente, lastreada apenas na técnica, e começando a considerar as particularidades das situações vivenciadas pelos habitantes das cidades. A atenção às peculiaridades de cada espaço social, a partir dos *inputs* propiciados pelas consultas, contribuiria para tornar a atuação pública mais legítima na medida em que os indivíduos percebessem que suas demandas específicas são examinadas atenciosamente pelas autoridades.

---

[21] São formas de legitimação habituais do Poder Público: atuação fundada em lei produzida por parlamento eleito; sua direção por representantes escolhidos diretamente pelo povo; e a *expertise* técnica para a resolução de questões públicas. Para uma análise da legitimidade administrativa, em uma perspectiva sistêmica, cf. SCHMIDT-ASSMANN, John Eberhard. *La teoría general del derecho administrativo como sistema*. Madri: Instituto Nacional de Administración Pública (INAP); Marcial Pons Ediciones Jurídicas y Sociales, 2003. p. 100-125.

[22] A ideia de proximidade ou, mais especificamente, a expressão "democracia de proximidade" (*démocratie de proximité*) possui significado próprio no direito francês, associada essencialmente à descentralização da gestão administrativa, e com marcada influência de leis francesas como a de nº 2002-276, de 27 de fevereiro de 2002. Embora a noção de proximidade apresentada pelo autor possa ter sido inspirada por essa terminologia, entende-se não haver prejuízo de transpô-la à realidade brasileira, a partir da forma como ela é apresentada na obra referida.

[23] Cf. ROSANVALLON, Pierre. *La legitimité démocratique*: impartialité, réflexivité, proximité. Paris: Seuil, 2008. p. 267-344.

Outra faceta dessa forma de legitimidade está relacionada a uma atuação estatal que busca proximidade mediante demonstrações de empatia, indicando reconhecer e compartilhar os sentimentos vividos pelos habitantes da cidade. Muitas vezes instrumentalizada pela mídia, tal forma de legitimação é operacionalizada por diversos esforços para inserir o Estado no cotidiano dos cidadãos.

A escolha das pautas das consultas, por exemplo, constitui uma excelente oportunidade de demonstrar atenção às questões diariamente enfrentadas pelos cidadãos, sinalizando um compartilhamento das preocupações desses últimos.

Ademais, além das condutas já citadas, a legitimidade de proximidade também pode ser alcançada por meio do estabelecimento de interações permanentes com os cidadãos. Nessa perspectiva, a legitimação decorre da constância da utilização dos canais de diálogo, tornando-se acessível e sendo permanentemente receptiva às manifestações da população, respondendo-as e justificando as decisões tomadas. O manejo de consultas constantes sobre questões urbanas, de forma previsível e permitindo o acompanhamento de seus resultados, é uma via idônea para tanto.

Por fim, mas talvez de forma ainda mais relevante que nos últimos casos, a participação pode ser utilizada como oportunidade para propiciar o exercício da prática democrática, podendo produzir espaços de aprendizado e estímulo à cidadania.

Tome-se, como exemplo, o manejo da iniciativa popular na produção de projetos de lei e de planos, programas e projetos de desenvolvimento urbano. Ao intervir na construção do regramento urbano, estabelecendo-se diálogo entre os cidadãos e as autoridades municipais, cria-se um ambiente em que podem ser confrontadas alternativas políticas para a resolução de questões públicas em um legítimo exercício democrático.

Trata-se, indubitavelmente, de uma grande oportunidade para que os envolvidos tenham uma experiência democrática muito distinta da eleição de representantes, ou mesmo da participação em plebiscitos e referendos. É uma chance de ser exercido um papel ativo na condução dos assuntos públicos, propiciada pela possibilidade de produzir propostas concretas para o escrutínio da Administração e parlamento local.

Além de possibilitarem essa experiência democrática, tais oportunidades trazem ainda outros benefícios aos que delas participam e à coletividade, visto servirem como espaços de aprendizado e de difusão da cidadania.

A participação em iniciativas como essas produz um aprendizado próprio, extremamente valioso em uma democracia.[24] Eles permitem a percepção da dimensão pública das questões abordadas, propiciando contato com manifestações convergentes ou divergentes e a ciência de que todas as demandas individuais estão inseridas na vida dos habitantes da cidade. Ao ser reconhecido o "público", é favorecida a superação de perspectivas puramente egoísticas, assim como se pode perceber que um problema que era tido como um problema meramente individual é, na verdade, uma questão coletiva.

Além disso, aprende-se a discutir questões políticas em ambientes públicos, onde naturalmente são exigidos comportamentos muito distintos dos diálogos travados em âmbito familiar ou entre amigos íntimos. O participante aprende a expor suas ideias, a lidar com diferenças ideológicas e de comportamento para que se alcancem as melhores conformações das propostas.

Tal oportunidade é também uma aula prática sobre o funcionamento concreto da máquina pública. Ademais, o contato direto com representantes do Poder Público permite que sejam prestados esclarecimentos e resolvidas questões que dificilmente poderiam ser sanadas por quem não atua na gestão pública.

Importa notar que a Administração também aprende muito a se abrir para contribuições *extramuros*. Saindo do conforto e da falsa segurança do seu *bureau* o gestor é forçado a vislumbrar a perspectiva pública de suas ações. Contrariamente às suas usuais atribuições, que não raro consistem em tomar decisões e assinar documentos, examinar e debater o produzido pelos cidadãos pode acabar sendo extremamente enriquecedor. São dadas importantes lições dos reflexos da atuação administrativa, de sua recepção pela população, e dos possíveis benefícios e malefícios que ela pode ocasionar.

Ao lado do aprendizado de todos os envolvidos de forma direta, a previsão da iniciativa popular para a produção de projetos de lei e de planos, programas e projetos de desenvolvimento urbano e na promoção das audiências pode também estimular que terceiros igualmente aprendam e exerçam a cidadania. Tais medidas podem ser noticiadas em diversos veículos (como as mídias tradicionais e as redes

---

[24] Estudos têm reconhecido a contribuição de instrumentos participativos para a construção de uma cultura mais democrática no Brasil. Cf. DAGNINO, Evelina. Sociedade civil, espaços públicos e a construção democrática no Brasil: limites e possibilidades. *In*: DAGNINO, Evelina (Org.). *Sociedade civil e espaços públicos no Brasil*. São Paulo: Paz e Terra, 2002. p. 295-296.

sociais), contribuindo para que as questões em pauta alcancem uma dimensão maior do que as cogitadas pelos diretamente envolvidos na produção das propostas. O debate sobre seu conteúdo pode se multiplicar, alcançando outros espaços públicos ou mesmo particulares, conforme os participantes disseminem suas ideias ou travem seus próprios debates sobre as questões em pauta.

Referências

BRITTO, Carlos Ayres. Distinção entre "controle social do poder" e "participação popular". *Revista de Direito Administrativo*, Rio de Janeiro, v. 189. p. 114-122, 1992.

BUCCI, Maria Paula Dallari. Gestão democrática da cidade. *In*: DALLARI, Adilson Abreu; FERRAZ, Sérgio. *Estatuto da cidade*: comentários à Lei Federal nº 10.257/01. São Paulo: Malheiros, 2010.

CENEVIVA, Ricardo; FARAH, Marta Ferreira Santos. O papel da avaliação de políticas públicas como mecanismo de controle democrático da Administração pública. *In*: GUEDES, Álvaro Martim; FONSECA, Francisco (Orgs.). *Controle social da Administração pública*: cenário, avanços e dilemas no Brasil. São Paulo: Cultura Acadêmica: Oficina Municipal; Rio de Janeiro: FGV, 2007.

CHEVALLIER, Jacques. *Science administrative*. 4. ed. Paris: Presses Universitaires de France (PUF), 2007.

COELHO, Vera P. Schattan; NOBRE, Marcos (Orgs.). *Participação e deliberação*: teoria democrática e experiências institucionais no Brasil contemporâneo. São Paulo: Editora 34, 2004.

DAGNINO, Evelina. Sociedade civil, espaços públicos e a construção democrática no Brasil: limites e possibilidades. *In*: DAGNINO, Evelina (Org.). *Sociedade civil e espaços públicos no Brasil*. São Paulo: Paz e Terra, 2002.

ELIAS, Evian. O estatuto da cidade e a participação popular. *Fórum de Direito Urbano e Ambiental – FDUA*, Belo Horizonte, ano 6, n. 32, mar./abr. 2007.

GOMES, Maria Teresa Salis. Comunicação pública para uma democracia participada. *In*: GOMES, Maria Teresa Salis (Coord.). *A face oculta da governança*: cidadania, Administração pública e sociedade. Coimbra: INA, 2003.

MARQUES NETO, Floriano de Azevedo. Os grandes desafios do controle da Administração Pública. *In*: MODESTO, Paulo. (Coord.). *Nova organização administrativa brasileira*. Belo Horizonte: Fórum, 2009.

MARRARA, Thiago. O princípio da publicidade: uma proposta de renovação. *In*: MARRARA, Thiago (Org.). *Princípios de direito administrativo*. São Paulo: Atlas, 2012.

MEDAUAR, Odete. *Controle da administração pública*. 2. ed. rev., atual. e ampl. São Paulo: Editora Revista dos Tribunais, 2012.

MENCIO, Mariana. *Regime jurídico da audiência pública na gestão democrática das cidades*. Belo Horizonte: Fórum, 2007.

MILESKI, Hélio Saul. Controle Social: um aliado do controle oficial. *Interesse Público - IP* (versão digital), Belo Horizonte, ano 8, n. 36, mar./abr. 2006.

MOREIRA, Mariana. A história do estatuto da cidade. *In*: DALLARI, Adilson Abreu; FERRAZ, Sérgio. *Estatuto da cidade*: comentários à Lei Federal nº 10.257/01. São Paulo: Malheiros, 2010.

OLBERTZ, Karlin. *Operação urbana consorciada*. Belo Horizonte: Fórum, 2011.

OLIVEIRA, Gustavo Justino de. Administração pública democrática e efetivação de direitos fundamentais. *In*: OLIVEIRA, Gustavo Justino de. *Direito administrativo democrático*. Belo Horizonte: Fórum, 2010.

PETRUCCI, Jivago. Gestão democrática da cidade – delineamento constitucional e legal. *In*: DALLARI, Adilson Abreu; DI SARNO, Daniela Campos Libório (Coords). *Direito urbanístico e ambiental*. Belo Horizonte: Fórum, 2011.

PIRES, Roberto C. Rocha (Org.). *Efetividade das instituições participativas no Brasil*: estratégias de avaliação. Brasília: Ipea, 2011.

ROSANVALLON, Pierre. *La legitimité democratique*: impartialité, réflexivité, proximité. Paris: Seuil, 2008.

SANTOS, Fabio Gomes dos. *Audiências públicas administrativas no direito brasileiro*. Rio de Janeiro: Lumen Juris, 2015.

SCHMIDT-ASSMANN, John Eberhard. *La teoría general del derecho administrativo como sistema*. Madri: Instituto Nacional de Administración Pública (INAP); Marcial Pons Ediciones Jurídicas y Sociales, 2003.

VALLE, Vanice Regina Lírio do. Controle social: promovendo a aproximação entre administração pública e a cidadania. *In*: BRASIL. Tribunal de Contas da União. *Prêmio Serzedello Corrêa 2001*: monografias vencedoras: perspectivas para o controle social e a transparência da administração Pública. Brasília: TCU, 2002.

Informação bibliográfica deste texto, conforme a NBR 6023:2018 da Associação Brasileira de Normas Técnicas (ABNT):

SANTOS, Fabio Gomes dos. Participação Democrática e Gestão Urbana. *In*: MEDAUAR, Odete; SCHIRATO, Vitor Rhein; MIGUEL, Luiz Felipe Hadlich; GREGO-SANTOS, Bruno (Coord.). *Direito urbanístico*: estudos fundamentais. Belo Horizonte: Fórum, 2019. p. 153-164. ISBN 978-85-450-0701-2.

PARTE III

INSTRUMENTOS DE CONFORMAÇÃO URBANÍSTICA

INSTRUMENTOS POLÍTICOS E JURÍDICOS DA POLÍTICA URBANA

FERNANDO DIAS MENEZES DE ALMEIDA

KARLIN OLBERTZ NIEBUHR

RENATA NADALIN MEIRELES SCHIRATO

1 Introdução

Fernando Dias Menezes de Almeida
Karlin Olbertz Niebuhr

A Constituição consagrou um capítulo à política urbana (Capítulo II, "Da Política Urbana"), no Título referente à ordem econômica e financeira (Título II, "Da Ordem Econômica e Financeira"). À exceção da usucapião urbana (art. 183), que já veio disciplinada pelo próprio texto constitucional, os demais instrumentos fornecidos pela Constituição (plano diretor, desapropriação, parcelamento e edificação compulsórios e IPTU progressivo no tempo, conforme o art. 182) demandaram regulamentação, para precisão de seus elementos e executoriedade dos seus comandos.

Sobreveio o Estatuto da Cidade (Lei nº 10.257/2001), que estabeleceu as diretrizes gerais da política urbana no Brasil, com um extenso rol de outros instrumentos e a regulamentação daqueles já referidos pela Constituição. A plena eficácia das disposições constitucionais, no entanto, foi condicionada também à edição de leis municipais, especialmente a lei do plano diretor (arts. 182, §§1º e 4º).

O contexto é de vigência da lei geral (o Estatuto da Cidade) e das leis específicas que devem versar sobre a política urbana em cada cidade brasileira. Essas leis podem introduzir inovações nos instrumentos gerais de política urbana referidos pelo Estatuto da Cidade, para adaptá-los às circunstâncias de cada localidade,[1] mas tal não dispensa o estudo da lei geral, cujos instrumentos políticos e jurídicos serão aqui examinados.

2 A problemática da sistematização

Fernando Dias Menezes de Almeida
Karlin Olbertz Niebuhr

Cabe desde logo indicar que existem impropriedades na sistematização dos instrumentos trazida pelo art. 4º do Estatuto da Cidade. Primeiro, a expressão *instrumentos* é utilizada em sentido amplíssimo, abrangendo elementos muito diversos. Estão previstos desde o planejamento nacional de desenvolvimento econômico e social até conceitos jurídicos abstratos, como limitações administrativas; elementos de fato, como a gestão orçamentária participativa, até institutos jurídicos propriamente ditos, como a desapropriação; fala-se, inclusive, de ações, no campo material, como a instituição de zonas especiais de interesse social.

Além disso, os incisos do art. 4º ora enunciam os próprios instrumentos, ora enunciam classes de instrumentos. Pode-se, inclusive, questionar a pertinência dos instrumentos a determinadas classes. É o que ocorre com o orçamento anual, que figura no rol de instrumentos de planejamento municipal, quando poderia ser incluído na classe de "institutos tributários e financeiros".

Quanto aos "institutos jurídicos e políticos" do inc. V, previstos dentre os instrumentos em geral, é o caso de questionar se todos os demais instrumentos dos outros incisos também não seriam *jurídicos* e *políticos*. E de fato o são, na medida em que têm sede no ordenamento jurídico e traduzem decisão de política urbana.

Todavia, essas impropriedades na sistematização estabelecida pelo art. 4º não prejudicam o seu exame, nem inviabilizam a aplicabilidade da norma.

---

[1] Um instrumento relevante de política urbana foi concebido pelo plano diretor de 2002 de São Paulo (Lei Municipal nº 13.430/2002, arts. 198, XII, e 239). Trata-se da concessão urbanística, atualmente disciplinada pelos arts. 134, §5º, inc. II, e 144, do plano diretor vigente (Lei Municipal nº 16.050/2014). A concessão urbanística será objeto de estudo neste livro, em seção específica.

3 O rol do art. 4º, inc. V, do Estatuto

Fernando Dias Menezes de Almeida
Karlin Olbertz Niebuhr

Antes de examinar cada um dos instrumentos ditos jurídicos e políticos, é o caso de indicar que a racionalidade do rol estabelecido no art. 4º, inc. V, não se coaduna com as lições da doutrina consagrada.

Nesse sentido, a alínea *c* trata de *limitações administrativas*, que configuram um *gênero* em direito administrativo,[2] de que são espécies principais a desapropriação (alínea *a*), a servidão administrativa (alínea *b*) e o tombamento (alínea *d*). A esse gênero podem ainda ser referidos todos os instrumentos de polícia administrativa que limitem o uso, o gozo e a disposição da propriedade, tais como o parcelamento, a edificação e a utilização compulsórios (alínea *i*). Logo, e sob essa perspectiva, não há sentido em organizar os dispositivos do modo como foram organizados.

Outra questão envolve a alínea *h*, que trata da concessão de uso especial para fins de moradia, e a alínea *s*, que prevê o referendo popular e o plebiscito. Ocorreu que o Estatuto da Cidade trataria desses instrumentos nos arts. 15 a 20 e no art. 43, inc. V, mas tais dispositivos foram integralmente excluídos do texto original por veto presidencial.

De todos os institutos mencionados no inciso V, o Estatuto da Cidade trata especificamente dos seguintes: desapropriação (art. 8º), parcelamento, edificação ou utilização compulsórios (arts. 5º e 6º), usucapião especial de imóvel urbano (arts. 9º a 14), direito de superfície (arts. 21 a 24), direito de preempção (arts. 25 a 27), outorga onerosa do direito de construir e de alteração de uso (arts. 28 a 31), transferência do direito de construir (art. 35), e operações urbanas consorciadas (arts. 32 a 34).

Os demais institutos são disciplinados por legislação específica, conforme o caso, em cada nível da Federação.[3]

---

[2] Cf. SILVA, José Afonso da. *Direito urbanístico brasileiro*. 6. ed. São Paulo: Malheiros, 2010. p. 392 e ss.; MEDAUAR, Odete. *Direito administrativo moderno*. 19. ed. São Paulo: RT, 2015. p. 406-407.

[3] Lembre-se que a Lei nº 13.089/2015, que instituiu o Estatuto da Metrópole, previu no art. 9º, inc. V, a aplicação compartilhada dos instrumentos de política urbana do Estatuto da Cidade no desenvolvimento urbano integrado de regiões metropolitanas e aglomerações urbanas.

4 Parcelamento, edificação ou utilização compulsórios

Fernando Dias Menezes de Almeida
Karlin Olbertz Niebuhr

O art. 182 da Constituição prevê no §4º a faculdade de o poder público municipal exigir, mediante lei específica para área incluída no plano diretor, nos termos da Lei Federal, o adequado aproveitamento do solo urbano pelo seu proprietário, sob pena de parcelamento ou edificação compulsórios (inc. I).[4]

O Estatuto da Cidade é a lei federal contemplada pelo dispositivo, que definiu as regras gerais para o que chamou de parcelamento, edificação e utilização compulsórios (arts. 5º e 6º).[5]

4.1 A funcionalização da propriedade

Os instrumentos guardam direta relação com a definição constitucional da função social da propriedade urbana, que se concretiza quando a propriedade atende às exigências fundamentais de ordenação da cidade expressas no plano diretor (art. 182, §2º).

---

[4] "Art. 182. [...] §4º – É facultado ao Poder Público municipal, mediante lei específica para área incluída no plano diretor, exigir, nos termos da lei federal, do proprietário do solo urbano não edificado, subutilizado ou não utilizado, que promova seu adequado aproveitamento, sob pena, sucessivamente, de: I – parcelamento ou edificação compulsórios; [...]".

[5] "Art. 5º Lei municipal específica para área incluída no plano diretor poderá determinar o parcelamento, a edificação ou a utilização compulsórios do solo urbano não edificado, subutilizado ou não utilizado, devendo fixar as condições e os prazos para implementação da referida obrigação. §1º Considera-se subutilizado o imóvel: I – cujo aproveitamento seja inferior ao mínimo definido no plano diretor ou em legislação dele decorrente; II – (VETADO) §2º O proprietário será notificado pelo Poder Executivo municipal para o cumprimento da obrigação, devendo a notificação ser averbada no cartório de registro de imóveis. §3º A notificação far-se-á: I – por funcionário do órgão competente do Poder Público municipal, ao proprietário do imóvel ou, no caso de este ser pessoa jurídica, a quem tenha poderes de gerência geral ou administração; II – por edital quando frustrada, por três vezes, a tentativa de notificação na forma prevista pelo inciso I. §4º Os prazos a que se refere o caput não poderão ser inferiores a: I – um ano, a partir da notificação, para que seja protocolado o projeto no órgão municipal competente; II – dois anos, a partir da aprovação do projeto, para iniciar as obras do empreendimento. §5º Em empreendimentos de grande porte, em caráter excepcional, a lei municipal específica a que se refere o caput poderá prever a conclusão em etapas, assegurando-se que o projeto aprovado compreenda o empreendimento como um todo. Art. 6º A transmissão do imóvel, por ato inter vivos ou causa mortis, posterior à data da notificação, transfere as obrigações de parcelamento, edificação ou utilização previstas no art. 5º desta Lei, sem interrupção de quaisquer prazos".

A preocupação com a função social da propriedade não é nova no direito e vincula-se a uma concepção de funcionalização mais abrangente, que envolve outros institutos – a empresa e o contrato, nomeadamente. Funcionalizar a propriedade – ou a empresa, ou o contrato – é exigir que o seu titular exerça sobre ela poderes não apenas egoísticos, mas também vinculados à realização de fins de interesse social.[6] Nesse sentido, superou-se a concepção individualista de propriedade como direito absoluto, para dar lugar à concepção realista da propriedade como direito conformado e orientado por razões que transcendem o interesse do proprietário.[7]

Significa dizer que não cabe ao proprietário usar, gozar e dispor da sua propriedade de forma soberana. Os atos do proprietário só encontrarão proteção jurídica se estiverem orientados pelo cumprimento da função social da propriedade, que integra o próprio direito de propriedade.[8] O descumprimento da função social legitimará a intervenção do poder público, para obrigar o proprietário a conferir a destinação devida ao seu bem.[9]

No caso da propriedade urbana, essa destinação é aquela que lhe dá o plano diretor, conforme a redação do art. 182, §2º. Diferentemente do que fez para a propriedade rural, cujos requisitos de cumprimento da função social estão expressos na Constituição (art. 186), o Constituinte deixou a cargo de cada Município definir o conteúdo material da função social da propriedade urbana.

Mas, a Constituição oferece ao menos um aspecto material desse conceito, extraído da leitura combinada do §2º e do §4º do art. 182: trata-se de admitir que o solo urbano *não cumpre* sua função social quando

---

[6] JUSTEN FILHO, Marçal. *Curso de direito administrativo*. 11. ed. São Paulo: RT, 2015. p. 102.
[7] Duguit reconheceu que uma das transformações pelas quais passou o direito na virada do século XIX consistiu na superação de um sistema jurídico de "ordem metafísica e individualista", centrado em direitos subjetivos, por um sistema "realista e socializante", orientado por funções sociais. Duguit chega mesmo a afirmar que "a propriedade não é um direito; é uma função social". DUGUIT, Léon. *Las transformaciones del derecho (público y privado)*. Buenos Aires: Editorial Heliasta, 1975. p. 179. (Tradução livre).
[8] SILVA, José Afonso da. *Curso de direito constitucional positivo*. 37. ed. São Paulo: Malheiros, 2014. p. 234.
[9] "O proprietário, isto é, o possuidor de riqueza, tem, pelo fato de possuir esta riqueza, uma função social a cumprir; enquanto cumpre esta missão, seus atos de proprietário estão protegidos. Se não a cumpre ou cumpre mal, se por exemplo não cultiva sua terra ou deixa arruinar-se sua casa, a intervenção dos governantes é legítima para obrigar-lhe a cumprir sua função social de proprietário, que consiste em assegurar o emprego das riquezas que possui conforme o seu destino". DUGUIT, Léon. *Las transformaciones del derecho (público y privado)*. Buenos Aires: Editorial Heliasta, 1975. p. 179. (Tradução livre).

não utilizado, subutilizado ou *não edificado*. Não é por outra razão que os incisos do §4º estabelecem medidas impositivas ou sancionatórias para o proprietário que não promove o *adequado aproveitamento* da sua propriedade, vale dizer, que não edifica, subutiliza ou não utiliza o solo urbano, nos termos da legislação municipal.

4.2 A exigência de previsão legal

A constatação de propriedade urbana não utilizada, subutilizada ou não edificada poderá resultar na imposição, pelo poder público, de obrigações de parcelamento, edificação ou utilização compulsórios, nos termos do inc. I do §4º do art. 182 da Constituição, e do art. 5º do Estatuto da Cidade. Para tanto, será necessário que o plano diretor do Município preveja os parâmetros para o adequado aproveitamento de áreas determinadas, e preveja o cabimento dos instrumentos do parcelamento, da edificação e da utilização compulsórios para os lotes correspondentes.[10] Ainda, haverá necessidade de lei municipal específica que imponha aos proprietários a obrigação de promover o adequado aproveitamento dos seus lotes, segundo prazos e condições, e estabeleça as consequências jurídicas do descumprimento dessa obrigação. Tais consequências traduzem-se pelas medidas elencadas nos incisos do §4º do art. 182 da Constituição.

4.3 A natureza jurídica das medidas

O texto constitucional fala em obrigar ao adequado aproveitamento, "*sob pena* de parcelamento ou edificação compulsórios" (e de utilização compulsória, como acrescenta o Estatuto da Cidade).[11] A expressão "sob pena" permite indagar sobre a natureza jurídica das medidas de parcelamento, edificação ou utilização compulsórios. Parece tratar-se de obrigações impostas por lei, antes que de penas. Assim, parcelar, edificar ou utilizar configuram as condutas exigidas, cujo desatendimento será pressuposto para aplicação de sanções. Essa

---

[10] O art. 42 do Estatuto da Cidade prevê que "O plano diretor deverá conter, no mínimo: I – a delimitação das áreas urbanas onde poderá ser aplicado o parcelamento, edificação ou utilização compulsórios, considerando a existência de infraestrutura e de demanda para utilização, na forma do art. 5º desta Lei [...]".

[11] O acréscimo não pode ser reputado inconstitucional, na medida em que é coerente com a referência constitucional a solo não utilizado ou subutilizado, e também porque a utilização está contida na edificação, como será visto adiante.

é a conclusão que se retira da leitura da parte final do *caput* e do §2º do art. 5º, assim como do *caput* e do §6º do art. 8º, ambos do Estatuto.

4.4 O sujeito passivo da obrigação

O sujeito passivo das obrigações de parcelar, edificar ou utilizar é o proprietário do solo urbano, e somente ele, nos termos do art. 182, §4º, da Constituição. O Constituinte poderia ter estendido a obrigação a outros sujeitos relacionados, tais como o titular do domínio útil ou o possuidor. Como não o fez, ainda que o proprietário alugue, por exemplo, o imóvel em questão, continuará figurando como sujeito passivo da obrigação.

Em princípio, o proprietário sujeito às obrigações deverá ser uma pessoa de direito privado. Tal decorre da natureza das sanções definidas nos incs. II e III do §4º do art. 182 da Constituição.

O inc. II prevê IPTU progressivo no tempo, e não é dado ao Município instituir impostos sobre patrimônio público. O art. 150, inc. VI, alínea "a" da Constituição Federal veda a instituição de impostos por qualquer ente da federação sobre patrimônio, renda ou serviços uns dos outros. E o §2º do art. 150 estende essa vedação às autarquias e às fundações públicas.

O inc. III prevê a desapropriação com pagamento mediante títulos da dívida pública. O §2º do art. 2º da Lei de Desapropriação (Decreto-Lei nº 3.365/1941) admite que a União desaproprie bens dos demais entes federativos, e que Estados desapropriem bens dos Municípios. Não há autorização para que Municípios desapropriem bens dos demais entes federativos.[12] Ainda, nos termos do §3º do

---

[12] Existe entendimento no sentido de que o art. 2º, §2º, da Lei de Desapropriação, não foi recepcionado pela Constituição de 1988: "Essa diferenciação não é compatível com a Constituição de 1988, que determina que a federação importa igualdade entre todos os entes federativos (art. 19, III). Isso não significa a impossibilidade de entes federativos desapropriarem bens públicos alheios, mas tal possibilidade deverá ser reconhecida em igualdade de condições para todos os membros da Federação. Trata-se de hipótese excepcional, que exigirá a edição de leis autorizadoras de todos os entes envolvidos. Não é compatível com a Constituição afirmar que a União é superior ao Estado-membro e ao Município, do que se extrairia o cabimento de expropriar os bens deles. Cada ente federativo tem sua autonomia consagrada, e lhe é assegurado valer-se de seu patrimônio para cumprir os seus fins. Logo, não tem cabimento afirmar que a União pode desapropriar terrenos municipais para construir uma rodovia federal, mas que o Município não tem competência para desapropriar bens federais para construir uma rodovia municipal. Ambos são dotados de competência similar, assujeitada a severos requisitos destinados a evitar o comprometimento da autonomia federativa". JUSTEN FILHO, Marçal. *Curso de direito administrativo*. 11. ed. São Paulo: RT, 2015. p. 627.

referido art. 2º, a desapropriação de bens de instituições e empresas cujo funcionamento dependa de autorização do governo federal está condicionada à autorização da Presidência da República.

4.5 Solo urbano não edificado, subutilizado ou não utilizado

Tanto a Constituição quanto o Estatuto da Cidade fazem referência ao "solo urbano não edificado, subutilizado ou não utilizado", como causa da imposição de obrigação de parcelamento, edificação ou utilização compulsórios. Solo urbano é um espaço inserido no contexto da cidade, disciplinado pela legislação urbanística (e não meramente um espaço geográfico).

Cabe questionar o significado da expressão: "Solo urbano 'subutilizado ou não utilizado' é aposto de solo urbano 'não edificado'"? Nesse sentido, e segundo uma interpretação literal, o texto se refere a dois fatores: o solo urbano não edificado subutilizado e o solo urbano não edificado não utilizado? Ou o texto se refere a três fatores: o solo urbano não edificado, o solo urbano subutilizado e o solo urbano não utilizado?

A resposta demanda contextualização no Direito Urbanístico. À primeira vista poder-se-ia pensar em sinonímia para edificado e utilizado e, como consequência, seria o caso de admitir a procedência da primeira interpretação referida anteriormente. No entanto, as expressões relacionam-se a dois conceitos bem definidos do Direito Urbanístico, de índices que estabelecem medidas para utilização (o coeficiente de aproveitamento) e para edificação (a taxa de ocupação).

José Afonso da Silva esclarece que a taxa de ocupação "refere-se à superfície do terreno a ser ocupada com a construção", e que o coeficiente de aproveitamento "é a relação existente entre a área total da construção e a área de lote"[13] (definição acolhida pelo art. 28, §1º,

---

[13] "A *taxa de ocupação* e o *coeficiente de aproveitamento* (também denominados índice de ocupação e índice de utilização, respectivamente) são dois instrumentos básicos para definir uma distribuição equitativa e funcional de densidades (edilícia e populacional) compatíveis com a infra-estrutura e equipamentos de cada área considerada. Pelo primeiro desses índices urbanísticos estabelecem-se os limites de ocupação do terreno, isto é, define-se a área do terreno que será ocupada pela edificação. Equivale, pois, à superfície de terreno edificável. Pelo segundo define-se o grau de aproveitamento do terreno, isto é, fixa-se a quantidade de edificação, em metros quadrados, que pode ser construída na superfície edificável do terreno". SILVA, José Afonso da. *Direito urbanístico brasileiro*. 6. ed. São Paulo: Malheiros, 2010. p. 250-251.

do Estatuto da Cidade). Desse modo, solo não edificado é aquele não ocupado por nenhuma edificação, com taxa de ocupação igual a zero e, consequentemente, coeficiente de aproveitamento também zero; solo subutilizado é aquele edificado, mas abaixo do coeficiente de aproveitamento mínimo estabelecido pela legislação (conforme definição expressa do art. 5º, inc. I, do Estatuto da Cidade); e solo não utilizado é aquele com aproveitamento igual a zero.

É verdade que os conceitos de solo não edificado e de solo não utilizado resultam na mesma consequência prática – a ausência de aproveitamento do lote. Mas tal não significa dizer que se trata de expressões sinônimas. Os conceitos partem de pressupostos distintos, embora sejam redundantes.

Alguém poderia contrapor que, quando a norma fala em utilização, quer tratar de uso.[14] Todavia, se a palavra utilização for empregada no sentido de *uso*, que é a destinação do lote estabelecida pelo zoneamento (uso residencial, uso comercial, etc.), enfrenta-se o problema de admitir o subuso (a subutilização). Não parece adequado dizer que a instalação de uma indústria em área residencial configuraria subuso, mas mau uso. Da mesma forma, não há sentido em dizer que uma pequena indústria, situada em área industrial, configuraria a hipótese de subuso. O uso permanece sendo o industrial. Logo, a expressão "subutilizado" perde sentido se relacionada à ideia de uso do solo.

De todo modo, remanesce a questão sobre o uso do lote, uma vez que, para cumprimento da função social da propriedade urbana, de nada adianta a mera construção, que não se destine à prática de uso algum, ou à prática de uso ilegal. O legislador federal poderia ter solucionado o problema, quando estabeleceu que solo subutilizado também seria aquele "utilizado em desacordo com a legislação urbanística ou ambiental". Esta era a previsão do inc. II do art. 5º do Estatuto; no entanto, o dispositivo foi objeto de veto presidencial, sob o argumento da sua inconstitucionalidade,

---

[14] A orientação de que a norma trata de uso e não de utilização é dominante na literatura e no texto dos planos diretores – v.g. o art. 96, §3º, do Plano Diretor Estratégico de São Paulo (Lei Municipal nº 13.430/2002). Cf. MONTEIRO, Vera. Parcelamento, edificação ou utilização compulsórios da propriedade urbana. *In*: DALLARI, Adilson Abreu; FERRAZ, Sérgio (Coord.). *Estatuto da Cidade (Comentários à Lei Federal nº 10.257/2001)*. 4. ed. São Paulo: Malheiros, 2014. p. 96-98; CARVALHO FILHO, José dos Santos. *Comentários ao Estatuto da Cidade*. 5. ed. São Paulo: Atlas, 2013. p. 101-102; JUSTEN FILHO, Marçal. *Curso de direito administrativo*. 11. ed. São Paulo: RT, 2015. p. 619.

porquanto a Constituição penaliza somente o proprietário que subutiliza o seu imóvel de forma a não atender ao interesse social, não abrangendo aquele que a seu imóvel deu uso ilegal, o qual pode, ou não, estar sendo subutilizado. Vale lembrar que, em se tratando de restrição a direito fundamental – direito de propriedade –, não é admissível a ampliação legislativa para abarcar os indivíduos que não foram contemplados pela norma constitucional. (cf. as razões do veto).

Existe entendimento no sentido da ausência de fundamento constitucional para o veto.[15] Ocorre que o veto existe, e o art. 182, §4º, da Constituição Federal estabelece a aplicação das medidas de parcelamento ou edificação compulsórios "nos termos da lei federal". Logo, não havendo previsão na legislação federal (pois vetada) que discipline a obrigação de destinar o lote ao uso competente, não incidem as medidas constitucionais neste caso.[16] Da mesma forma, não cabe à legislação municipal determinar a aplicação dessas medidas sob a perspectiva do uso. O uso desconforme terá que ser combatido de outras maneiras, vale dizer, mediante imposição de outras sanções porventura previstas na legislação municipal.[17]

4.6 Parcelamento, edificação e utilização

Cabe então determinar o sentido das obrigações de *parcelamento*, *edificação* e *utilização*.

Parcelamento é a divisão do solo urbano de modo que cada parcela dessa divisão seja destinada ao cumprimento de uma função urbanística específica (habitar, circular, recrear, trabalhar).[18] As normas gerais

---

[15] Vera Monteiro refere-se a posicionamento de Márcio Cammarosano, manifestado em evento jurídico. MONTEIRO, Vera. Parcelamento, edificação ou utilização compulsórios da propriedade urbana. *In*: DALLARI, Adilson Abreu; FERRAZ, Sérgio (Coord.). *Estatuto da Cidade (Comentários à Lei Federal nº 10.257/2001)*. 4. ed. São Paulo: Malheiros, 2014. p. 102.

[16] Frise-se que o não uso e o mau uso mereceriam reprovação até mais intensa do que aquela destinada à não edificação, subutilização ou não utilização, pois o uso corresponde à eficácia última da obrigação de edificar e utilizar. Em outras palavras, a razão para edificar e utilizar é precisamente usar, a fim de que a propriedade efetivamente cumpra a sua função social. Todavia, não foi essa a opção do legislador.

[17] "[...] a previsão legal de desconformidade tanto pode preexistir como sobrevir ao exercício do uso. Se preexistir, a instalação do uso desconforme será intolerável, a qualquer título, por contravir lei existente disciplinadora da matéria, podendo a Prefeitura impor ao contrafator a cessão do uso indevido e ilegal, com a aplicação de sanções porventura previstas para a infração". SILVA, José Afonso da. *Direito urbanístico brasileiro*. 6. ed. São Paulo: Malheiros, 2010. p. 279.

[18] "*Parcelamento urbanístico do solo* é o processo de urbanificação de uma gleba, mediante sua divisão ou redivisão em parcelas destinadas ao exercício das funções elementares

sobre o instituto estão contidas na Lei nº 6.766/1979, que prevê duas modalidades de parcelamento: o loteamento e o desmembramento. O loteamento é definido pelo §1º do art. 2º da Lei, como sendo "a subdivisão de gleba em lotes destinados à edificação, com abertura de novas vias de circulação, de logradouros públicos ou prolongamento, modificação ou ampliação das vias existentes". O desmembramento consta do §2º do art. 2º, e é considerado "a subdivisão de gleba em lotes destinados à edificação, com aproveitamento do sistema viário existente, desde que não implique na abertura de novas vias e logradouros públicos, nem no prolongamento, modificação ou ampliação dos já existentes".

Edificação é tanto a atividade de edificar bem como a própria obra edificada, destinada ao cumprimento de uma função urbanística específica. Nesse sentido, edificação é uma espécie do gênero *construção*, que diz respeito, como atividade, ao "conjunto de operações empregadas na execução de um projeto" e, como obra, a "toda realização material e intencional do homem, visando a adaptar a natureza às suas conveniências".[19]

Utilização, como visto em linhas anteriores, é edificar de acordo com o coeficiente de aproveitamento estabelecido para o lote.

4.7 Procedimento

A obrigação de promover o adequado aproveitamento do solo urbano, pela via do parcelamento, da edificação e da utilização do solo, torna-se exigível com uma notificação expedida pelo poder público municipal, em cada caso concreto, ao proprietário do lote. É o que prevê o §2º do art. 5º do Estatuto.

A notificação deve mencionar as condições e os prazos para implementação da obrigação, bem como as sanções cabíveis ante o descumprimento, nos termos da lei municipal específica. Deve, ainda, ser averbada no cartório de registro de imóveis competente, conforme

---

urbanísticas. Importa mudança das dimensões ou confrontações dos imóveis para fins de urbanificação". SILVA, José Afonso da. *Direito urbanístico brasileiro*. 6. ed. São Paulo: Malheiros, 2010. p. 324.

[19] Os conceitos de edificação e construção são de Hely Lopes Meirelles (MEIRELLES, Hely Lopes. *Direito de construir*. 10. ed. atual. por Adilson Abreu Dallari, Daniela Libório Di Sarno, Luiz Guilherme da Costa Wagner Jr. e Mariana Novis. São Paulo: Malheiros, 2011. p. 411).

determina o art. 167, inc. II, item 18, da Lei nº 6.015/1973 (Lei de Registros Públicos), com a nova redação que lhe foi dada pelo art. 57 do Estatuto.

A notificação é um dever do agente público municipal (o Estatuto da Cidade fala em "funcionário do órgão competente do Poder Público municipal"), que decorre diretamente da lei. Não existe espaço para discricionariedade nesse ponto. O ato de notificar é vinculado. Constatada a existência de imóvel não edificado, subutilizado ou não utilizado, deve ser expedida a notificação, com efeitos imediatos, que independem da averbação. Figurando como um dever, o próprio poder público municipal deverá levar a notificação a registro. Não cabe extrair da norma um dever de o proprietário registrar a notificação, pois a norma nada prevê nesse sentido.

A notificação deixará de ser pessoal na hipótese de o agente público não conseguir localizar o proprietário, após três tentativas. A hipótese autorizará a notificação por edital, nos termos da legislação municipal específica.

O §4º do Estatuto da Cidade estabelece os prazos mínimos para cumprimento das obrigações de parcelar, edificar e utilizar. Para protocolo do projeto no órgão municipal competente, o prazo não poderá ser inferior a um ano, contado da data da notificação (inc. I). Para início das obras do empreendimento, o prazo não poderá ser inferior a dois anos, contados da data da aprovação do projeto (inc. II). O §5º alberga hipótese excepcional, admitindo que a lei municipal específica preveja a conclusão de empreendimentos de grande porte em etapas. Mas tal não afeta os prazos do §4º, que não tratam da conclusão da obra, mas do seu início.

O art. 6º do Estatuto trata da transmissão do imóvel, por ato *inter vivos* ou *causa mortis*. Diz que a transmissão, posterior à data da notificação, transfere as obrigações de parcelamento, edificação e utilização, sem interrupção de quaisquer prazos.

Com efeito, a averbação da notificação no registro de imóveis produzirá efeitos perante terceiros. A razão da exigência da averbação reside justamente em garantir que a transferência da titularidade do imóvel não frustre a finalidade da lei, o que ocorreria caso fosse necessário retomar o procedimento de notificação e a contagem dos prazos, a cada nova transferência.

É razoável supor que os efeitos perante terceiros sejam produzidos somente após a averbação. Mas o Estatuto da Cidade não optou por essa solução. Logo, e para assegurar os direitos do terceiro adquirente de boa-fé, que não teve conhecimento da notificação, caberá pleitear a anulação do ato de aquisição.

Uma última referência é necessária a propósito do consórcio imobiliário. O poder público municipal poderá facultar ao proprietário obrigado a parcelar, edificar ou utilizar seu imóvel o estabelecimento de consórcio imobiliário, para viabilizar financeiramente tais medidas. É o que dispõe o art. 46 do Estatuto, cujo §1º define:

> Considera-se consórcio imobiliário a forma de viabilização de planos de urbanização ou edificação por meio da qual o proprietário transfere ao Poder Público municipal seu imóvel e, após a realização das obras, recebe, como pagamento, unidades imobiliárias devidamente urbanizadas ou edificadas.

4.8 As sanções correspondentes

O descumprimento dos prazos estabelecidos no §5º do art. 5º do Estatuto autorizará a implementação da medida sancionatória disposta no inciso II do §4º do art. 182 da Constituição, vale dizer, o IPTU progressivo no tempo, disciplinado no art. 7º do Estatuto da Cidade.

A lei municipal específica que determinar as obrigações de parcelamento, edificação e utilização do solo urbano é que fixará as alíquotas do imposto, de forma anual e progressiva. A alíquota do ano seguinte não poderá exceder a duas vezes o valor da alíquota do ano anterior, devendo ser respeitada a alíquota máxima de quinze por cento (art. 7º, §1º).

Se mesmo com a imposição do IPTU progressivo no tempo o proprietário não cumprir sua obrigação de parcelar, edificar ou utilizar o imóvel, em cinco anos, competirá ao Município ou manter a cobrança na alíquota máxima ou deflagrar o procedimento de desapropriação sancionatória, prevista no inc. III do §4º do art. 182 e disciplinada no art. 8º do Estatuto, com pagamento parcelado mediante títulos da dívida pública.

Uma vez desapropriado o imóvel, caberá ao Município conferir-lhe o adequado aproveitamento, diretamente ou por meio de alienação ou concessão a terceiros, no prazo máximo de cinco anos contados da incorporação ao patrimônio público (art. 8º, §§4º e 5º, do Estatuto). Na hipótese de alienação a terceiros, ficará mantida para o adquirente a obrigação de aproveitamento, dispensada a notificação (que já estará averbada na matrícula do imóvel), mas com prazos reiniciados.

5 Concessão de direito real de uso

Fernando Dias Menezes de Almeida
Karlin Olbertz Niebuhr

A concessão de direito real de uso não recebeu regulamentação mais específica pelo Estatuto da Cidade, que apenas menciona o instrumento do rol do art. 2º, inc. V, retomando-o no §2º para admitir a concessão coletiva, e no art. 48, para introduzir regra versando sobre sua utilização em determinados programas e projetos habitacionais de interesse social.

O Código Civil relaciona a figura dentre os direitos reais do art. 1.225 (inc. XII, incluído pela Lei nº 11.481/2007), mas também não minudencia seu regime. A regulamentação da concessão de direito real de uso, para terrenos públicos e privados, é objeto do Decreto-Lei nº 271/1967, que no art. 2º, *caput*, com redação dada pela Lei nº 11.481/2007, estabelece:

> É instituída a concessão de uso de terrenos públicos ou particulares remunerada ou gratuita, por tempo certo ou indeterminado, como direito real resolúvel, para fins específicos de regularização fundiária de interesse social, urbanização, industrialização, edificação, cultivo da terra, aproveitamento sustentável das várzeas, preservação das comunidades tradicionais e seus meios de subsistência ou outras modalidades de interesse social em áreas urbanas.

José Afonso da Silva leciona que "a concessão de direito real de uso assemelha-se ao direito de superfície",[20] com a diferença de que, na concessão, não é somente a superfície que se concede, mas o direito real de uso da propriedade.

Celso Antônio Bandeira de Mello acrescenta duas outras diferenças: a primeira consistente no caráter "conaturalmente resolúvel" da concessão de direito real de uso, previsto no art. 7º, §3º, do Decreto-Lei nº 271/1967[21] (muito embora seja possível admitir o mesmo para o direito de superfície, nos termos que serão oportunamente expostos); a segunda, derivada de que a concessão de direito real de uso "não tem

---

[20] SILVA, José Afonso da. *Direito urbanístico brasileiro*. 6. ed. São Paulo: Malheiros, 2010. p. 406-407.

[21] "Art. 7º. [...] §3º Resolve-se a concessão antes de seu termo, desde que o concessionário dê ao imóvel destinação diversa da estabelecida no contrato ou termo, ou descumpra cláusula resolutória do ajuste, perdendo, neste caso, as benfeitorias de qualquer natureza".

seu âmbito de aplicação circunscrito ao nível do solo", uma vez que o art. 8º do Decreto-lei admite a concessão de uso de espaço aéreo.[22]

Maria Sylvia Zanella Di Pietro aponta a "grande semelhança entre o direito de superfície e a concessão de direito real de uso", distinguindo-os, no entanto, em vista da bifurcação de domínio no direito de superfície, em que o superficiário adquiriria direito de propriedade autônomo (pressuposto com o qual se discorda, tal como será referido adiante), e também por reconhecer-lhes finalidades diferentes (a concessão de direito real de uso está vinculada aos fins de interesse público previstos no Decreto-Lei nº 271/1967, o que não ocorre com o direito de superfície, cujos fins podem ser eminentemente privados).[23]

Tratando de terrenos públicos, cabe perscrutar a diferença entre a concessão de uso e a concessão de direito real de uso. Floriano de Azevedo Marques Neto aponta duas peculiaridades da concessão de direito real de uso, vale dizer, o seu caráter real e o tratamento específico que lhe é dado pela legislação federal.[24] Por se tratar de concessão de *direito real* de uso, os direitos atribuídos ao concessionário são mais amplos que aqueles conferidos ao concessionário de uso.[25] Nesse sentido, o concessionário de direito real de uso poderá transferir a concessão a terceiros, por ato *inter vivos* ou *causa mortis*, salvo previsão contratual em sentido contrário (art. 7º, §4º). Ainda, a legislação federal predica o uso da concessão de direito real de uso para finalidades específicas (art. 7º, *caput*, do Decreto-Lei nº 271/1967) – no caso da política urbana, especialmente para moradia popular e regularização fundiária de interesse social, conforme o art. 48 do Estatuto da Cidade.[26]

Segundo o art. 7º, §1º, a concessão de direito real de uso "poderá ser contratada, por instrumento público ou particular, ou por simples termo administrativo, e será inscrita e cancelada em livro

---

[22] BANDEIRA DE MELLO, Celso Antônio. *Curso de direito administrativo*. 32. ed. São Paulo: Malheiros, 2015. p. 956.

[23] DI PIETRO, Maria Sylvia Zanella. Direito de superfície (arts. 21 a 24). In: DALLARI, Adilson Abreu; FERRAZ, Sérgio (Coord.). *Estatuto da Cidade (Comentários à Lei Federal nº 10.257/2001)*. 4. ed. São Paulo: Malheiros, 2014. p. 189-190. Com efeito, a vinculação aos fins específicos de interesse social é que permite enquadrar a concessão de direito real de uso (tal como a concessão de uso especial para fins de moradia) nos módulos convencionais de concessão. Sobre o tema, cf. ALMEIDA, Fernando Dias Menezes de. *Contrato administrativo*. São Paulo: Quartier Latin, 2012. p. 274-275.

[24] MARQUES NETO, Floriano de Azevedo. *Concessões*. Belo Horizonte: Fórum, 2015. p. 274.

[25] MARQUES NETO, Floriano de Azevedo. *Concessões*. Belo Horizonte: Fórum, 2015. p. 276-277.

[26] Existe, ainda, previsão da concessão de direito real de uso para fins de regularização fundiária na Amazônia Legal, nos termos da Lei nº 11.952/2009.

especial". Logo, tem caráter contratual ("poderá ser contratada"), mesmo quando firmada por simples termo administrativo. O caráter contratual harmoniza-se com a característica de concessão de direito real resolúvel, o que significa, na lição de Floriano de Azevedo Marques Neto, "uma concessão que delega direitos reais e que está vinculada a uma finalidade específica, constituída em condição resolutiva".[27] Como dito, a condição resolutiva figura no §3º do referido art. 7º, e traduz-se pela destinação do imóvel a finalidade diversa daquela estabelecida no contrato, ou pelo descumprimento de cláusula resolutória do ajuste (perdendo-se, neste caso, as benfeitorias de qualquer natureza).

Quanto ao objeto do direito real concedido, pode-se falar tanto em terrenos (sem edificação) públicos e privados, na dicção do art. 7º, caput, do Decreto-Lei nº 271/1967, quanto em imóveis públicos (edificados), no caso da realização de política urbana, como refere o art. 48 do Estatuto da Cidade.

Cabe ao concessionário responder por todos os encargos civis, administrativos e tributários incidentes sobre o imóvel e suas rendas (art. 7º, §2º, do Decreto-Lei nº 271/1967).

O Estatuto da Cidade facilitou o uso do instrumento em programas e projetos habitacionais de interesse social quando estabeleceu a sua contratação coletiva (art. 2º, §2º), assegurou o caráter de escritura pública dos contratos de concessão e constituiu-os como títulos de aceitação obrigatória em garantia de contratos de financiamento habitacionais (art. 48, incs. I e II).

6 Concessão de uso especial para fins de moradia

Fernando Dias Menezes de Almeida
Karlin Olbertz Niebuhr

A concessão de uso especial para fins de moradia, prevista no art. 2º, inc. V, alínea *h* do Estatuto da Cidade, é regulamentada pela Medida Provisória nº 2.220/2001. Os dispositivos pertinentes à sua regulamentação no Estatuto da Cidade receberam veto presidencial, o que conduziu à regulamentação pela referida MP. Por força do art. 2º da Emenda Constitucional nº 32/2001, as medidas provisórias publicadas anteriormente à publicação da EC continuam em vigor, até que haja

---

[27] MARQUES NETO, Floriano de Azevedo. *Concessões*. Belo Horizonte: Fórum, 2015. p. 274-275.

sua revogação explícita ou até que sejam objeto de deliberação pelo Congresso Nacional.

Em razão do transcurso do tempo na posse (cinco anos de posse mansa e ininterrupta), e desde que esse tempo tenha se completado até 30 de junho de 2001, assegura-se o direito de uso ao possuidor de até duzentos e cinquenta metros quadrados de imóvel público situado em área urbana, como direito de caráter real, porém condicionado à finalidade de moradia própria ou da família, e desde que o possuidor não seja proprietário ou concessionário de uso de outro imóvel (art. 1º da Medida Provisória nº 2.220/2001).

Nas hipóteses de imóveis com mais de duzentos e cinquenta metros quadrados ocupados por população de baixa renda para sua moradia, e não sendo possível identificar os terrenos ocupados por cada possuidor, desde que atendidos os mesmos requisitos, até 30 de junho de 2001, assegurada a soma do tempo de posse do antecessor e do atual possuidor (art. 2º, §1º, da Medida Provisória nº 2.220/2001), caberá concessão de uso especial para fins de moradia, que poderá ser contratada coletivamente (art. 2º, *caput*). No caso, haverá cotitularidade do imóvel, cabendo a cada concessionário uma fração ideal sobre o direito de uso, igualmente ou com medidas diferenciadas, se tal for previsto em acordo escrito entre os possuidores. De uma forma ou de outra, a fração ideal não poderá exceder a duzentos e cinquenta metros quadrados (art. 2º, §§2º e 3º).

Ao referir-se apenas a situações já configuradas no passado (até 30 de junho de 2001), a Medida Provisória configura ato administrativo em sentido material, autorizativo da outorga da concessão de uso especial para fins de moradia em todos os casos concretos havidos até a data indicada. Não há, portanto, sujeição da Administração, tal como ocorreria numa situação de usucapião. Nem caberia a hipótese, uma vez que está vedada a usucapião de bens públicos. Essa é justamente a razão que se extrai para o art. 183, §1º, da Constituição, ter feito referências distintas à usucapião urbana (para aquisição do domínio de *imóveis privados*) e à "concessão de uso" para *imóveis públicos*.

Mas, a redação constitucional é objeto de crítica.[28] O §1º do art. 183 teria sido melhor posicionado no art. 182. O art. 183 refere-se, exclusivamente, à usucapião, pois o *caput* trata de aquisição de domínio,

---

[28] Confira-se, por exemplo: DI PIETRO, Maria Sylvia Zanella. Comentários... *In*: DALLARI, Adilson Abreu; FERRAZ, Sérgio (Coord.). *Estatuto da Cidade (Comentários à Lei Federal nº 10.257/2001)*. 4. ed. São Paulo: Malheiros, 2014. p. 160-165.

o que não ocorre com a concessão de uso. Como decorrência, a concessão de uso especial para fins de moradia não é figura criada pela Constituição, que não oferece elementos suficientes para sua configuração. No mesmo sentido, os requisitos para a concessão não são aqueles constantes do *caput* do art. 183 da Constituição, mas sim, os requisitos dos arts. 1º e 2º da Medida Provisória.

Logo, o direito à concessão decorre de ato formalmente legislativo, porém individual e concreto, que apresenta o mesmo efeito de um consentimento estatal caso a caso. Esse consentimento materialmente administrativo leva à consideração da natureza convencional do instituto, praticado em caráter vinculado pela Administração federal. Nesse sentido e pela ausência de sede constitucional – vale dizer, por ter sido o instituto criado por norma federal – não pode haver extensão da disciplina da Medida Provisória nº 2.220/2001 a bens públicos estaduais, distritais ou municipais, a não ser que haja manifestação favorável no âmbito da autonomia de cada ente.[29]

7 Direito de superfície

Fernando Dias Menezes de Almeida
Karlin Olbertz Niebuhr

O direito de superfície é um direito real sobre coisa alheia (art. 1.225, inc. II, e arts. 1.369 e ss. do Código Civil), que o Estatuto da Cidade arrolou como instrumento de política urbana. Traduz um mecanismo de limitação do caráter exclusivo do direito de propriedade, a partir da concessão, pelo proprietário a outrem, do direito de usar e fruir da *superfície* de um terreno, temporariamente.[30] A superfície significa

---

[29] "Se os requisitos constitucionais para a concessão de uso de bens públicos não são os mesmos estabelecidos para o usucapião de bens particulares, cabe ao legislador definir as hipóteses e condições para sua outorga. [...] não se pode esquecer que o dispositivo em questão envolve a utilização de bens públicos, a respeito dos quais cada ente da Federação tem competência própria para legislar privativamente". DI PIETRO, Maria Sylvia Zanella. Comentários... In: DALLARI, Adilson Abreu; FERRAZ, Sérgio (Coord.). *Estatuto da Cidade (Comentários à Lei Federal nº 10.257/2001)*. 4. ed. São Paulo: Malheiros, 2014. p. 163.

[30] "No Código Civil há uma previsão da concessão por tempo determinado, diferentemente do descrito no Estatuto da Cidade, pela qual o tempo pode ser determinado ou indeterminado. Não se confunde o prazo determinado com a perpetuidade". FACHIN, Luiz Edson. Apontamentos de atualização sobre recentes direitos reais no elenco da Codificação Civil. In: GOMES, Orlando. *Direitos reais*. 21. ed. rev. e atual. por Luiz Edson Fachin. Rio de Janeiro: Forense, 2012. p. 423. Com efeito, mesmo se tratando de prazo indeterminado, admite-se a ruptura do vínculo jurídico em defesa do proprietário.

tudo o que está ou será edificado sobre o terreno, e o objeto do direito de superfície se constituirá na edificação ou na plantação sobre o terreno.

O instituto comporta tratamento pelo direito urbanístico e pelo direito civil. No caso do direito urbanístico, o direito de superfície tem por objeto o *terreno urbano*, e abrange "o direito de utilizar o solo, o subsolo ou o espaço aéreo relativo ao terreno, na forma estabelecida no contrato respectivo, atendida a legislação urbanística" (art. 21, §1º, do Estatuto da Cidade). Orienta-se, portanto, pelo adequado aproveitamento dos lotes urbanos, no sentido impingido pela função social da propriedade urbana.

Segundo parte da doutrina, o direito de superfície figura como direito real autônomo que, uma vez concedido, implica a *propriedade* pelo superficiário da construção ou da plantação, enquanto o terreno continua a pertencer ao proprietário.[31] Haveria, desse modo, uma restrição à regra da acessão imobiliária, segundo a qual a coisa acessória segue o destino da coisa principal, e os acréscimos a que se submete a coisa configuram propriedade do detentor da coisa.

Todavia, nada há no regime legal do direito de superfície que permita inferir a propriedade da superfície pelo superficiário, e o consequente afastamento da regra da acessão imobiliária. Pelo contrário, há elementos que reforçam a tese de que o superficiário não é proprietário, tal como o art. 24, *caput*, do Estatuto da Cidade, que estabelece:

> Extinto o direito de superfície, o proprietário recuperará o pleno domínio do terreno, bem como das acessões e benfeitorias introduzidas no imóvel, independentemente de indenização, se as partes não houverem estipulado o contrário no respectivo contrato; e o art. 1.375 do Código Civil, que prevê: extinta a concessão, o proprietário passará a ter a propriedade plena sobre o terreno, construção ou plantação, independentemente de indenização, se as partes não houverem estipulado o contrário.

Como o Estatuto da Cidade não previu nenhum instrumento de denúncia unilateral pelo proprietário, é o caso estabelecer mecanismos contratuais.

[31] Cf. FACHIN, Luiz Edson. Apontamentos de atualização sobre recentes direitos reais no elenco da Codificação Civil. *In*: GOMES, Orlando. Direitos reais. 21. ed. rev. e atual. por Luiz Edson Fachin. Rio de Janeiro: Forense, 2012. p. 425; RODRIGUES, Silvio. Direito civil: direito das coisas. 28. ed. São Paulo: Saraiva, 2003. v. 5, p. 275; DI PIETRO, Maria Sylvia Zanella. Direito de superfície (arts. 21 a 24). *In*: DALLARI, Adilson Abreu; FERRAZ, Sérgio (Coord.). *Estatuto da Cidade (Comentários à Lei Federal nº 10.257/2001)*. 4. ed. São Paulo: Malheiros, 2014. p. 187-188.

Significa dizer que a edificação ou a plantação, bem como as demais acessões ou benfeitorias introduzidas no terreno integrarão o domínio do proprietário, quando extinto o direito de superfície. Em outras palavras, na vigência da concessão do direito de superfície, o proprietário continua sendo proprietário do terreno, titular do *domínio direto* (ou da própria substância da propriedade), embora tenha concedido o *domínio útil* (a fruição das utilidades da propriedade) ao superficiário, temporariamente; mas, extinto do direito de superfície, o domínio direto *integra-se* pelo domínio útil, tornando-*se domínio pleno* do terreno. Os dispositivos transcritos estabelecem que tal se fará independentemente de indenização, a não ser que o contrato tenha previsto o contrário.

7.1 A posição jurídica do proprietário

Quem pode conceder o direito de superfície é exclusivamente o proprietário do terreno, no exercício da sua autonomia privada ou, se se tratar de bem público, o titular do bem, no exercício das suas funções públicas. Frise-se que nada impede o poder público de valer-se da concessão do direito de superfície de terrenos públicos, na medida em se tratará de cessão temporária do domínio útil, e não de alienação da propriedade do bem.[32]

O poder público não pode exigir que o proprietário conceda a superfície ou deixe de concedê-la.

7.2 O contrato

O contrato pelo qual as partes estabelecem o direito de superfície se perfaz por escritura pública, levada a registro no cartório de registro de imóveis. O contrato versará sobre o uso do solo, do subsolo e do espaço aéreo relativo ao terreno. O §1º do art. 21 do Estatuto da Cidade fala em "direito de utilizar" o solo, subsolo e espaço aéreo, o que deve ser entendido amplamente, não apenas no sentido de edificar conforme o coeficiente de aproveitamento, mas de usar e fruir, que são as faculdades próprias do direito de superfície. O parágrafo único do

---

[32] Lembre-se que, no âmbito do direito público, já eram praticadas as enfiteuses, para conferência a terceiros dos poderes inerentes ao domínio de um imóvel (domínio útil), mantendo-se com o proprietário a titularidade do domínio direto.

art. 1.369 obstaculiza a construção em subsolo, a não ser que tal seja inerente ao objeto da concessão.

A concessão do direito de superfície poderá ser gratuita ou onerosa (art. 21, §2º, do Estatuto, e art. 1.370 do Código Civil). O silêncio das partes deve ser entendido como opção pela concessão gratuita, uma vez que a concessão onerosa demandará previsão quanto ao valor devido, o modo de pagamento, a periodicidade e os eventuais critérios de reajuste.

O contrato poderá dispor sobre a possibilidade de transferência do direito de superfície a terceiros (art. 21, §4º, do Estatuto, e art. 1.372 do Código Civil), mas o proprietário não poderá estipular, a nenhum título, qualquer pagamento pela transferência (art. 1.372, parágrafo único, do Código Civil). Além disso, a transferência deverá respeitar o direito de preferência do proprietário, assim como, na hipótese de alienação do terreno, deverá ser respeitado o direito de preferência do superficiário (art. 22 do Estatuto e art. 1.373 do Código Civil), em igualdade de condições.

Nem o Código Civil nem o Estatuto da Cidade trazem regras que precisem o exercício do direito de preferência. Ambos se referem à preferência nas alienações, que podem ou não ser onerosas. Parece que não cabe exercitar o direito de preferência na hipótese de alienação não onerosa (ou mesmo troca por bem fungível), pois incompatível com o instituto; não existiria, nesses casos, opção a exercitar.

Cabe esclarecer que a transferência da superfície configura alienação, e não importa uma espécie de "subsuperfície", em analogia à sublocação e à subconcessão. A legislação não alberga essa figura, nem parece que algo assim seja compatível com a natureza e a finalidade do direito de superfície. Lembre-se que o direito de superfície serve para viabilizar o adequado aproveitamento dos terrenos urbanos, notadamente para edificação, e não como atividade econômica ou fonte permanente de renda. Talvez por isso, o legislador também não tenha admitido a estipulação, pelo proprietário, de preço pela transferência do direito de superfície, tal como referido anteriormente.

A pessoa a quem foi transferido o direito de superfície sub-roga-se na relação jurídica em curso, devendo observar os termos em que foi pactuada. Os herdeiros irão sub-rogar-se na relação jurídica, caso a transferência resulte da morte do superficiário (art. 21, §5º, do Estatuto, e art. 1.372 do Código Civil).

O contrato também poderá dispor sobre a responsabilidade pelos encargos e tributos incidentes sobre a superfície e sobre a propriedade.

Se tal não ocorrer, o superficiário responderá integralmente pelos tributos e encargos que incidirem sobre a superfície, e proporcionalmente à sua parcela de ocupação do terreno pelos encargos e tributos incidentes sobre a propriedade (art. 21, §3º, do Estatuto).

7.3 Extinção do direito de superfície

O direito de superfície concedido por prazo determinado extingue-se naturalmente pelo advento do termo final do contrato (art. 23, inc. I, do Estatuto). Mas também cabe falar em extinção anormal do direito de superfície, decorrente do descumprimento das obrigações contratuais assumidas pelo superficiário (art. 23, inc. II, do Estatuto). O art. 24, §1º, do Estatuto da Cidade, e o art. 1.374, do Código Civil, enunciam uma hipótese de descumprimento, que é dar ao terreno destinação diversa daquela para a qual foi concedido.

Alguma dificuldade pode resultar da concessão do direito de superfície por prazo indeterminado, no que tange à sua extinção. Será o caso de o contrato estipular as regras de extinção nessa hipótese. Uma alternativa será a analogia com o comodato. O art. 581 do Código Civil estabelece que, se o comodato for pactuado sem prazo determinado, "presumir-se-lhe-á o necessário para o uso concedido".

A deterioração ou a perda da coisa dada em superfície não é causa de extinção do direito de superfície, salvo previsão contratual em sentido diverso. Tal decorre de que é da natureza do direito de superfície a edificação, podendo o superficiário reconstruir o bem.

A desapropriação acarreta a extinção do direito de superfície, nos termos do art. 1.376 do Código Civil. O pagamento da indenização caberá ao proprietário e ao superficiário, no valor correspondente ao direito real de cada um.

Como dito, a extinção do direito de superfície importa a recuperação, pelo proprietário, do domínio pleno do imóvel, inclusive com acessões e benfeitorias, que serão indenizadas apenas se houver previsão contratual.

A extinção deverá ser averbada no cartório de registro de imóveis (art. 24, §2º, do Estatuto, e art. 167, inc. II, item 20, da Lei de Registros Públicos, com redação que lhe foi conferida pelo art. 57 do Estatuto).

8 Limitações administrativas

Karlin Olbertz Niebuhr

A Administração Pública, no exercício do poder de polícia, restringe a autonomia privada para dar conformação ao direito fundamental à propriedade.[33] Nesse contexto, produz atos administrativos que impõem limites de diversa ordem às faculdades de uso, gozo e disposição da propriedade, para adequá-las às exigências da política urbana.

O tema é amplamente examinado no âmbito do direito administrativo, sob os títulos de "poder de polícia da propriedade", "restrições à propriedade", "limitações à propriedade", "intervenção do Estado na propriedade". Opta-se por fazer referência a limitações, como gênero correspondente a toda conformação, geral ou local, imposta às faculdades de usar, gozar e dispor da propriedade[34] – ou, para o direito urbanístico, "todas as imposições do Poder Público destinadas a organizar os espaços habitáveis".[35]

As limitações figuram como instrumentos de política urbana (art. 4º, inc. V, alínea c, do Estatuto da Cidade) e nesse âmbito poderão constituir desde um dever de abstenção ou de suportar (não desrespeitar o recuo, não explorar atividade incompatível com a destinação da área, permitir a passagem por servidão) até medidas com dever de ação, tais como o tombamento, o parcelamento, a edificação e a utilização compulsórios.

---

[33] Para uma referência das limitações administrativas como espécie do gênero dos limites dos direitos fundamentais, confira-se: ARAGÃO, Alexandre Santos de. Limitações administrativas e a sua excepcional indenizabilidade. In: MEDAUAR, Odete; SCHIRATO, Vitor Rhein. *Poder de polícia na atualidade*: anuário do Centro de Estudos de Direito Administrativo, Ambiental e Urbanístico – CEDAU do ano de 2011. Belo Horizonte: Fórum, 2014. p. 109-129. Note-se, contudo, que o autor não compartilha da definição de limitações aqui pressuposta, que engloba o que chama de "restrições" – mais especificamente, a desapropriação e a servidão.

[34] Cf. SILVA, José Afonso da. *Direito urbanístico brasileiro*. 6. ed. São Paulo: Malheiros, 2010. p. 392 e ss.; MEDAUAR, Odete. *Direito administrativo moderno*. 19. ed. São Paulo: RT, 2015. p. 406-407.

[35] Esse é o conceito de Hely Lopes Meirelles para limitações urbanísticas. Note-se, todavia, que o autor diferenciava as limitações das restrições, da servidão e da desapropriação. O elemento distintivo residiria na generalidade e gratuidade das limitações. Cf. MEIRELLES, Hely Lopes. *Direito de construir*. 10. ed. atual. por Adilson Abreu Dallari, Daniela Libório Di Sarno, Luiz Guilherme da Costa Wagner Jr. e Mariana Novis. São Paulo: Malheiros, 2011. p. 89-91 e 107.

A abrangência das limitações poderá ser geral ou local. Quando geral, alcançará todos os bens que se enquadrem numa determinada categoria, previamente estabelecida. Assim, por exemplo, todos os imóveis localizados em determinada zona da cidade devem ter por finalidade o uso habitacional ou o uso institucional, tal como disciplina o regulamento do zoneamento. Nesse caso, o ato de limitação administrativa não individualiza um imóvel, pois a limitação aplica-se a todos os imóveis daquela região. Mas a limitação também poderá ser localizada ou individual. É o caso da desapropriação e da servidão.

Quando a limitação atingir a propriedade de maneira tão intensa a ponto de desnaturá-la, o proprietário terá direito à indenização correspondente.[36]

No art. 4º, inc. V, alíneas a, b e d, o Estatuto da Cidade arrola três instrumentos específicos de limitação administrativa, que são a desapropriação, a servidão e o tombamento de imóveis ou de mobiliário urbano.

9 Desapropriação

Karlin Olbertz Niebuhr

A desapropriação é um instituto clássico de direito administrativo e consiste na incorporação de um bem no domínio público[37] ou no domínio de delegados do poder público,[38] mediante extinção do vínculo com o proprietário anterior e o pagamento de indenização.[39]

---

[36] Reitere-se que existem entendimentos diversos quanto ao tema. Assim, para parte da doutrina, as limitações são gerais e gratuitas e se opõem às restrições e à desapropriação, que seriam as medidas indenizáveis, por atingirem o núcleo fundamental do direito de propriedade. Nesse sentido, confira-se JUSTEN FILHO, Marçal. *Curso de direito administrativo*. 11. ed. São Paulo: RT, 2015. p. 603.

[37] Bens públicos também poderão ser desapropriados, quando se verificar a necessidade de incorporá-los no domínio público de ente da Federação distinto, após autorização legislativa. A hipótese é referida pelo art. 2º, §2º, do Decreto-Lei nº 3.365/1941. Existe entendimento no sentido de que esse dispositivo não foi recepcionado pela Constituição de 1988, no ponto em que vedou a desapropriação de bens públicos de outros entes federativos efetivada por Município.

[38] Essa é a previsão do art. 3º do Decreto-Lei nº 3.365/1941: "Os concessionários de serviços públicos e os estabelecimentos de caráter público ou que exerçam funções delegadas de poder público poderão promover desapropriações mediante autorização expressa, constante de lei ou contrato".

[39] Em respeito ao direito fundamental à propriedade privada, toda desapropriação se faz com o pagamento de indenização, que substitui á o bem no domínio do expropriado. A incorporação de bem no domínio público, sem indenização, configura confisco. A única hipótese de confisco admitida pela Constituição é a do art. 243, que versa sobre propriedades onde forem localizadas culturas ilegais de plantas psicotrópicas, além de quaisquer

A incorporação do bem se faz por ato unilateral, não dependendo da concordância do proprietário anterior. Mas é imprescindível a instauração de um procedimento prévio, em que deve ser identificado o motivo determinante da desapropriação (utilidade pública ou interesse social, como será referido a seguir), apurado o valor da indenização devida e verificada a disponibilidade de recursos orçamentários para a sua efetivação.[40]

A disciplina da desapropriação tem fundamento constitucional. O art. 5º, inc. XXIV, assegura entre as garantias fundamentais individuais que "a lei estabelecerá o procedimento para desapropriação por necessidade ou utilidade pública, ou por interesse social, mediante justa e prévia indenização em dinheiro, ressalvados os casos previstos nesta Constituição". No âmbito da política urbana, o art. 182, §3º, acrescenta que "as desapropriações de imóveis urbanos serão feitas com prévia e justa indenização em dinheiro".

Portanto, tal como estabelecido pela Constituição, a razão para a desapropriação reside ou na necessidade ou utilidade pública, ou *no* interesse social. A legislação disciplina as figuras daí decorrentes.[41]
"II.1. A desapropriação por necessidade ou utilidade pública".

O Decreto-Lei nº 3.365/1941 é a lei de desapropriação por necessidade ou utilidade pública. O diploma não utiliza a expressão "necessidade pública", que pode ser reputada como abrangida pela expressão "utilidade pública".[42] O Decreto-lei ainda disciplina, supletivamente, a desapropriação por interesse social da Lei nº 4.132/1962 (a seguir referida).

---

bens de valor econômico apreendidos em decorrência do tráfico ilícito de entorpecentes e drogas afins, bem como propriedades onde se verifique a exploração de trabalho escravo.

[40] Sobre o procedimento expropriatório e a necessidade de assegurar o devido processo legal, com as garantias a ele inerentes, em vista do sujeito expropriado, confiram-se EIRAS, Guilherme A. Vezaro. O instituto da desapropriação e a necessidade de realização de processo administrativo prévio e regular. *Revista de Direito Administrativo Contemporâneo – ReDAC*, n. 0, p. 67-86, mai./jun. 2013; e REISDORFER, Guilherme Fredherico Dias. Desapropriação e devido processo legal. *Interesse Público*, n. 61, p. 83-107, mai./jun. 2010.

[41] O tema da desapropriação demanda uma indispensável referência à desapropriação indireta. Trata-se de uma construção jurisprudencial, fundada no art. 35 do Decreto-Lei nº 3.365/1941, que alberga o apossamento fático (sem cumprimento das exigências constitucionais e legais) pelo poder público de um bem privado. Em vista da Constituição Federal, a solução deve ser repudiada. Nesse sentido, confira-se JUSTEN FILHO, Marçal. *Curso de direito administrativo*. 11. ed. São Paulo: RT, 2015. p. 657.

[42] "Inicialmente, o Código Civil de 1916 relacionava os casos de *necessidade pública* e os de *utilidade pública*, mas essa relação foi absorvida pelo elenco mais completo do art. 5º do Decreto-Lei nº 3.365/1941, sob a denominação única e genérica de *utilidade pública* [...]" MEIRELLES, Hely Lopes. *Direito de construir*. 10. ed. atual. por Adilson Abreu Dallari, Daniela Libório Di Sarno, Luiz Guilherme da Costa Wagner Jr. e Mariana Novis. São Paulo: Malheiros, 2011. p. 194-195.

Os casos de utilidade pública encontram-se relacionados no art. 5º. Manifestam especial relevância para a política urbana as hipóteses referidas pelas alíneas e, i, j e k (criação e melhoramento de centros de população; abertura, conservação e melhoramento de vias ou logradouros públicos, execução de planos de urbanização, parcelamento do solo, construção ou ampliação de distritos industriais; funcionamento dos meios de transporte coletivo; preservação e conservação dos monumentos históricos e artísticos e proteção de paisagens e locais naturais).

No caso da desapropriação por utilidade pública, o procedimento prévio encerra-se com a declaração de utilidade pública do bem (art. 2º do Decreto-Lei nº 3.365/1941). A partir dessa declaração, a Administração Pública dará início à fase de desapropriação propriamente dita, com a instauração de processo administrativo e a convocação do particular para manifestação.[43] Se o particular concordar com o valor apurado para a indenização, produz-se a "desapropriação amigável". Do contrário, a Administração ingressará com ação de desapropriação e far-se-á a desapropriação judicial. O processo é disciplinado pelo Decreto-Lei nº 3.365/1941. Eventuais lacunas serão integradas pelo Código de Processo Civil.

Na desapropriação judicial, admite-se a imissão provisória na posse, quando houver urgência declarada formalmente pela Administração e esta tiver depositado o valor oferecido pelo bem. A questão é disciplinada pelos arts. 15 e 15-A do Decreto-Lei nº 3.365/1941.[44]

Um aspecto que diferencia a desapropriação do Decreto-Lei nº 3.365/1941 das demais (exceto a desapropriação da Lei nº 4.132/1962, que segue o mesmo regime) é a indenização. Nesta modalidade de desapropriação, a indenização terá que ser paga previamente (antes da perda do bem), em dinheiro, e seu valor deve ser justo. Indenização justa é a que ressarce integralmente o expropriado, por corresponder ao efetivo valor do bem.[45] Incidirá correção monetária e, no caso da desapropriação judicial, também poderá haver o pagamento de juros compensatórios, juros moratórios e honorários advocatícios.

---

[43] JUSTEN FILHO, Marçal. *Curso de direito administrativo*. 11. ed. São Paulo: RT, 2015. p. 640.

[44] A jurisprudência orienta-se pela necessidade de perícia para definição desse valor. Nesse sentido: Tribunal de Justiça de São Paulo, AI 2069002-04.2015.8.26.0000, 4ª CDP, rel. Des. Ana Liarte, j. 03.08.2015, DJ 21.08.2015.

[45] "Entende-se como justa a indenização que deixa o expropriado indene, sem dano. Para tanto, há de corresponder ao efetivo valor do bem ou direito, de modo a representar aquilo que se obteria no mercado, e recompor os eventuais prejuízos gerados pela desapropriação". SUNDFELD, Carlos Ari. *Desapropriação*. São Paulo: RT, 1990. p. 24.

Em termos de política urbana e seguindo o regime da desapropriação do Decreto-Lei nº 3.365/1941, é relevante examinar a chamada desapropriação por zona, prevista no art. 4º do Decreto-Lei, que estabelece:

> A desapropriação poderá abranger a área contígua necessária ao desenvolvimento da obra a que se destina, e as zonas que se valorizarem extraordinariamente, em consequência da realização do serviço. Em qualquer caso, a declaração de utilidade pública deverá compreendê-las, mencionando-se quais as indispensáveis à continuação da obra e as que se destinam à revenda.

A desapropriação por zona não incide sobre um bem isoladamente considerado, mas sobre área delimitada em que esse bem se localiza. Isso se dá em virtude ou da necessidade de áreas contíguas ao bem para o desenvolvimento de uma obra pública, ou da valorização extraordinária dos imóveis do entorno, decorrente da intervenção do poder público. Quanto a esse aspecto, lembre-se que uma das diretrizes da política urbana é a "recuperação dos investimentos do Poder Público de que tenha resultado a valorização de imóveis urbanos" (art. 2º, inc. XI, do Estatuto da Cidade). Essa recuperação pode se dar pela contribuição de melhoria (art. 4º, inc. IV, alínea b, do Estatuto), mas também cabe a recuperação mediante desapropriação e posterior revenda dos imóveis valorizados.[46]

Assim, por exemplo, imagine-se a construção de uma estação de metrô. A proximidade com a nova estação poderá produzir a supervalorização dos imóveis do entorno. A causa eficiente dessa valorização consistirá no investimento do poder público para aproximar utilidades de transporte coletivo às pessoas residentes e usuárias da área. Para que essa valorização, financiada com recursos de toda a sociedade, não seja apropriada pelos proprietários dos imóveis do entorno, cabe desde logo promover a desapropriação da zona. Uma vez valorizados os imóveis, o poder público produzirá a sua revenda, recebendo o preço correspondente e recuperando o valor adicionado.[47]

---

[46] Odete Medauar esclarece que o objetivo da revenda é duplo: "propiciar obtenção de recursos para auxiliar o custeio da obra e evitar situação de desigualdade acarretada pelo benefício que a supervalorização das áreas contíguas traz aos seus proprietários". (MEDAUAR, Odete. *Destinação dos bens expropriados*. São Paulo: Max Limonad, 1986. p. 96).

[47] Não existe mais dúvida sobre a validade da revenda – questão que no passado atormentou a doutrina e a jurisprudência, por supostamente não se configurar a necessidade ou a

9.1 A desapropriação por interesse social

A desapropriação por interesse social é objeto de disciplina mais extensa pela própria Constituição, que prevê a desapropriação para fins de reforma agrária (art. 184 e ss.) e a desapropriação-sanção por descumprimento da função social da propriedade urbana (art. 182, §4º, inc. III). A desapropriação para fins de reforma agrária encontra disciplina na Lei Complementar nº 76/1993 e nas Leis nº 4.504/1964 e nº 8.629/1993. A desapropriação-sanção é regulamentada pelo Estatuto da Cidade (art. 8º). Existe, ainda, a Lei nº 4.132/1962, que é a lei de desapropriação por interesse social.

Para fins de política urbana, interessa examinar o regime ordinário e o regime da desapropriação-sanção.[48]

9.1.1 O regime ordinário da desapropriação por interesse social

A disciplina da Lei nº 4.132/1962 é sucinta. O art. 5º determina a aplicação do regime da desapropriação por necessidade ou utilidade pública nos casos de omissão legal, inclusive quanto ao processo de desapropriação e à prévia e justa indenização do expropriado.

Segundo o art. 1º, "a desapropriação por interesse social será decretada para promover a justa distribuição da propriedade ou condicionar o seu uso ao bem-estar social". O alcance dessas finalidades dependerá de que o bem expropriado seja incorporado ao domínio público para posterior destinação a particulares. O interesse social reside precisamente no adequado aproveitamento do bem,[49] que assim

---

utilidade pública para a desapropriação. Sobre o tema, confira-se a obra indispensável de MEDAUAR, Odete. *Destinação dos bens expropriados*. São Paulo: Max Limonad, 1986. p. 94 e ss.

[48] A desapropriação para fins de reforma agrária é tema da política agrícola e fundiária (Título VII, Capítulo III, da Constituição). Somente pode ser realizada pela União em vista de imóveis rurais que não cumpram sua função social (art. 184 da Constituição). No entanto, isso não significa a absoluta inaplicabilidade da reforma agrária em área urbana, tendo em vista que um imóvel situado em zona urbana pode configurar-se como rural a depender da sua destinação (nesse sentido, confira-se no STJ o Resp. 1.170.055/TO, 2ª T., rel. Min. Eliana Calmon, j. 08.06.2010, DJe 24.06.2010).

[49] "Interesse social não é interesse da Administração, mas sim, da coletividade administrada. Daí porque os bens expropriados por interesse social, na maioria das vezes, o são para traspasse aos particulares que lhes possam dar melhor aproveitamento ou utilização em prol da comunidade". MEIRELLES, Hely Lopes. *Direito de construir*. 10. ed. atual. por Adilson Abreu Dallari, Daniela Libório Di Sarno, Luiz Guilherme da Costa Wagner Jr. e Mariana Novis. São Paulo: Malheiros, 2011. p. 190.

cumprirá a sua função social.[50] Nesse sentido, o art. 4º estabelece que "os bens desapropriados serão objeto de venda ou locação, a quem estiver em condições de dar-lhes a destinação social prevista".

Assim como a desapropriação por necessidade ou utilidade pública, a desapropriação por interesse social terá início com um procedimento orientado a identificar o interesse social motivador da desapropriação, a apurar o valor da indenização e a verificar a disponibilidade de recursos orçamentários. Esse procedimento prévio se encerra com a declaração de interesse social do bem.

O art. 2º arrola os casos em que se considera existir interesse social apto a justificar essa modalidade de desapropriação. Para fins de política urbana, são especialmente relevantes as referências dos incisos I ("aproveitamento de todo bem improdutivo ou explorado sem correspondência com as necessidades de habitação, trabalho e consumo dos centros de população a que deve ou possa suprir por seu destino econômico");[51] IV ("manutenção de posseiros em terrenos urbanos onde, com a tolerância expressa ou tácita do proprietário, tenham construído sua habilitação,[52] formando núcleos residenciais de mais de 10 (dez) famílias"); V ("construção de casa populares");[53] VI ("terras e águas suscetíveis de valorização extraordinária, pela conclusão de obras e serviços públicos, notadamente de saneamento, portos, transporte, eletrificação armazenamento de água e irrigação, no caso em que não sejam ditas áreas socialmente aproveitadas"); VII ("proteção do solo e a preservação de cursos e mananciais de água e de reservas florestais") e VIII ("utilização de áreas, locais ou bens que, por suas características, sejam apropriados ao desenvolvimento de atividades turísticas").

Cabe um esclarecimento com relação à hipótese do inciso VI do art. 2º, que trata de áreas que sofreram valorização extraordinária em decorrência de obras e serviços públicos. A hipótese não se confunde com aquela do art. 4º do Decreto-Lei nº 3.365/1941 (a desapropriação

---

[50] Sobre a funcionalização da propriedade, confira-se o artigo em coautoria com o Professor Fernando Dias Menezes de Almeida, "Instrumentos políticos e jurídicos da política urbana", que também compõe essa obra.

[51] O §1º do art. 2º acrescenta que o disposto no inciso I "só se aplicará nos casos de bens retirados de produção [...]" e o §2º que "as necessidades de habitação, trabalho e consumo serão apuradas anualmente segundo a conjuntura e condições econômicas locais, cabendo o seu estudo e verificação às autoridades encarregadas de velar pelo bem estar e pelo abastecimento das respectivas populações".

[52] Há defeito de redação no dispositivo. O correto é "habitação".

[53] Há defeito de redação no dispositivo. O correto é "casas populares".

por zona em caso de utilidade pública), uma vez que, em vista da desapropriação por interesse social, pressupõe-se que tais áreas "não sejam [...] socialmente aproveitadas".

A partir da declaração de interesse social, caber instaurar a fase expropriatória propriamente dita, com o chamamento do proprietário para manifestar-se em processo administrativo. Se houver acordo, dá-se a desapropriação. Do contrário, é necessário ingressar com ação judicial. Segundo o art. 3º, o expropriante tem o prazo de dois anos, a partir da declaração de interesse social, para efetivar a desapropriação e dar início ao aproveitamento do bem. Entende-se que esse prazo pode ser renovado, a partir da emissão de nova declaração.[54]

9.1.2 A desapropriação-sanção

O art. 182, §4º, inciso III da Constituição prevê a desapropriação como providência última a ser executada no caso de propriedade urbana não edificada, subutilizada ou não utilizada, para que seja destinada a cumprir sua função social, diante do insucesso das medidas de parcelamento ou edificação compulsórios e de IPTU progressivo no tempo.[55] Trata-se da chamada "desapropriação-sanção", em que a indenização não se fará previamente, nem em dinheiro, mas "com pagamento mediante títulos da dívida pública de emissão previamente aprovada pelo Senado Federal, com prazo de resgate de até dez anos, em parcelas anuais, iguais e sucessivas, assegurados o valor real da indenização e os juros legais". Logo, essa modalidade de desapropriação será efetivada antes mesmo da liquidação do valor do bem.

A desapropriação-sanção também tem por fundamento um interesse social, que pode ser referido à previsão do art. 2º, inc. VI, alínea

---

[54] "No que concerne à renovação da declaração de interesse social, a Lei nº 4.132/62 nada menciona a respeito. Não obstante, na hipótese de desapropriação por utilidade pública, o mesmo bem pode, ainda, ser objeto de nova declaração, depois de decorrido um ano (Decreto-Lei nº 3.365/41, art. 10). Entende-se que o mesmo texto insculpido no art. 10 da Lei sobre desapropriações por utilidade pública deve ser aplicado subsidiariamente à desapropriação sob o fundamento interesse social, em complementação ao art. 3º da Lei nº 4.132/62. A diferença é que, enquanto nas hipótese de utilidade pública o prazo é de cinco anos, na desapropriação por interesse social é de dois anos. Essa redução decorre da necessidade *urgente* na solução das questões sociais, abrangidas no art. 2º da norma em comento". GARCIA, José Ailton. *Desapropriação*: comentários ao Decreto-Lei nº 3.365/1941 e à Lei nº 4.132/62. São Paulo: Atlas, 2015. p. 246 (Coleção direito administrativo positivo, v. 3).

[55] O tema foi objeto de outro artigo que compõe esta obra, desenvolvido em coautoria com o Professor Fernando Dias Menezes de Almeida.

e, do Estatuto da Cidade, que institui como diretriz de política urbana a ordenação e o controle do uso do solo de forma a evitar "a retenção especulativa de imóvel urbano, que resulte na sua subutilização ou não utilização".

O art. 8º do Estatuto da Cidade disciplina o instituto. No caput, estabelece que caberá a desapropriação-sanção quando o proprietário não tiver cumprido sua obrigação de "parcelamento, edificação ou utilização", após cinco anos da cobrança do IPTU progressivo no tempo. O §1º trata dos títulos de dívida pública que serão utilizados para pagamento da indenização. Em suma, repete o texto da Constituição, para acrescentar que os juros legais incidentes serão de seis por cento ao ano. O §2º versa sobre critérios para determinar o valor real da indenização, que refletirá o valor da base de cálculo do IPTU, descontada a mais-valia incorporada ao imóvel por obras do Poder Público porventura realizadas na área desde a notificação quanto à obrigação de parcelamento, edificação ou utilização compulsórios. No caso, não haverá indenização por expectativas de ganhos, lucros cessantes ou juros compensatórios.[56] E o §3º prevê que os títulos não terão poder liberatório para o pagamento de tributos.

A partir da incorporação do imóvel ao domínio público, o Poder Público terá cinco anos para proceder ao seu adequado aproveitamento (§4º), o que pode realizar diretamente ou mediante alienação ou concessão a terceiros, precedidas de licitação. No caso da alienação, ficam mantidas para o adquirente as mesmas obrigações outrora previstas de parcelamento, edificação ou utilização (§6º), até que se dê o adequado aproveitamento ao imóvel.

9.2 A desapropriação urbanística

A chamada desapropriação urbanística é aquela destinada à realização de planos urbanísticos. Por isso, não incide sobre um imóvel individualmente considerado, mas sobre todos os imóveis que se encontrem abrangidos pela área ou setor objeto desse plano. José Afonso da Silva explica a abrangência do instituto:

---

[56] Clovis Beznos aponta que "a lei incide em tautologia, eis que a figura dos lucros cessantes, como tradicionalmente são concebidos por definição legal, consiste naquilo que razoavelmente se deixou de lucrar (art. 402 do CC)" (BEZNOS, Clovis. *Aspectos jurídicos da indenização na desapropriação*. Belo Horizonte: Fórum, 2010. p. 125).

[...] a desapropriação tradicional é de caráter casuístico e individualizado, no sentido de que atinge bens isolados para transferi-los, em cada caso, definitivamente, para o Poder expropriante ou seus delegados. A desapropriação urbanística, ao contrário, é compreensiva e generalizável, atingindo áreas e setores completos, retirando os imóveis ali abrangidos do domínio privado, para afetá-los ao patrimônio público, para depois serem devolvidos ao setor privado, uma vez urbanificados e reurbanizados, em cumprimento ao chamado dever de reprivatização.[57]

No Brasil, não existe legislação específica disciplinando a desapropriação urbanística. O tema é tratado de maneira esparsa pelo Decreto-Lei nº 3.365/1941. A utilidade pública que fundamenta o decreto expropriatório, nesses casos, consiste na necessidade de organizar e adequar propriedades urbanas ao planejamento urbanístico.[58]

O Decreto-Lei nº 3.365/1941 trata da desapropriação urbanística com maior especificidade em dois momentos: no art. 4º, que trata da desapropriação por zona, inclusive para urbanização e reurbanização (parágrafo único), e no art. 5º, alínea i:

> Desapropriação para abertura, conservação e melhoramento de vias ou logradouros públicos; a execução de planos de urbanização; o parcelamento do solo, com ou sem edificação, para sua melhor utilização econômica, higiênica ou estética; a construção ou a ampliação de distritos industriais.[59]

---

[57] SILVA, José Afonso da. *Direito urbanístico brasileiro*. 6. ed. São Paulo: Malheiros, 2010. p. 410.

[58] "[...] a *utilidade pública* que fundamenta a desapropriação e propriedades urbanas é a *necessidade de organização e adequação da utilização dessas propriedades* às determinações do planejamento urbanístico contemplado no Plano Diretor, seja em decorrência da alteração da utilização de propriedades urbanas que não se coadunam com o *uso* determinado pelo Plano Diretor, seja em decorrência da readequação da utilização de propriedades urbanas que respeitam formalmente o uso do Plano Diretor, mas que não atendem às necessidades de qualidade de vida dos cidadãos, por não observarem as regras de salubridade pública, ordem pública, segurança pública e bem comum, inerentes às normas urbanísticas". (SCHIRATO, Vitor Rhein. A ressurreição da desapropriação para fins urbanísticos. *In*: ASOCIACIÓN PERUANA DE DERECHO ADMINISTRATIVO. *Aportes para un Estado eficiente. Ponencias del V Congreso Nacional de Derecho Administrativo*. Lima: Palestra Editores, 2012. p. 402). José Afonso da Silva sugere que a desapropriação urbanística "basear-se-ia na *utilidade urbanística*, que é uma forma entre a utilidade pública e o interesse social". (SILVA, José Afonso da. *Direito urbanístico brasileiro*. 6. ed. São Paulo: Malheiros, 2010. p. 420).

[59] Reitere-se que, em todas as hipóteses, a desapropriação terá por objeto um conjunto de propriedades. A hipótese de desapropriação por descumprimento do planejamento urbanístico (ou da função social da propriedade urbana) por apenas uma propriedade não configura a desapropriação urbanística, mas poderá configurar desapropriação-sanção. Cf. SCHIRATO, Vitor Rhein. A ressurreição da desapropriação para fins urbanísticos. *In*:

Uma nota característica da desapropriação urbanística consiste na sua realização para concretização de um plano urbanístico e a consequente revenda de unidades urbanificadas. Daí a referência de José Afonso da Silva ao "dever de reprivatização".[60] A revenda ou reprivatização poderiam indicar uma espécie de tredestinação do bem – hipótese de desvio de finalidade, em que o bem expropriado é destinado a finalidade diversa daquela para a qual foi desencadeado o procedimento de desapropriação. Mas não se trata de tredestinação, uma vez que a revenda estará vinculada às prescrições do plano urbanístico que se realiza. Nesse sentido, leciona Odete Medauar:

> Na desapropriação urbanística, o vínculo ao fim, existente na declaração de utilidade pública das desapropriações em geral, passa a ser o cumprimento rigoroso, a total congruência, com as prescrições do plano de urbanização, que, em outros ordenamentos, equivale à declaração de utilidade pública; no ordenamento brasileiro, a declaração de utilidade pública nas desapropriações urbanísticas há de vincular-se ao plano aprovado por lei, sem possibilidade de estabelecer novo destino dos bens que serão expropriados.[61]

A Lei de Parcelamento do Solo Urbano (Lei nº 6.766/1979) contém uma previsão sobre a desapropriação urbanística que merece ainda referência. No art. 44, estabelece que "[o] Município, o Distrito Federal e o Estado poderão expropriar áreas urbanas ou de expansão urbana para reloteamento, demolição, reconstrução e incorporação, ressalvada a preferência dos expropriados para a aquisição de novas unidades". O dispositivo admite, portanto, a desapropriação executada pelo ente federativo estadual, com a utilização dos bens expropriados para "reloteamento, demolição, reconstrução e incorporação".

Mas, a disciplina não significa que é cabível ao Estado imiscuir-se nas competências urbanísticas municipais. Nesse sentido, somente se admite a desapropriação pelo Estado, nos termos do art. 44 da Lei

---

ASSOCIACIÓN PERUANA DE DERECHO ADMINISTRATIVO. *Aportes para un Estado eficiente. Ponencias del V Congreso Nacional de Derecho Administrativo*. Lima: Palestra Editores, 2012. p. 402.

[60] José Afonso da Silva acrescenta que o dever de reprivatização vem sendo relativizado, mediante reserva dos terrenos pelo poder público e a sua concessão a particulares (SILVA, José Afonso da. *Direito urbanístico brasileiro*. 6. ed. São Paulo: Malheiros, 2010. p. 419-420). Nesse sentido, uma utilização possível é a concessão de terrenos para fins de habitação de interesse social.

[61] MEDAUAR, Odete. *Destinação dos bens expropriados*. São Paulo: Max Limonad, 1986. p. 112.

nº 6.766/1979, quando houver interesse estadual envolvido, e a intervenção respeitar o planejamento urbano municipal.

10 Servidão administrativa

Karlin Olbertz Niebuhr

A servidão é um instituto da teoria geral do direito que constitui um direito real limitado (art. 1.225, III, do Código Civil) de gozo sobre um determinado bem (serviente) em proveito de outro bem (dominante). Dito de outro modo, a servidão impõe ao bem serviente um ônus de suportar uma utilidade que não beneficia o seu proprietário, mas um imóvel diverso.

A servidão de direito civil, disciplinada pelos arts. 1.378 e seguintes do Código Civil, não apresenta amplitude que permita conferir-lhe grande utilidade enquanto instrumento de política urbana, uma vez que é instituída mediante declaração de vontade de dois proprietários de bens diversos, com proveito limitado a um desses bens. De certa forma, a servidão civil diz respeito muito mais a uma relação entre dois bens, do que entre pessoas.[62] Nestes termos, exige-se o seu registro imobiliário.

Diferentemente se passa com a servidão administrativa, que pode consistir em instrumento da política urbana, uma vez que sua instituição decorre de uma utilidade pública[63] – e não apenas da utilidade propiciada a outro bem.[64] Cabe fazer referência, então, a uma espécie de "servidão urbanística", que segue o regime das demais servidões administrativas.

Uma primeira peculiaridade dessas servidões consiste em que sua instituição não confere propriamente um direito real limitado

---

[62] Floriano de Azevedo Marques Neto lembra que a única relevância do aspecto subjetivo da servidão civil consiste em que o proprietário do bem dominante não seja proprietário do bem serviente, pois, do contrário, não existiria relação de prejudicialidade entre os bens. Cf. MARQUES NETO, Floriano de Azevedo. A servidão administrativa como mecanismo de fomento de empreendimentos de interesse público. *Revista de Direito Administrativo*, n. 254, p. 121-123, mai./ago. 2010. p. 121.

[63] Toda a doutrina refere-se a essa peculiaridade. Para um exame geral, confira-se MARQUES NETO, Floriano de Azevedo. A servidão administrativa como mecanismo de fomento de empreendimentos de interesse público. *Revista de Direito Administrativo*, n. 254, p. 121-123, mai./ago. 2010. p. 122.

[64] Pode ocorrer, como é evidente, a instituição de uma servidão administrativa em proveito de um determinado bem público que não apresente tanta relevância em termos de utilidade pública.

ao poder público, em vista da dificuldade de se estender ao direito público o regime privatista dos direitos reais. Assim, mais adequado seria tratar da instituição de uma relação jurídica administrativa, ou de domínio público.

Por outro lado, não se tratando de uma relação de direito privado, descabe remeter a servidão administrativa às formas privadas de constituição dos direitos reais. Assim, por exemplo, se a servidão civil deve ser levada a registro, o mesmo não se passa com a servidão administrativa, que pode ser levada a registro apenas para fins de dar publicidade a terceiros.[65] Logo, basta a edição de ato administrativo declarando a utilidade pública, ou lei,[66] para a instituição de servidão administrativa.

A servidão administrativa poderá conduzir à necessidade de indenização, quando resultar em restrição ao conteúdo econômico do bem serviendo. A disciplina da indenização segue a da desapropriação, nos termos do art. 40 do Decreto-Lei nº 3.365/1941.

José Afonso da Silva menciona hipóteses de "servidão urbanística", que define como "limitação à exclusividade do domínio sobre um imóvel em benefício de um bem de domínio público, no interesse da ordenação dos espaços habitáveis".[67] São os casos de execução de planos viários com previsão de "vias de circulação subterrâneas, elevadas, cruzamentos de linhas férreas, utilização de pontes, viadutos, túneis etc., passando por baixo ou por cima de propriedade privada, sem absorvê-la"; de passagem de fios de energia elétrica ou telefone e de aqueduto urbano sobre ou sob propriedade privada; de liberação do andar térreo dos edifícios para trânsito de pedestres; e de "afixação de placas de nome de logradouros públicos e de placas de numeração nas paredes externas de casas e edifícios ou em muros de propriedade privada", quando se constitui tacitamente.[68]

---

[65] As assertivas encontram fundamento em JUSTEN FILHO, Marçal. *Curso de direito administrativo*. 11. ed. São Paulo: RT, 2015. p. 606-607.

[66] "Na hipótese de servidão ex vi legis, ela será consumada por um ato unilateral da administração pública que reconheça a existência do nexo de utilidade e necessidade do gozo do bem serviente para fins de prestação de um serviço público ou viabilização de uma atividade de utilidade pública, para os quais exista uma previsão legal autorizadora da servidão. Nestes casos, e esse é o ponto, a servidão administrativa será instituída independentemente da manifestação de vontade do proprietário do bem serviente". (MARQUES NETO, Floriano de Azevedo. A servidão administrativa como mecanismo de fomento de empreendimentos de interesse público. *Revista de Direito Administrativo*, n. 254, p. 121-123, mai./ago. 2010. p. 122-123).

[67] SILVA, José Afonso da. *Direito urbanístico brasileiro*. 6. ed. São Paulo: Malheiros, 2010. p. 399.

[68] SILVA, José Afonso da. *Direito urbanístico brasileiro*. 6. ed. São Paulo: Malheiros, 2010. p. 400.

11 Tombamento

Karlin Olbertz Niebuhr

O tombamento é um instituto clássico do Direito Administrativo e destina-se à preservação de valores imateriais que foram corporificados em bens materiais. Tomba-se um bem – ou seja, institui-se um regime especial de proteção – em virtude de esse bem apresentar características diferenciadas, que conduzem à sua identificação como um bem relevante para o patrimônio cultural da Nação.

A Constituição Federal alude ao tombamento no art. 216, §1º, como instrumento de promoção e proteção do patrimônio cultural brasileiro. O caput do dispositivo define patrimônio cultural brasileiro como "os bens de natureza material e imaterial, tomados individualmente ou em conjunto, portadores de referência à identidade, à ação, à memória dos diferentes grupos formadores da sociedade brasileira", e arrola em seus incisos alguns exemplos desses bens. Para fins da política urbana, têm relevância os bens referidos nos incisos IV e V, vale dizer: "IV – as obras, objetos, documentos, edificações e demais espaços destinados às manifestações artístico-culturais; V – os conjuntos urbanos e sítios de valor histórico, paisagístico, artístico, arqueológico, paleontológico, ecológico e científico".[69]

Em âmbito federal, o tombamento é disciplinado pelo Decreto-Lei nº 25/1937. Os conceitos lá dispostos necessitam de interpretação conforme a Constituição. Assim, por exemplo, a definição de "patrimônio artístico e histórico nacional", contida no art. 1º do Decreto-Lei, deve orientar-se pela definição de patrimônio cultural brasileiro, do art. 216 da Constituição. Esse cuidado não é de pouca valia, uma vez que resulta no reconhecimento de que o patrimônio cultural não se resume a bens relacionados a "fatos memoráveis da história do Brasil" ou de "excepcional valor arqueológico ou etnográfico, bibliográfico ou artístico", mas a todos os bens portadores de referência à cultura da sociedade brasileira.

---

[69] Lembre-se que a desapropriação por utilidade pública também se destina à "preservação e conservação dos monumentos históricos e artísticos, isolados ou integrados em conjuntos urbanos ou rurais, bem como as medidas necessárias a manter-lhes e realçar-lhes os aspectos mais valiosos ou característicos e, ainda, a proteção de paisagens e locais particularmente dotados pela natureza", tal como indica o art. 5º, alínea *k*, do Decreto-Lei nº 3.365/1941. Na hipótese, não bastaria à preservação o mero tombamento do bem, mas seria necessária sua incorporação ao domínio público.

O tombamento de imóveis ou de mobiliário urbano é referido pelo art. 4º, inc. V, d, como instrumento de política urbana. Tais bens podem ser públicos ou privados. Admite-se o tombamento de bens individualmente considerados ou em conjunto, quando o próprio conjunto sustentar características diferenciadas, que permitam integrá-lo ao patrimônio cultural nacional.

A decisão pelo tombamento de bem móvel ou imóvel resultará de um procedimento administrativo que tramita perante órgãos de competência técnica, representativos de setores da sociedade civil. Nesse procedimento são avaliadas as características do bem. Se se verificar a pertinência diferenciada do bem com o patrimônio cultural brasileiro, decide-se pelo seu tombamento, e o bem é inscrito em um Livro de Tombo. No que diz respeito a bens imóveis, o tombamento também deverá ser levado a registro no ofício de registro de imóveis.

Estão previstas três espécies de tombamento, com reflexos sobre o seu procedimento: de ofício, na hipótese de bens públicos; voluntário, com a concordância ou a pedido do proprietário; ou compulsório, hipótese em que haverá processo administrativo, com abertura de prazo para impugnação.[70]

O regime do tombamento impõe restrições ao direito de propriedade.[71] Limita o uso e o gozo, que devem ser compatíveis com a preservação da identidade do bem tombado. Assim, será vedado ao proprietário destruir, demolir ou mutilar o bem tombado. Além disso, quaisquer reformas ou restaurações deverão ser objeto de autorização especial. Se o proprietário não possuir recursos para realizar reformas ou restaurações, no sentido da conservação do bem, essas providências caberão ao poder público (arts. 17 e 19 do Decreto-Lei nº 25/1937).

O entorno do bem tombado também se sujeita a limitações. Somente serão permitidas construções que obstaculizem ou prejudiquem a visibilidade do bem tombado, ou mesmo a fixação de anúncios ou cartazes, mediante autorização especial (art. 18 do Decreto-Lei nº 25/1937).

---

[70] MEDAUAR, Odete. *Direito administrativo moderno*. 19. ed. São Paulo: RT, 2015. p. 408-409.

[71] Discute-se, portanto, sobre o cabimento de indenização em virtude do tombamento. Na lição de Odete Medauar: "No tocante à indenização, se o tombamento tiver alcance geral, como em Ouro Preto, Olinda, descabe ressarcimento. No caso de imóvel tombado isoladamente, em princípio é cabível indenização, salvo proibição, desde que demonstrado prejuízo direto e material". (MEDAUAR, Odete. *Direito administrativo moderno*. 19. ed. São Paulo: RT, 2015. p. 410).

Em termos de política urbana, o tombamento tem utilidade desde a concepção individual, para preservação de equipamentos públicos de relevância urbanística, por exemplo, até em termos gerais. Nesse contexto, vale lembrar o tombamento de conjuntos de imóveis não pelo seu valor arquitetônico, mas pelo seu valor urbanístico. É o caso, por exemplo, do tombamento do conjunto urbanístico de Brasília, cujo objeto de proteção é a concepção urbana de cidade.[72]

12 Preempção

Renata Nadalin Meireles Schirato

A preempção é daqueles institutos que, antes mesmo do advento do Estatuto da Cidade, já encontravam aplicação em outras disciplinas do direito. Com efeito, o Código Civil de Bevilácqua já previa o instituto em seus artigos 1.149 e seguintes, tendo o Código Civil vigente regulado o tema de forma praticamente idêntica.[73] Partindo-se da premissa de que o ordenamento é uno, é válido perquirir, de forma bastante sucinta, o regramento da matéria no âmbito civilístico, a fim de que a sua compreensão no campo do Direito Urbanístico ressaia com mais facilidade. Nesse mesmo sentido, não se deve perder de vista o teor do artigo 4º, §1º do Estatuto da Cidade, que estabelece que os instrumentos indicados no *caput* (incluída a preempção) "regem-se pela legislação que lhes é própria, observado o disposto nesta Lei". Ou seja, é mais do que recomendável o recurso às regras gerais civilistas na interpretação e aplicação do instituto.[74]

---

[72] "O tombamento do conjunto urbanístico de Brasília pelo Governo Federal e Governo do Distrito Federal tem caráter específico: é, essencialmente, urbanístico e não arquitetônico. Ou seja, não há tombamento específico (individual) de prédios – exceto alguns poucos nominados individualmente (edifícios projetados pelo arquiteto Oscar Niemeyer, em sua maioria), que estão tombados. O que está sob proteção federal (tombamento histórico) é a concepção urbana da cidade, materializada na definição e interação de suas quatro escalas urbanísticas – monumental, gregária, residencial e bucólica. Portanto, o que se busca preservar são as características e a articulação dessas quatro escalas, conforme estabelece a Portaria nº 314, de 8 de outubro de 1992, do Iphan". (IPHAN. *Tombamento e intervenções*. Disponível em: http://portal.iphan.gov.br/pagina/detalhes/618/. Acesso em: 26 abr. 2016).

[73] Conforme bem observa Diógenes Gasparini, os romanos também já conheciam o instituto, e o denominavam *pactum prothimiseos*. Cf. GASPARINI, Diógenes. Direito de Preempção. *In*: DALLARI, Adilson Abreu; FERRAZ, Sérgio (Coord.). *Estatuto da Cidade*: comentários à Lei Federal nº 10.257/2001. 2. ed. São Paulo: Malheiros/SBDP, 2006. p. 193.

[74] René Cristini, discorrendo sobre a preempção urbanística na França, observa com razão que: "Prerrogativa da Administração que se exerce por ocasião da conclusão de um contrato de direito privado, a preempção retira dessa dupla origem um regime complexo

12.1 Regime geral

Em suma, conforme preceitua o artigo 513 do Código Civil vigente, a preempção, prelação ou direito de preferência[75] constitui pacto adjeto da compra e venda, por meio do qual se impõe ao comprador a obrigação de oferecer ao vendedor a coisa, móvel ou imóvel, na hipótese de que opte por vendê-la, ou dá-la em pagamento, para que o último exerça seu direito de preferência, tanto por tanto. Ou seja, tratar-se-ia de obrigação convencional acessória ao contrato de compra e venda, que se aproxima da retrovenda, embora com ela não se confunda, já que nesta há não há uma *preferência* na compra, senão um *direito potestativo* de recompra pelo vendedor durante um certo período de tempo estipulado em lei, com a restauração do *status quo ante*.[76]

É interessante notar, contudo, que o próprio Código Civil utiliza, em diversas ocasiões, o termo "preferência" para retratar um privilégio de ordem no recebimento de um crédito, sem qualquer relação com a compra e a venda de bem móvel ou imóvel. É o caso, por exemplo, dos artigos 955 e seguintes (tratam das preferências e privilégios creditórios) e do 1.425, §1º (preferência na indenização do seguro ou no ressarcimento do dano na hipótese de perecimento de bem dado em garantia). Em outras, ainda, o diploma se refere à situação privilegiada na aquisição de bem, à semelhança do artigo 513 e seguintes, mas com algumas diferenças. É o caso, por exemplo, da preferência do superficiário na aquisição do imóvel objeto de alienação. Diferentemente da situação retratada no artigo 513, a preferência aqui é legal e não convencional e não envolve apenas o vendedor e o comprador do imóvel, integrando-se à relação um terceiro sujeito. Também na legislação ordinária há hipóteses semelhantes, como bem observa Carlos Bastide Horbach: é o caso do direito assegurado pelo Estatuto da Terra ao arrendatário de imóvel rural quando de sua alienação (conforme art. 92, §4º da Lei nº 4.504, de 30 de novembro de 1964) e do locatário no caso de venda,

---

que mistura direito público e direito privado". Cf. *Code de l'Urbanisme*. 22e ed. Paris: Dalloz, 2013. p. 594.

[75] Com efeito, trata-se de expressões sinônimas, sendo certo que em algumas ocasiões o legislador se refere a uma ou outra indistintamente.

[76] Neste sentido, confira-se o artigo 505 do Código Civil, que conceitua o instituto da retrovenda: "Art. 505. O vendedor de coisa imóvel pode reservar-se ao direito de recobrá-la no prazo máximo de decadência de três anos, restituindo o preço recebido e reembolsando as despesas do comprador, inclusive as que, durante o período de resgate, se efetuaram com a sua autorização escrita, ou para a realização de benfeitorias necessárias".

promessa de venda, cessão ou promessa de cessão de direitos ou dação em pagamento do imóvel locado pelo locador (art. 27 da Lei nº 8.245, de 18 de outubro de 1991). O autor mencionava, ainda, a hipótese do artigo 22 do Decreto-Lei nº 25, de 30 de novembro de 1937, que impunha pesada penalidade à violação do direito de preferência dos entes públicos na alienação onerosa de bens tombados, mas que restou revogado em 2015.[77]

Dos dispositivos anteriormente mencionados, é possível concluir que a definição de *preempção*, conforme ressai do artigo 513 do Código Civil, é deveras restrita, pois não se amolda a todas as hipóteses legais de preferência na aquisição de bens, sendo específica para a hipótese do pacto acessório ao contrato de compra e venda. Isso, contudo, não retira a aplicação subsidiária dos demais artigos às hipóteses análogas, inclusive ao direito de preempção regulado pelo Estatuto da Cidade. Sobre o conceito estreito abraçado pelo Código Civil, também se ressente Diógenes Gasparini:

> O Código Civil de 2002, ao conceituar o direito de preempção, repete a definição do Código Civil de 1916. Com efeito, estabelece em seu art. 513 que: [...] – embora pudesse oferecer uma definição mais conformada com a utilização desse instituto. De qualquer modo, nada mudará, pois o conceito acanhado do novo Código Civil não embotará a largueza que se observa na prática desse instituto, consoante o tratamento que lhe dão a doutrina, a jurisprudência e a própria legislação.[78]

Voltando à disciplina do tema no âmbito do Código Civil, nos 8 (oito) artigos que tratam da matéria, o diploma civilista basicamente cuida: a) de conceituá-la, estabelecendo o prazo em que o direito de preferência poderá ser exercido, conforme a coisa seja móvel ou

---

[77] Conforme noticia Horbach a respeito do revogado artigo: "No regime de preferência criado pelo Decreto-Lei nº 25/1937, a alienação, que não é precedida da oferta ao Poder Público, é considerada nula; ficando a União, o Estado ou o Município habilitados a sequestrar a coisa e impor multa de vinte por cento de seu valor ao transmitente e ao adquirente, que serão por ela solidariamente responsáveis. Trata-se de consequência muito mais grave do que a que deriva da inobservância da preferência nas situações anteriormente analisadas, o que certamente decorre do fato de estarmos diante de hipótese relacionada com o patrimônio histórico e artístico nacional, em evidente manifestação do interesse público". HORBACH, Carlos Bastide. Dos Instrumentos da Política Urbana. *In*: MEDAUAR, Odete; ALMEIDA, Fernando Dias Menezes de (Coord.). *Estatuto da Cidade*: Lei nº 10.257, de 10.07.2001 - Comentário. 2. ed. São Paulo: Ed. Revista dos Tribunais, 2012. p. 193.

[78] Cf. GASPARINI, Diógenes. Direito de Preempção. *In*: DALLARI, Adilson Abreu; FERRAZ, Sérgio (Coord.). *Estatuto da Cidade*: comentários à Lei Federal nº 10.257/2001. 2. ed. São Paulo: Malheiros/SBDP, 2006. p. 195.

imóvel; b) o modo de exercício desse direito; c) o preço a ser pago pelo titular do direito de preferência, que deverá corresponder ao preço ajustado, observadas a mesmas condições; d) o prazo de caducidade para exercício, a partir da notificação do comprador (sendo de três dias para coisa móvel, e de sessenta para coisa imóvel, salvo estipulação em sentido diverso pelas partes); e) a hipótese de mancomunhão, ou seja, quando o direito for estipulado em favor de dois ou mais indivíduos em comum; f) a responsabilização na hipótese de o comprador vender o bem sem notificar previamente o vendedor; g) a situação de tredestinação ou adestinação dos bens públicos desapropriados;[79] h) e, por fim, a intransmissibilidade do direito de preferência a herdeiros ou terceiros, neste caso, por meio de cessão.

É interessante notar que o Código Civil de 1916 já previa e o de 2002 manteve a hipótese de preferência em favor do particular cujo bem desapropriado por motivo de utilidade pública ou interesse social não tenha sido empregado para o propósito que ensejou a sua desapropriação ou em obras ou serviços públicos. Neste caso, nasce para o particular o direito de preferência na aquisição do bem, pelo seu preço atual. É o que a doutrina alcunhou de retrocessão. Cabe ressaltar que, embora os dois diplomas civis tenham previsto essa situação, o Decreto-Lei nº 3.365, de 21 de junho de 1941 foi silente a esse respeito, gerando algum debate na doutrina, sobretudo em razão do seu artigo 35, que estabelece que os bens expropriados não podem ser objeto de reivindicação, resolvendo-se eventual direito de terceiros em perdas e danos.[80] Neste ponto, discute-se também a natureza do direito do

---

[79] Conforme leciona Alexandre Santos de Aragão: "Se ao bem expropriado simplesmente não for dada *destinação alguma, há sua adestinação, que deve ser incluída como hipótese de tredestinação, pela identidade de suas consequências*" (destacamos). ARAGÃO, Alexandre Santos de. *Curso de Direito Administrativo*. Rio de Janeiro: Ed. Forense, 2012. p. 260.

[80] Pontes de Miranda, sobre o assunto, assevera que se o Poder Público não tem a intenção de alienar, mas apenas deixar de utilizar o bem conforme o decreto de utilidade pública expedido, não se estaria exatamente diante de hipótese de exercício do direito de preferência pelo particular. Vejamos: "Se o que tem consigo o bem não o vai alienar, mas deixa de emprega-lo segundo a declaração de desapropriação (adestinação, desdestinação, tredestinação) e a sentença, o direito à reaquisição não se exerce pelo ato de reclamar preferência: pode o titular exercê-lo mediante exigência ao desapropriante e ao dono, ou em ação contra ambos, na qual a sentença – decidida a questão prévia, declaratória, do [não emprego] do bem segundo o destino que lhe justificou a desapropriação e a de não haver razão para o retardamento – não desconstituirá a eficácia sentencial de perda, mas constituirá no que sofrerá a desapropriação a titularidade, ou condenará o réu a perdas e danos". Cf. MIRANDA, Pontes de. *Tratado de Direito Privado – Parte Especial*. Atualizado por Jefferson Carús Guedes e Otavio Luiz Rodrigues Júnior. São Paulo: Ed. Revista dos Tribunais, 2012. Tomo XIV, p. 300-301.

particular, se real ou obrigacional, com os respectivos reflexos que isso ocasiona no exercício desse direito.

12.2 A preempção urbanística

Ultrapassadas as explicações preliminares acerca do delineamento básico do instituto, é preciso estudá-lo à luz dos regramentos específicos que o Estatuto da Cidade a ele destinou. Em primeiro lugar, conforme ressai do *caput* do art. 25, é possível concluir que de fato cuida-se do mesmo instituto, apesar das especificidades necessárias à sua adaptação aos propósitos da execução da política urbana. Com efeito, dispõe o artigo 25 da Lei nº 10.257/2001: "Art. 25. O direito de preempção confere ao Poder Público municipal preferência para aquisição de imóvel urbano objeto de alienação onerosa entre particulares".

A primeira especificidade a ser apontada é o fato de o direito de preempção no âmbito urbanístico ser exercido em relação a bem *imóvel urbano,* apenas, e em favor do Poder Público municipal – ente competente em matéria de execução de política urbana, conforme ressai do artigo 182 da Constituição Federal – em face de particular. Contrariamente à hipótese de retrocessão, como visto, o beneficiário do direito de preempção é o Poder Público.

Como ocorre com outros instrumentos urbanísticos, também para manejo do instrumento da preempção exige-se que haja delimitação prévia, em lei municipal baseada no plano diretor, das áreas sujeitas ao uso do instrumento. À semelhança do regramento civilista, também se exige a fixação de prazo para exercício do direito de preempção. Contrariamente ao que dispõe o Código Civil, contudo, o prazo é mais dilatado, sendo de até 5 (cinco) anos, renovável a partir de um ano após o decurso do prazo inicial de vigência. Ou seja, transcorridos os cinco anos (ou menos, caso assim estabeleça a citada lei municipal), deve-se respeitar o prazo de pelos menos 1 (um) ano, durante o qual o proprietário poderá alienar livremente o seu imóvel. Trata-se do que a doutrina alcunhou de prazo de carência ou intersticial.[81] Respeitado esse prazo mínimo de carência, em tese o Poder Público poderia, por meio de lei, renovar indeterminadamente o prazo de até 5 (cinco) anos, respeitado o prazo mínimo intersticial a cada intervalo. Nesse ponto, a

---

[81] Cf. GASPARINI, Diógenes. Direito de Preempção. *In*: DALLARI, Adilson Abreu; FERRAZ, Sérgio (Coord.). *Estatuto da Cidade*: comentários à Lei Federal nº 10.257/2001. 2. ed. São Paulo: Malheiros/SBDP, 2006. p. 210.

despeito do silêncio da lei, entendemos que reiteradas renovações de prazo poderão até mesmo configurar abuso de direito da Administração municipal, sobretudo tendo-se em vista que a preempção constitui limitação ao poder de dispor do bem, poder esse inerente ao direito de propriedade, protegido constitucionalmente.

O Código Civil, como visto, estipula hipótese de caducidade do exercício do direito de preempção se não realizado dentro dos prazos explicitados no artigo 516 ou naqueles convencionados entre as partes.[82] A ideia é de que, como pacto adjeto ao contrato de compra e venda, ele não pode vincular terceiros não signatários. É a velha máxima privatista da relatividade dos efeitos dos contratos. Portanto, pela regra civilista, transcorrido o prazo do art. 516, contado a partir da notificação da intenção de venda, o comprador é livre para vender o bem a quem lhe aprouver. E, sobretudo, vendido o bem, o novo comprador não mais é obrigado a observar a cláusula de preferência, que se extingue. No âmbito do Direito Urbanístico, contudo, a regra necessariamente tem que ser outra, visto que o Estatuto da Cidade estabelece normas de ordem pública e interesse social (art. 1º, parágrafo único). Daí porque o art. 25, §2º estabelece que o direito de preempção fica assegurado durante todo o prazo de vigência, independentemente de quantas alienações ocorrerem em relação ao imóvel durante esse período. Ou seja, aqui se explicita outra diferença fundamental em relação ao regramento civilista: trata-se de preempção legal e não convencional, como já antecipado, pois não advém de nenhum pacto firmado entre o Poder Público e o proprietário do imóvel. Assim, ainda que o Município deva manifestar sua intenção de exercício do direito de prelação no prazo de 30 (trinta) dias contados da notificação do particular, como se explicitará melhor adiante, esse direito poderá ser exercido supervenientemente em face do próprio particular – caso a venda não se efetive –, ou do adquirente, observado o prazo constante da lei municipal conforme o artigo 25, §1º do Estatuto da Cidade.

Ainda, pelo fato de á Lei nº 10.257/2001 veicular normas de ordem pública, e nesse sentido, o direito de preempção não decorrer de ato bilateral, o artigo 26 fixou as hipóteses que poderão justificar o exercício do direito de preempção pelo Poder Público, estabelecendo, no seu parágrafo único, que a mencionada lei municipal deverá

---

[82] "Art. 516. Inexistindo prazo estipulado, o direito de preempção caducará, se a coisa for móvel, não se exercendo nos três dias, e, se for imóvel, não se exercendo nos sessenta dias subsequentes à data em que o comprador tiver notificado o vendedor".

enquadrar cada área em que incidirá o direito de preempção em uma ou mais finalidades apontadas nos incisos do artigo 26. Ou seja, quis o legislador não apenas veicular as específicas finalidades que podem ensejar a mencionada restrição ao direito de dispor do bem – num rol taxativo –, como também indicar, para cada área sujeita à preempção, a finalidade eleita. Trata-se, sem dúvida, de requisito que privilegia a transparência dos atos da Administração em face dos administrados, absolutamente desejável e necessário no manejo de atos restritivos da propriedade urbana. Vejamos abaixo as hipóteses autorizadoras do manejo do instituto para fins urbanísticos:

> Art. 26. O direito de preempção será exercido sempre que o Poder Público necessitar de áreas para:
>
> I – regularização fundiária;
>
> II – execução de programas e projetos habitacionais de interesse social;
>
> III – constituição de reserva fundiária;
>
> IV – ordenamento e direcionamento da expansão urbana;
>
> V – implantação de equipamentos urbanos e comunitários;
>
> VI – criação de espaços públicos de lazer e áreas verdes;
>
> VII – criação de unidades de conservação ou proteção de outras áreas de interesse ambiental;
>
> VIII – proteção de áreas de interesse histórico, cultural ou paisagístico;

Conforme ressai dos incisos do artigo 26, as áreas objeto de preempção pelo Poder Público municipal poderão ser utilizadas exclusivamente para os propósitos ali elencados, sendo todos eles de cunho urbanístico – como, aliás, não poderia deixar de ser.[83] Numa comparação com as hipóteses autorizativas de desapropriação por utilidade pública, é possível concluir que as hipóteses ensejadoras da preempção no âmbito do Estatuto da Cidade são deveras mais enxutas e precisas, pois afetas especificamente ao objetivo de execução da política urbana, tal qual estabelecido no artigo 2º do diploma urbanístico, i.e.:

---

[83] "Art. 26. O direito de preempção será exercido sempre que o Poder Público necessitar de áreas para: I – regularização fundiária; II – execução de programas e projetos habitacionais de interesse social; III – constituição de reserva fundiária; IV – ordenamento e direcionamento da expansão urbana; V – implantação de equipamentos urbanos e comunitários; VI – criação de espaços públicos de lazer e áreas verdes; VII – criação de unidades de conservação ou proteção de outras áreas de interesse ambiental; VIII – proteção de áreas de interesse histórico, cultural ou paisagístico; IX – (VETADO)".

a ordenação do pleno desenvolvimento das funções sociais da cidade e da propriedade urbana.

Pode-se agrupar, em síntese, os 8 (oito) incisos do artigo 26 em 4 (quatro) grupos, a saber: a) questões atinentes à habitação, tanto seu provimento quanto regularização (incisos I e II); b) questões estratégicas de política urbana (incisos III e IV); c) questões relacionadas à implantação de equipamentos e áreas urbanas de interesse da coletividade; d) e, por fim, questões atinentes a áreas especialmente protegidas (incisos VII e VIII).

Especificamente sobre a hipótese de utilização do instituto para constituição de reserva fundiária, é interessante recordar que o tema gerou debate na França, país onde a preempção é largamente utilizada e onde se estabeleceu uma discussão sobre a possibilidade de o Poder Público se valer do instrumento sem ter de, necessariamente, precisar o uso futuro que faria do imóvel. O tema restou decidido pelo Conselho de Estado em junho de 1969, no Arrêt Dame Laudon.[84] Nesse julgado, foi estabelecido que o direito de preempção estabelecido nas *Zones de Aménagement Diferé* (ZAD) poderia ser utilizado para constituir reserva fundiária e, assim, fazer frente à especulação imobiliária em áreas onde se pretendiam realizar as ações urbanísticas, desde que sua realização já estivesse prevista (com o chamado *annonce d'une opération*). Diversos outros acórdãos posteriores do Conselho de Estado também trataram de forma semelhante do tema, sendo atualmente consolidado no direito francês que a preempção pode ser manejada para constituição de reserva fundiária desde que motivada, mesmo que genericamente, pela realização de uma operação urbanística (as chamadas *opérations d'aménagement*).[85]

---

[84] Conseil d'État, Assemblée, 6 juin 1969, Dame Laudon et autres; 71514, publié au recueil Lebon. Disponível em: https://www.legifrance.gouv.fr/affichJuriAdmin.do?idTexte=CETATEXT000007640247.

[85] Sobre o tema, Pierre Soler-Couteaux e Elise Carpentier ressaltam que o Código de Urbanismo francês obriga a que a utilização da preempção seja sempre motivada. Vejamos: "A obrigação de motivação da decisão de preempção resulta do artigo L.210-1 do Código de Urbanismo, que determina que 'toda decisão de preempção deve mencionar o objeto para o qual esse direito é exercido'. (...). Essa obrigação de motivação é absolutamente geral. Portanto, o exercício do direito de preempção em razão da constituição de uma reserva fundiária deve ser motivado pela realização de uma ação ou operação urbanística. Os termos mesmo do artigo L. 201-1 assim obrigam (CE 25 julho 1986, Lebouc, nº. 6539, Lebon 218; CE 1º dez., 1993, Cne Jouars-Pontchartrain, nº. 138013, BJDU 1994, 103, concl. J. Arrighi de Casanova; CAA Nantes 9 out. 1996, Iglesias, nº. 94690, BJDU 1996, 429, concl. D Devillers).
(...)

Ressalve-se, por fim, que o artigo 26, parágrafo único, permite que uma mesma área seja destacada para um ou mais propósitos elencados nos incisos do artigo 26, contanto que tal propósito reste expressamente destacado na lei municipal. Entendemos, contudo, que haverá abuso e contrariedade ao dispositivo legal, se o Poder Público Municipal elencar, a uma só vez, todos os objetivos, pois neste caso não há a individualização desejada pelo diploma urbanístico.

O artigo 27, a sua vez, trata do procedimento a ser observado tanto pela Administração Pública municipal, quanto pelo proprietário de imóvel urbano que deseje vende-lo e que se encontre em área delimitada por lei municipal para exercício da preempção. À semelhança do que ocorre nos procedimentos regulados pelas leis civilistas – leia-se, assim, tanto o Código Civil quanto leis extraordinárias -, o proprietário é responsável por notificar a Administração. Trata-se, por assim dizer, de um dever de informação do proprietário. Contudo, não basta que o proprietário dê ciência apenas da intenção de venda, fazendo-se necessário que o mesmo apresente os elementos objetivos da compra e venda que pretende levar a cabo. Daí porque o parágrafo primeiro dispõe que "da notificação mencionada no caput será anexada proposta de compra assinada por terceiro interessado na aquisição do imóvel, da qual constarão preço, condições de pagamento e prazo de validade".[86]

A apresentação dos elementos elencados nas linhas anteriores – i.e.: preço, condições de pagamento e prazo de validade da proposta – é fundamental para que a Administração, se lhe interessar, exerça o direito de prelação *tanto por tanto*. Como ressaltado anteriormente, é da configuração do instituto da preferência que ao seu titular seja conferido o direito de exercer a sua opção, nos mesmos moldes da

---

A decisão de realizar a preempção de um bem compreendido numa ZAD para constituição de reserva fundiária pode fazer alusão às motivações gerais mencionadas no ato de criação da zona. (C. Urb., art. L. 210-1; CE 31 jan. 2007, Cts Maia, SARL Maia (2 esp.), nº. 277715, Constr.-Urb. 2007. 106, note G. Godfrin; BJDU 2007. 136, concl. Ch. Devys) Contudo, o princípio de motivação da decisão subsiste" (tradução nossa). SOLER-COUTEAUX, Pierre; CARPENTIER, Elise. *Droit de l'urbanisme*. 5e ed. Paris: Dalloz, 2013. p. 566-567.

[86] Neste ponto discordamos de Diógenes Gasparini, para quem a hipótese consignada no *caput* do artigo 27 se diferencia daquela do seu §1º, conforme o gatilho da venda tenha se iniciado a partir do desejo do proprietário ou a partir de proposta recebida de terceiro, respectivamente. Neste último caso, de acordo com o administrativista, far-se-ia necessário juntar a proposta, nos termos do §1º. Entendemos, contudo, que a juntada da proposta à notificação é sempre necessária, pois revela a robustez dos dados informados, já que pressupõe a declaração de um terceiro. Cf. GASPARINI, Diógenes. Direito de Preempção. *In*: DALLARI, Adilson Abreu; FERRAZ, Sérgio (Coord.). *Estatuto da Cidade*: comentários à Lei Federal nº 10.257/2001. 2. ed. São Paulo: Malheiros/SBDP, 2006. p. 211.

proposta apresentada. Daí porque importa não apenas o preço, como também as condições da proposta, pois pagar por um bem à vista ou em parcelas, por exemplo, tem efeitos importantes, já que o dinheiro também tem seu valor atrelado ao fator tempo. A referência à validade da proposta, por fim, tem sua importância, pois além de ser elemento de praxe do mercado, há de se levar em consideração que ela deva estar vigente no período de trinta dias conferido à Administração municipal para manifestar sua intenção de exercer o direito de prelação. Se a proposta tiver validade inferior a 30 (trinta) dias, poderá deixar de estar vigente antes que a Administração manifeste seu interesse, gerando questionamentos jurídicos sobre a possibilidade de a Administração exercer sua opção.

Conforme mencionado, a Administração deve manifestar expressamente sua intenção de exercer o direito de preferência, conforme sistemática inserta no §2º: "O Município fará publicar, em órgão oficial e em pelo menos um jornal local ou regional de grande circulação, edital de aviso da notificação recebida nos termos do caput e da intenção de aquisição do imóvel nas condições da proposta apresentada". Se, ao contrário, transcorrer o prazo de 30 (trinta) dias sem que a Administração se manifeste, o particular está autorizado a prosseguir com a venda notificada.

Interessante questão foi suscitada por Diógenes Gasparini a respeito da possibilidade de a Administração iniciar negociações com o particular a fim de renegociar o preço e as condições de venda.[87] Com efeito, entendemos plenamente possível que isso aconteça, pois eventual concordância do particular importa numa espécie de renúncia ao direito de receber *tanto por tanto*, o que é plenamente admitido em direito. Contudo, ressalve-se: a Administração não tem o poder de obrigar o particular a aceitar proposta pior, pois o instrumento da

---

[87] "Restaria saber se o Município pode apresentar, dentro do trintídio destinado a demonstrar solenemente o seu interesse na compra de imóvel submetido ao regime de preferência, uma contraproposta. Não vemos qualquer motivo para negar-lhe essa possibilidade, conforme já mencionado. Com efeito, ainda que essas partes tenham sido aproximadas em razão do regime de preferência, a transação que estão para celebrar é de natureza contratual, onde prevalece a vontade das partes. Destarte, nesses casos cabe ao proprietário do bem submetido ao regime de prelação aceitar ou não o que está sendo proposto pelo Município. Ademais, incorrerá em improbidade administrativa o prefeito, ou quem lhe faça as vezes, se adquirir imóvel objeto de direito de preempção pelo valor da proposta apresentada se este for completamente superior ao de mercado (art. 52, VIII, do Estatuto da Cidade)". (GASPARINI, Diógenes. Direito de Preempção. *In*: DALLARI, Adilson Abreu; FERRAZ, Sérgio (Coord.). *Estatuto da Cidade*: comentários à Lei Federal nº 10.257/2001. 2. ed. São Paulo: Malheiros/SBDP, 2006. p. 214-215).

preempção não se confunde com o instituto da desapropriação. Trata-se, portanto, de faceta comparativamente menos autoritária do Poder Público municipal. Quisesse a Administração obrigar o particular a lhe transferir a propriedade, deveria ela ter manejado o instrumento da desapropriação, que também é acolhido pelo ordenamento se observados os requisitos legais e constitucionais pertinentes.

Os parágrafos 4º e seguintes do artigo 27 tratam da hipótese em que a Administração não manifestou a intenção de exercer o direito de prelação em relação ao imóvel. Nestes casos, ainda assim subsiste para o proprietário a obrigação de informar à Administração a respeito da efetiva ocorrência da transação, por meio da apresentação de cópia do instrumento público de alienação do imóvel. Esse documento é fundamental para que a Administração afira se a compra e a venda se processou efetivamente, conforme a proposta apresentada, sendo nula de pleno direito em caso contrário. Nessa hipótese, ainda, o §6º impõe outra penalidade ao munícipe: neste caso, o Município poderá adquirir o imóvel pelo valor da base de cálculo do IPTU ou pelo valor da proposta, se inferior.

É de se apontar, ainda, que se o imóvel restar vendido por preço superior ao divulgado na proposta, não faz sentido a imposição das citadas penalidades ao particular, ainda que, a rigor, devesse ele informar à Administração Pública municipal a respeito da mudança dos seus termos. Isso porque neste caso, não há prejuízo à Administração, que já manifestara previamente o desinteresse em exercer sua opção diante de proposta de valor mais baixo, sendo decorrência lógica a recusa diante de uma proposta mais elevada. Daí porque o desfazimento do negócio jurídico e a aquisição da propriedade nos termos do §6º se revelariam descabidos. A esse propósito, veja-se que algumas leis municipais preveem multa para a hipótese de descumprimento da obrigação aqui analisada, o que, a nosso ver e desde que a multa não seja desarrazoada, funcionaria perfeitamente para a situação que se está a discutir. Isso porque é sempre do interesse da Administração Pública municipal saber se a operação foi efetivamente realizada e em que condições, daí o sentido de se impor alguma penalidade ao particular, diferente daquela constante do §6º.

Por fim, o Estatuto da Cidade traz uma última peculiaridade relativa ao regime próprio de preempção que estabelece: o art. 52 prevê em dois incisos condutas relacionadas ao exercício do direito de preempção que configuram improbidade administrativa. A primeira, contida no inciso III, relaciona-se ao uso das áreas obtidas por meio de preempção de modo diverso do disposto no artigo 26, já analisado. Portanto, o uso para qualquer propósito além daqueles analisados no inciso, ou mesmo o uso para um dos propósitos indicados nos incisos mas não discriminado na lei municipal, sujeita o prefeito à aplicação das penas da lei de improbidade. Por outro lado, o exercício do direito de preempção não pode conflitar com o bom uso dos recursos públicos, daí por que, adquirido o imóvel com o manejo desse instrumento e comprovada a prática de preço superior ao de mercado, verifica-se também conduta sujeita às penas da lei de improbidade administrativa, por evidente lesão ao erário (cf. inciso VIII). Pergunta interessante a se colocar é se nesta hipótese poderia o prefeito simplesmente editar o decreto expropriatório a fim de garantir a aquisição da área sem correr o risco de enquadramento no art. 52, VIII, ou se tal postura poderia eventualmente configurar abuso de direito. Entendemos que o caso deva ser analisado de forma concreta, considerando tanto a urgência de obtenção da área para emprego em um dos propósitos elencados em lei, quanto eventuais tratativas do Poder Público com o proprietário no sentido de obter um preço compatível com aquele de mercado, antes da opção pelo uso efetivo do instrumento expropriatório.

12.3 Conclusão

Os aspectos acima destacados e analisados ressaem, como visto, das regras contidas no Estatuto da Cidade e no Código Civil, além das considerações doutrinárias já tecidas acerca do instituto da preempção. Infelizmente, as Cortes praticamente não se manifestam a respeito do tema, pelo simples motivo de que este é apenas mais um dos instrumentos de política urbana dos quais os Municípios não lançam mão. Temas que poderiam suscitar debates, como a utilização do instrumento para constituição de reserva fundiária (a exemplo do ocorrido na França), a possibilidade de delegação de seu exercício (inclusive para particulares no âmbito de uma operação urbanística), dentre outras, sequer são debatidos pelos nossos magistrados, visto que se o instrumento não é sequer utilizado, por óbvio as questões a ele relacionadas não são judicializadas. O debate, assim, mantém-se restrito aos doutrinadores, que gastam tinta numa discussão até certo ponto etérea.

Em outros países, como a França, por exemplo, a preempção é largamente utilizada há muitas décadas. Daí por que há um amplo debate doutrinário e judicial em torno do tema. Diferentemente do que ocorre no Brasil, a doutrina francesa segmenta o direito de preempção dos entes públicos em algumas categorias. Assim, haveria a preempção com propósitos especificamente urbanísticos, que por sua vez é classificada em: i) Direito de Preempção Urbana (*Droit de Préemption Urbain – DPU*), pelo qual basicamente se permite que os municípios e outros entes,[88] por meio de previsão em seus planos urbanísticos, exerçam o direito de preempção em imóveis contidos em áreas previamente delimitadas, através de procedimentos na essência semelhantes aos do ordenamento brasileiro; ii) Direito de Preempção no âmbito de áreas específicas onde são realizadas operações urbanísticas (as chamadas *Zone d'Aménagement Différé – ZAD*), com a peculiaridade de que nesta hipótese o manejo da preempção é feito por pessoa diversa daquela que instituiu a área.[89] A doutrina costuma apontar uma segunda categoria, consistente num direito de preempção específico relacionado à preservação dos espaços naturais. Uma terceira categoria consistiria no direito de preempção, criado em 2005, sobre os fundos de comércio, que pode ser instituído pelos Municípios com o propósito de preservar o comércio e artesanato local, conforme dispõe o artigo L. 214-1 e seguintes do Código de Urbanismo francês, sendo certo que a essas categoriais vêm sendo agregadas outras, conforme o Código de Urbanismo francês é modificado.[90]

---

[88] Nesse sentido, também os chamados *Établissement Public de Coopération Intercommunale* (EPCI), espécie de organismo intermunicipal, podem utilizar o instrumento. Posteriormente, a Lei nº 2000-1208, de 13 de dezembro de 2000 (alcunhada de SRU – *Loi Relative à la Solidarité et au Renouvellement Urbains*), conferiu competência também às chamadas *Communautes de Communes* para manejo do DPU na condução da política regional de equilíbrio social da habitação. Cf. SOLER-COUTEAUX, Pierre; CARPENTIER, Elise. *Droit de l'Urbanisme*. 5e ed. Paris: Dalloz, 2013. p. 564.

[89] Assim, o titular do direito é definido no ato de criação do perímetro da ZAC, podendo ser uma coletividade pública, um privado titular de uma espécie de concessão urbanística (*concession d'aménagement*), entre outros. A criação das ZADs permitiu que o instrumento da preempção fosse utilizado mais amplamente, com a possibilidade de seu exercício sobre todas as vendas e cessões a título oneroso dos imóveis ali contidos, por um período de 6 (seis) anos, prorrogáveis. Sobre o tema, recomenda-se a leitura de SOLER-COUTEAUX, Pierre; CARPENTIER, Elise. *Droit de...*, p. 535 e ss.

[90] Confira-se CRISTINI, René. *Code de l'Urbanisme*. 22e ed. Paris: Dalloz, 2013. p. 594 e AUBY, Jean-Bernard. *Droit de la ville*: du fonctionnement juridique des villes au droit à la ville. Paris: LexiNexis, 2013, p. 153.
Jean-Bernard Auby explica que, em algumas hipóteses, o direito de preempção no ordenamento francês é tal que o Poder Público pode até mesmo questionar o valor de venda do imóvel, se julgá-lo excessivo. Vejamos: "Em algumas hipóteses, as coletividades públicas dispõem, para a preparação fundiária de suas operações urbanísticas, de direitos de preempção organizados de uma maneira muito particular. Raro mesmo no direito comparado, esse mecanismo é tão original que permite à coletividade não apenas interferir

Sem o intuito de adentrar as especificidades do direito francês, importa mencionar que por lá praticamente todos os temas atinentes à utilização do instituto já foram debatidos pelo Conselho de Estado, gerando um debate muito mais rico do que aquele que o jurista brasileiro pode travar a respeito da matéria, o que, sem sombra de dúvida, é motivo de frustração para muitos dos entusiastas do Direito Urbanístico e do Urbanismo.

Em outras palavras, decorridos 18 (dezoito) anos da publicação do Estatuto da Cidade, o instrumento da preempção ainda não mostrou a que veio. Apesar de constituir uma limitação ao direito de propriedade, pois importa um condicionamento ao direito de disposição a ele inerente, é instrumento menos penoso ao particular do que a desapropriação, que ocorre à revelia do proprietário e constitui, talvez, a faceta mais autoritária do Poder Público. Por outro lado, pode cumprir um papel importante na execução da política de desenvolvimento urbano, desde que em sintonia com os propósitos consignados no plano diretor.

Portanto, mais do que prever a existência desse instrumento – o que diversos planos diretores já fazem –, é preciso que ele seja efetivamente utilizado para os propósitos elencados nos incisos do artigo 26; assim, desde a regularização fundiária até para fins de proteção de áreas de interesse histórico, cultural e paisagístico, passando pelo ordenamento da expansão urbana. No fundo, a não utilização desse instrumento revela a incapacidade dos nossos Municípios em lidar com as responsabilidades indicadas naqueles incisos, em absoluta contrariedade ao imperativo de pleno desenvolvimento das funções sociais da cidade e de garantia do bem-estar dos munícipes.

13 Instituição de unidades de conservação

Karlin Olbertz Niebuhr

A instituição de unidades de conservação (UCs) também figura dentre os instrumentos políticos e jurídicos da política urbana (art. 4º, inc. V, alínea 'e' do Estatuto da Cidade), além de constar do rol dos

---

numa transação imobiliária – o que constitui a natureza de toda direito de preempção – mas também, se ela julgar o preço da venda excessivo, de o arbitrar por meio do juiz da desapropriação" (tradução nossa). Cf. *Droit de la...*, p. 153 e ss.

instrumentos da Política Nacional do Meio Ambiente (art. 9º, inc. VI, da Lei nº 6.938/1981). Orienta-se à proteção de espaços territoriais dotados de valores ambientais relevantes e diferenciados, segundo a disciplina do Direito Ambiental, especialmente.

O fundamento constitucional para a instituição de unidades de conservação reside no art. 225, cujo caput garante a todos o direito ao meio ambiente ecologicamente equilibrado, obrigando o Poder Público e a coletividade a defendê-lo e a preservá-lo para as presentes e futuras gerações.

Com a finalidade de assegurar a efetividade desse direito, o §1º, inc. III, do mesmo dispositivo determina incumbir ao poder público:

> Definir, em todas as unidades da Federação, espaços territoriais e seus componentes a serem especialmente protegidos, sendo a alteração e a supressão permitidas somente através de lei, vedada qualquer utilização que comprometa a integridade dos atributos que justifiquem sua proteção.

As unidades de conservação são espécie desses "espaços territoriais especialmente protegidos" (ETEPs), que podem ser públicos ou privados.

13.1 Conceito de unidades de conservação

Conservar traz a ideia de manutenção das circunstâncias, de forma estática, mas a instituição de unidades de conservação não se limita a esse aspecto. José Afonso da Silva esclarece que

> a conservação não é uma situação estática, mas um processo dinâmico, que envolve aproveitamento atual, continuidade e manutenção futura. Tem ela, pois, três finalidades específicas: manter os processos ecológicos e os sistemas vitais essenciais; permitir o aproveitamento perene das espécies e dos ecossistemas; e preservar a diversidade genética.[91]

---

[91] SILVA, José Afonso da. Fundamentos constitucionais da proteção ambiental. In: MARQUES, Claudia Lima; MEDAUAR, Odete; SILVA, Solange Teles da (Coord.). *O novo direito administrativo, ambiental e urbanístico*: estudos em homenagem à Jacqueline Morand-Deviller. São Paulo: RT, 2010. p. 117-118.

Tais finalidades são genericamente referidas pelo art. 225, §1º, da Constituição, nos incisos I, II e VII,[92] os quais, juntamente com o inc. III, citado em linhas anteriores, foram regulamentados pela Lei nº 9.985/2000, que institui o Sistema Nacional de Unidades de Conservação da Natureza. De acordo com o art. 2º, inc. I, da Lei, unidade de conservação deve ser entendida como o

> espaço territorial e seus recursos ambientais, incluindo as águas jurisdicionais, com características naturais relevantes, legalmente instituído pelo Poder Público, com objetivos de conservação e limites definidos, sob regime especial de administração, ao qual se aplicam garantias adequadas de proteção.

Logo, unidade de conservação é uma expressão referível a um conceito delimitado. Não se trata de um gênero abarcando qualquer espaço territorial a que se confere proteção diferenciada. Áreas de proteção permanente e áreas de reserva ambiental, por exemplo, quando disciplinadas pela Lei nº 12.651/2012 – o Novo Código Florestal –, não se constituem em unidades de conservação propriamente ditas, muito embora seus objetivos possam ser equivalentes.[93]

Na síntese de Paulo de Bessa Antunes, há um gênero, "espaços territoriais especialmente protegidos", referido pelo Constituinte no art. 225, §1º, inc. III, que se divide em dois grandes grupos: espaços territoriais disciplinados pela Lei do SNUC e espaços territoriais da

---

[92] "Art. 225. [...]. §1º Para assegurar a efetividade desse direito, incumbe ao Poder Público: I – preservar e restaurar os processos ecológicos essenciais e prover o manejo ecológico das espécies e ecossistemas; II – preservar a diversidade e a integridade do patrimônio genético do País e fiscalizar as entidades dedicadas à pesquisa e manipulação de material genético; [...] VII – proteger a fauna e a flora, vedadas, na forma da lei, as práticas que coloquem em risco sua função ecológica, provoquem a extinção de espécies ou submetam os animais à crueldade".

[93] Segundo Paulo de Bessa Antunes, com esteio na lição de Márcia Dieguez Leuzinger, "o conjunto da legislação brasileira de proteção ao meio ambiente se bifurca em duas vertentes básicas: 'proteção do ambiente natural, em especial da biodiversidade, a partir da criação de espaços territoriais especialmente protegidos, mais ou menos restritivos, e controle e uso sustentável dos recursos naturais'. Esses dois aspectos da proteção ao meio ambiente, no que se refere à diversidade biológica, são tutelados pela (i) Lei do Snuc, para os espaços territoriais merecedores de proteção especial, e pela (ii) Lei nº 12.651/2012, para os demais espaços territoriais que se submetem aos princípios gerais de cuidado para com o meio ambiente, tal como determinado pelos arts. 170, VI e 225 da Constituição Federal". ANTUNES, Paulo de Bessa. Código Florestal e Lei do Sistema Nacional de Unidades de Conservação: normatividades autônomas. *Revista de Direito Administrativo – RDA*, n. 265, jan./abr. 2014, versão digital da Biblioteca Digital Fórum de Direito Público, sem paginação.

legislação florestal. Corrobora esse entendimento o teor do art. 24, inc. VI, da Constituição, que atribui competência concorrente aos entes federados para legislar sobre florestas e conservação da natureza, enquanto temas independentes. Desse modo, e na lição do autor,

> parece razoável se entender que o Constituinte buscou instituir dois regimes jurídicos diferentes, de modo que o regime jurídico florestal não se confunde com o regime jurídico das áreas merecedoras de proteção especial. Tal é confirmado pelo fato de que o legislador ordinário, especialmente no nível da legislação geral federal, possui normas próprias tanto para uma como para outra hipótese, no caso, (i) a Lei nº 12.651/2012 e (ii) a Lei nº 9.985/2000.[94]

Também corrobora o entendimento a circunstância de o art. 26, inc. VII, do Estatuto da Cidade, admitir o exercício do direito de preempção pelo poder público para "criação de unidades de conservação ou proteção de outras áreas de interesse ambiental". Logo, há outras áreas, para além das unidades de conservação, o que permite concluir que unidade de conservação não é gênero, e sim espécie, não disciplinada pelo regime geral florestal (Lei nº 12.651/2012), mas por legislação especial (a Lei nº 9.985/2000).

Evidentemente, a delimitação do conceito de unidades de conservação não implica a restrição ao uso, como instrumentos de política urbana, de outras categorias de áreas de proteção ambiental. Reitere-se que o art. 4º, caput, do Estatuto da Cidade, admite a utilização de outros instrumentos, que não os expressamente referidos pelos seus incisos. Mas a expressa menção acerca das unidades de conservação exige o exame dos seus aspectos fundamentais.

13.2 O SNUC

A Lei nº 9.985/2000 institui o Sistema Nacional de Unidades de Conservação (SNUC). O SNUC é constituído pelo conjunto das unidades de conservação federais, estaduais e municipais, nos termos do art. 3º da Lei nº 9.985/2000.

---

[94] ANTUNES, Paulo de Bessa. Código Florestal e Lei do Sistema Nacional de Unidades de Conservação: normatividades autônomas. *Revista de Direito Administrativo – RDA*, n. 265, jan./abr. 2014, versão digital da Biblioteca Digital Fórum de Direito Público, sem paginação. Sobre a divisão entre espaços territoriais especialmente protegidos (ETEPs) em sentido amplo e em sentido estrito, conferir também MILARÉ, Edis. *Direito do ambiente*. 8. ed. São Paulo: RT, 2013. p. 1203.

O SNUC é composto de doze categorias de unidades de conservação, referidas pelos arts. 8º e 14 da Lei, e divididas em dois grandes grupos – Unidades de Proteção Integral e Unidades de Uso Sustentável (art. 7º). A diferença reside em que, nas Unidades de Proteção Integral, o objetivo é preservar a natureza, admitindo-se apenas o uso indireto dos recursos naturais, salvo exceções previstas em lei (§1º); já nas Unidades de Uso Sustentável, o objetivo de preservar a natureza deve compatibilizar-se com o uso sustentável de parcela dos seus recursos naturais (§2º).

13.3 Criação, implantação e gestão de unidades de conservação

As unidades de conservação são criadas por ato do poder público (art. 22 da Lei nº 9.985/2000), que deve indicar, nos termos do art. 2º do Decreto nº 4.340/2002,

> I – A denominação, a categoria de manejo, os objetivos, os limites, a área da unidade e o órgão responsável por sua administração;
>
> II – A população tradicional beneficiária, no caso das Reservas Extrativistas e das Reservas de Desenvolvimento Sustentável;
>
> III – A população tradicional residente, quando couber, no caso das Florestas Nacionais, Florestas Estaduais ou Florestas Municipais; e
>
> IV – As atividades econômicas, de segurança e de defesa nacional envolvidas.

O ato administrativo adequado para criação de unidades de conservação é o Decreto do chefe do Poder Executivo (art. 84, inc. IV, da Constituição). Nada impede, no entanto, que a criação decorra diretamente de lei.[95]

A criação deve ser precedida de estudos técnicos e de consulta pública, que têm a finalidade de subsidiar a definição da localização, da dimensão e dos limites mais adequados para a unidade (art. 22, §2º, da Lei nº 9.985/2000). Não é obrigatória a realização de consulta pública para criação de Estação Ecológica ou Reserva Biológica (que compõem

---

[95] MACHADO, Paulo Affonso Leme. *Direito ambiental brasileiro*. 22. ed. São Paulo: Malheiros, 2014. p. 976.

o grupo das Unidades de Proteção Integral), tal como ressalva o §4º do art. 22 da Lei.

Durante o processo de discussão da criação de uma unidade de conservação, e a critério do órgão ambiental competente, caberá ao poder público estabelecer medidas preventivas (art. 22-A da Lei), para evitar a degradação ambiental porventura decorrente de empreendimentos na localidade. Essas medidas tomarão a forma de limitações administrativas provisórias, que vigorarão por até sete meses (prazo máximo para destinação de uma área a uma unidade de conservação, segundo o art. 22-A, §2º, da Lei). O órgão ambiental competente definirá a necessidade dessas medidas se verificar risco de dano grave aos recursos naturais existentes. A exceção ficará por conta das atividades agropecuárias, das atividades econômicas em andamento e de obras públicas licenciadas, que não devem sofrer limitações. De uma forma ou de outra, não serão permitidas atividades de corte raso de florestas e vegetação nativa (art. 22-A, §1º).

A unidade de conservação pode não se limitar ao uso do solo, mas também envolver subsolo e espaço aéreo, que deverão integrar os limites da unidade quando influírem na estabilidade do seu ecossistema (art. 24 da Lei). Além disso, pode ser necessária a gestão integrada com outras unidades de conservação, quando se configurar o chamado "mosaico" de unidades, formado por unidades de conservação próximas, justapostas ou sobrepostas (art. 26).

Toda unidade de conservação deve possuir um plano de manejo, que é o "documento técnico mediante o qual, com fundamento nos objetivos gerais de uma unidade de conservação, se estabelece o seu zoneamento e as normas que devem presidir o uso da área e o manejo dos recursos naturais, inclusive a implantação das estruturas físicas necessárias à gestão da unidade" (art. 2º, inc. XVII, e art. 27 da Lei). O plano de manejo deve ser produzido em até cinco anos, contados da data da criação da unidade (art. 27, §3º), deve servir como principal instrumento para sua gestão e concretizar os objetivos e diretrizes do SNUC, estabelecidos nos arts. 4º e 5º da Lei.[96] Além disso, deve abranger não apenas a área da unidade de conservação, mas também sua zona de amortecimento e os corredores ecológicos, "incluindo medidas com o fim de promover sua integração à vida econômica e social das comunidades vizinhas" (art. 27, §1º).

---

[96] MACHADO, Paulo Affonso Leme. *Direito ambiental brasileiro*. 22. ed. São Paulo: Malheiros, 2014. p. 987.

A zona de amortecimento é o entorno da unidade de conservação, para o qual será estabelecido regime específico de limitações e restrições, a fim de minimizar os impactos negativos que a atividade humana produzirá sobre a unidade (art. 2º, inc. XVIII, da Lei).

Os corredores ecológicos são

> porções de ecossistemas naturais ou seminaturais, ligando unidades de conservação, que possibilitam entre elas o fluxo de genes e o movimento da biota, facilitando a dispersão de espécies e a recolonização de áreas degradadas, bem como a manutenção de populações que demandam para sua sobrevivência áreas com extensão maior do que aquela das unidades individuais (art. 2º, inc. XIX, da Lei). Devem ser previstos, nos termos da lei, quando for conveniente (art. 25).

Estão dispensadas da definição de zona de amortecimento e corredores ecológicos as Áreas de Proteção Ambiental e as Reservas Particulares do Patrimônio Natural (art. 25), que compõem o grupo das Unidades de Uso Sustentável (art. 14, incs. I e VII).

Uma vez criada a unidade de conservação, não cabe a sua desafetação ou a redução dos seus limites, a não ser por lei específica (art. 22, §7º, da Lei; art. 225, §1º, inc. III, da Constituição). Todavia, a transformação total ou parcial de uma unidade de conservação do grupo de Uso Sustentável para uma unidade do grupo Proteção Integral ou a sua ampliação podem ocorrer, após consulta pública, por "instrumento normativo do mesmo nível hierárquico do que criou a unidade" (art. 22, §§5º e 6º, da Lei).

A unidade de conservação será um espaço para atividades diversas, inclusive de exploração econômica, desde que não haja o comprometimento dos recursos naturais, do ecossistema protegido e das demais finalidades para as quais foi criada a unidade.

13.4 Unidades de conservação no contexto da política urbana

No campo da política urbana, cujo principal agente é o Município, as unidades de conservação municipais apresentam especial relevância, mas nada impede (pelo contrário, recomenda-se) que o Município promova esforços de concertação com os demais entes da federação para que sejam instituídas, também como instrumento de política urbana, unidades de conservação federais ou estaduais.[97]

Um aspecto essencial reside na implantação e manutenção de unidades de conservação como compensatórias do impacto ambiental causado por empreendimentos urbanos. Segundo o art. 36 da Lei nº 9.985/2000,

> nos casos de licenciamento ambiental de empreendimentos de significativo impacto ambiental, assim considerado pelo órgão ambiental competente, com fundamento em estudo de impacto ambiental e respectivo relatório – EIA/RIMA, o empreendedor é obrigado a apoiar a implantação e a manutenção de unidade de conservação do Grupo de Proteção Integral, de acordo com o disposto neste artigo e no regulamento desta Lei.

Portanto, o empreendedor deverá destinar recursos para determinadas unidades de conservação. A definição fica por conta do órgão ambiental licenciador, que para tanto deverá considerar o conteúdo do EIA/RIMA (art. 36, §2º). Quando o empreendimento afetar unidade de conservação específica, ou sua zona de amortecimento, o licenciamento somente poderá ser concedido mediante autorização do órgão responsável pela administração da unidade, que deverá ser uma das beneficiadas da compensação, mesmo que não figure no Grupo de Proteção Integral (art. 36, §3º).[98]

O §1º do art. 36 previa um percentual mínimo de recursos a serem destinados a unidades de conservação. Estabelecia que o montante de recursos "não pode ser inferior a meio por cento dos custos totais previstos para a implantação do empreendimento". No entanto, essa expressão foi declarada inconstitucional pelo Supremo Tribunal Federal.[99] O percentual é fixado pelo órgão licenciador, de acordo com o grau de impacto ambiental.[100]

---

[97] Lembre-se que o Decreto Federal nº 5.758/2006, que institui o Plano Estratégico Nacional de Áreas Protegidas – PNAP, fixa o princípio da "cooperação entre a União e os Estados, Distrito Federal e os Municípios para o estabelecimento e a gestão de unidades de conservação" (item 1, subitem 1.1, inciso XVI, do Anexo do Decreto).

[98] A Resolução nº 428/2010 do CONAMA disciplina os procedimentos de licenciamento ambiental de empreendimentos de significativo impacto ambiental que afetem unidades de conservação ou suas zonas de amortecimento.

[99] "Inconstitucionalidade da expressão 'não pode ser inferior a meio por cento dos custos totais previstos para a implantação do empreendimento', no §1º do art. 36 da Lei

O art. 26, inc. VII, do Estatuto da Cidade, prevê o exercício do direito de preempção pelo Poder Público municipal (nos termos da legislação específica, tal como prevê o art. 25, §1º), sempre que necessitar de áreas para "criação de unidades de conservação ou proteção de outras áreas de interesse ambiental". O poder público também poderá se valer da desapropriação. Lembre-se, contudo, que poderão ser criadas unidades de conservação sob dominialidade privada.[101]

14 Outorga onerosa do direito de construir e de alteração de uso e transferência do direito de construir

Karlin Olbertz Niebuhr

O art. 5º, inc. V, alíneas 'n' e 'o', do Estatuto da Cidade, arrola os instrumentos político-jurídicos da outorga onerosa do direito de construir e de alteração de uso e da transferência do direito de construir.

A chamada "outorga onerosa de alteração de uso" instrumentaliza a outorga, pelo poder público, do direito de alterar o uso estabelecido para determinado imóvel, mediante contrapartida do particular interessado. Lembre-se que o uso de um imóvel consiste na destinação do lote estabelecida pelo zoneamento (uso residencial, uso comercial, etc.).

Como é evidente, e em vista das determinações da lei de zoneamento, a outorga onerosa de alteração de uso depende igualmente de lei que autorize a flexibilização do regime urbanístico do uso para uma determinada localidade ou zona. Essa lei é o plano diretor, conforme dicção do art. 29 do Estatuto da Cidade: "O plano diretor poderá fixar áreas nas quais poderá ser permitida alteração de uso do

---

nº 9.985/2000. O valor da compensação-compartilhamento é de ser fixado proporcionalmente ao impacto ambiental, após estudo em que se assegurem o contraditório e a ampla defesa. Prescindibilidade da fixação de percentual sobre os custos do empreendimento". (ADI 3.378, Pleno, rel. Min. Carlos Britto, j. 09.04.2008, DJe 19.06.2008).

[100] A Resolução nº 371/2006 do CONAMA estabelece diretrizes aos órgãos ambientais para cálculo, cobrança, aplicação, aprovação e controle de gastos de recursos advindos de compensação ambiental.

[101] "[...] aceitam a dominialidade privada, em decorrência ora da flexibilidade do regime ambiental implantado, ora do caráter espontâneo de sua criação pelo próprio proprietário: o Monumento Natural, o Refúgio de Vida Silvestre, a Área de Proteção Ambiental, a Área de Relevante Interesse Ecológico, a Reserva de Desenvolvimento Sustentável, e a Reserva Particular do Patrimônio Natural". BENJAMIN, Antônio Herman. O regime brasileiro de unidades de conservação. *Revista de Direito Ambiental*, n. 21, p. 27-56, jan./mar. 2001, versão digital da Revista dos Tribunais Online, sem paginação.

solo, mediante contrapartida a ser prestada pelo beneficiário". O art. 30 do Estatuto da Cidade ainda faz referência a "lei municipal específica", que estabelecerá as condições (inclusive para a outorga onerosa do direito de construir) a serem observadas, em especial, as contrapartidas exigíveis, a fórmula de cálculo para a cobrança e os casos de isenção.

Já a "outorga onerosa do direito de construir" e a "transferência do direito de construir" são resultado de um longo processo de discussões a respeito dos limites do direito de construir e, portanto, do próprio direito de propriedade. Trata-se, em suma, de reconhecer o direito de criar solo, e de conferir esse direito ou transferi-lo de um lote a outro.

A questão relaciona-se ao que se convencionou chamar de solo criado, que foi definido, com influência do instituto francês do *plafond legal de densité* (limite legal de densidade),[102] como "o resultado de construção praticada em volume superior ao permitido nos limites do coeficiente único de aproveitamento".[103]

Essa definição tradicional, contudo, não foi albergada pelo Estatuto da Cidade, que admitiu o cabimento de o Município estipular coeficientes diferenciados para áreas específicas dentro do espaço habitável (art. 28, §2º), e não apenas um coeficiente básico.

O coeficiente de aproveitamento expressa a relação entre a área edificável e a área total do terreno (art. 28, §1º, do Estatuto da Cidade). Trata-se de um índice de ocupação, mas diverso daquele denominado "taxa de ocupação", que considera a projeção horizontal da construção no terreno (isto é, a área de terreno ocupada pela construção), sem se referir ao volume (ou à área total) efetivamente construído. Assim, enquanto a taxa de ocupação preocupa-se com a densidade edilícia do espaço habitável, o coeficiente de aproveitamento tem em vista a densidade populacional.[104]

---

[102] O *plafond legal de densité* é um limite ao exercício do direito de construir, para além do qual há subordinação ao interesse coletivo, e o construtor deve pagar uma contrapartida à coletividade. Cf. GILLI, Jean-Paul; LANVERSIN, Jacques de. *Lexique Droit de l'urbanisme*. Paris: Presses Universitaires de France, 1978. p. 95.

[103] Essa é a definição proposta no Seminário "O Solo Criado", ocorrido em 1976 e organizado pela Fundação Prefeito Faria Lima – CEPAM, Centro de Estudos e Pesquisas de Administração Municipal, vinculada ao governo do Estado de São Paulo. O seminário propiciou uma sequência de três encontros de grandes juristas para debater o tema. Como resultado, foi publicada a conhecida "Carta do Embu". Cf. GRAU, Eros Roberto. Aspectos jurídicos da noção de solo criado. *In*: FUNDAÇÃO PREFEITO FARIA LIMA – CEPAM. *Solo Criado/Carta do Embu*: anais do Seminário "O Solo Criado". São Paulo, 1976. p. 136.

[104] SILVA, José Afonso da. *Direito urbanístico brasileiro*. 6. ed. São Paulo: Malheiros, 2010. p. 250.

A limitação do coeficiente de aproveitamento resulta do fato de que o exercício indiscriminado do direito de construir (especialmente depois do desenvolvimento das técnicas que permitiram a extensão da construção vertical) compromete a organização do espaço habitável e sobrecarrega os equipamentos púbicos urbanos. Admite-se, portanto, um determinado volume máximo de solo criado, em obediência ao "princípio de que todo solo criado por novas construções deverá conservar o equilíbrio exigido entre a densidade de edificação e a capacidade dos equipamentos públicos que sirva a seus habitantes".[105] Nesse sentido, o Estatuto da Cidade encerrou determinação para que a instituição dos limites máximos ao coeficiente de aproveitamento considere a proporcionalidade entre a infraestrutura existente e o aumento de densidade esperado (art. 28, §3º).

Portanto, o direito de criar solo pode ser adquirido, alienado ou transferido, mediante os instrumentos da outorga onerosa e da transferência do direito de construir. Para tanto, deverá existir previsão no plano diretor, com fixação de "áreas nas quais o direito de construir poderá ser exercido acima do coeficiente de aproveitamento básico adotado, mediante contrapartida a ser prestada pelo beneficiário" (art. 28). Tal como referido em linhas anteriores, ainda é necessária a edição de lei municipal específica (art. 30), que preveja as condições a serem observadas, inclusive a disciplina das contrapartidas exigíveis.

Os recursos auferidos mediante contrapartida, seja para alteração de uso, seja para o direito de construir, serão destinados às finalidades estabelecidas pelos incisos do art. 26, tal como determina o art. 31 do Estatuto da Cidade.[106] Essa previsão é a evidência de que tais instrumentos vinculam-se precipuamente à realização da política urbana. Não cabe sua utilização de forma aleatória ou desconectada do planejamento municipal e dos objetivos de política urbana.

---

[105] GUERRA, Maria Magnólia Lima. *Aspectos jurídicos do uso do solo urbano*. Fortaleza: s/e, 1981. p. 81. Já enfrentamos o tema sob a perspectiva da sustentabilidade das cidades. Confira-se OLBERTZ, Karlin. Potencial adicional de construção e os limites de sustentabilidade das cidades. In: ALMEIDA, Fernando Dias Menezes de et al. *Direito público em evolução*: estudos em homenagem à Professora Odete Medauar. Belo Horizonte: Fórum, 2013. p. 657-667.

[106] Tais finalidades são: "Art. 26. [...] I – regularização fundiária; II – execução de programas e projetos habitacionais de interesse social; III – constituição de reserva fundiária; IV – ordenamento e direcionamento da expansão urbana; V – implantação de equipamentos urbanos e comunitários; VI – criação de espaços públicos de lazer e áreas verdes; VII – criação de unidades de conservação ou proteção de outras áreas de interesse ambiental; VIII – proteção de áreas de interesse histórico, cultural ou paisagístico; IX – (VETADO)".

O direito de criar solo encontra uma disciplina peculiar no contexto das operações urbanas consorciadas, tema que será examinado a seguir.

15 Operações urbanas consorciadas

Karlin Olbertz Niebuhr

A Seção X do Capítulo II do Estatuto da Cidade estabelece normas gerais sobre a operação urbana consorciada, instrumento de política urbana referido no rol do art. 4º, inc. V, na alínea "p".

A operação urbana consorciada é definida pelo Estatuto como "o conjunto de intervenções e medidas coordenadas pelo Poder Público municipal, com a participação dos proprietários, moradores, usuários permanentes e investidores privados, com o objetivo de alcançar, em uma área, transformações urbanísticas estruturais, melhorias sociais e a valorização ambiental" (art. 32, §1º).

O conceito legal não permite diferenciar a operação urbana consorciada de outros instrumentos de intervenção urbanística. Por isso, em outra oportunidade, propusemos o seguinte conceito: a operação urbana consorciada é um empreendimento urbano, capitaneado pelo poder público municipal e desenvolvido em parceria com a sociedade civil, financiado no todo ou em parte pelas contrapartidas decorrentes da execução de um plano urbanístico flexível, e traduzido num procedimento urbanístico orientado cumulativamente à transformação urbanística estrutural, à valorização ambiental e à promoção de melhorias sociais numa determinada área do espaço habitável.[107]

15.1 Desdobramentos do conceito

Com empreendimento urbano, queremos dizer que a operação urbana consorciada não corresponde de modo exclusivo nem à atividade de ordenação e controle da ocupação e do uso do solo urbano, nem à execução de obras públicas. A operação urbana consorciada abrange esses elementos, mas há algo mais. A ideia de empreendimento diz respeito à inovação nas combinações de recursos até então existentes.

---

[107] Para um estudo aprofundado da operação urbana consorciada, consulte-se esta obra da autora: OLBERTZ, Karlin. *Operação urbana consorciada*. Belo Horizonte: Fórum, 2011. p. 71.

O empreendimento se desenvolve mediante a criação e a execução, para uma determinada área da cidade, de um plano urbanístico especial, que excepciona o regime do plano diretor. A finalidade do plano é transformar a realidade urbana daquela localidade, mediante a utilização de mecanismos negociais. Por isso, dizemos que o plano é flexível, na acepção de que autoriza o Município a conceder modificações nos índices urbanísticos. A expressão "índices urbanísticos" é utilizada em sentido amplo e genérico, para traduzir toda definição normativa de limites aos direitos de uso e de propriedade, atinentes a uma localização do espaço habitável.

Assim, por exemplo, se um particular deseja construir acima do coeficiente de aproveitamento até então vigente para seu lote, poderá requerer esse direito ao poder público. Se a modificação do coeficiente de aproveitamento estiver prevista na operação, o poder público poderá conferir esse direito ao interessado, após análise técnica e mediante pagamento de contrapartida. Da mesma forma, o particular que já construiu irregularmente poderá requerer a regularização de sua construção. Ou uma grande rede de supermercados, que deseja instalar uma unidade na região da operação, poderá requerer o remembramento de lotes, mediante a contrapartida de obrigar-se à urbanificação do entorno.

Mas é importante esclarecer que o plano urbanístico especial, embora excepcione o plano diretor, dele não se desvincula em termos de planejamento, nem deve se desvincular do planejamento global da cidade. Por isso, o art. 32, "caput", previu que "Lei municipal específica, baseada no plano diretor, poderá delimitar área para aplicação de operações consorciadas". Tal pode ser interpretado em dois sentidos complementares: o da previsão expressa no plano diretor da possibilidade de utilização de operações urbanas consorciadas, e o da necessária compatibilidade entre a lei e o plano da operação com as exigências de ordenação da cidade trazidas pelo plano diretor.[108]

A criação e a execução do novo plano são capitaneadas pelo poder público, com o auxílio da sociedade civil. Por isso, a operação urbana

---

[108] "[...] a lei que institui o plano diretor municipal deve apontar as áreas da cidade – de acordo com o zoneamento local – em que as operações urbanas consorciadas poderão ser aplicadas. Tal previsão evita que o instrumento seja utilizado de forma casuística e oportunista, sem a devida consonância com o planejamento urbanístico, cujas diretrizes estão expressas no plano diretor local". LEVIN, Alexandre. Operação urbana consorciada: normas gerais sobre o instituto constantes dos art. 32 a 34 do Estatuto da Cidade. *Boletim de Direito Municipal*, n. 1, v. 29, p. 24, jan. 2013.

consorciada pode ser caracterizada como uma parceria público-privada *lato sensu*, própria de novas concepções de intervenção, tais como a de Administração concertada.

Os objetivos de transformação urbanística estrutural, valorização ambiental e promoção de melhorias sociais serão alcançados mediante o investimento, na própria área da operação, das contrapartidas recebidas pela concessão de benefícios urbanísticos. Significa dizer que as modificações nos índices urbanísticos serão outorgadas em caráter oneroso e que os recursos obtidos servirão para financiar as obras e os equipamentos públicos previstos no plano da operação.

Tais elementos possibilitam uma prévia compreensão do instituto, cujas especificidades serão delineadas a seguir.

15.2 Competência municipal e federalismo cooperativo

As competências urbanísticas mais significativas (porque mais próximas à realidade dos habitantes da cidade) são atribuídas aos Municípios (art. 30, I, e VIII, e art. 182 da CF/88; art. 4º, inc. III, do Estatuto da Cidade). Dentre essas competências encontra-se a de instituição e coordenação das operações urbanas consorciadas (art. 32, "caput", do Estatuto).

Mas, a competência municipal não exclui a atuação concertada entre os entes da federação, no sentido do que se convencionou chamar de federalismo cooperativo. Não se pode desprezar a existência de interesses de outros entes da Federação (inclusive de outros Municípios) no desenvolvimento de uma operação.

Por isso, já defendemos em outra oportunidade o cabimento da utilização, pelos entes federativos, de instrumentos de cooperação, em especial convênios e consórcios públicos para atuação concertada no âmbito de uma operação urbana consorciada.[109] A solução não encontrava previsão expressa no Estatuto da Cidade e veio a ser incorporada pela Lei nº 13.089/2015, o Estatuto da Metrópole, que no art. 9º, inc. IV, prevê as "operações urbanas consorciadas interfederativas" como instrumento de desenvolvimento urbano integrado das regiões metropolitanas e aglomerações urbanas.

---

[109] A propósito, na Operação Porto Maravilha, da região portuária do Rio de Janeiro, autorizou-se o Município "a celebrar convênios com os demais entes da federação, com vistas à aquisição de terrenos, à conversão de usos, à transferência de serviços públicos e à realização de obras pertinentes à implementação da Operação". (Art. 42 da Lei Municipal Complementar nº 101/2009).

O Estatuto da Metrópole acrescentou o art. 34-A ao Estatuto da Cidade, para prever a realização de operações urbanas consorciadas interfederativas nas regiões metropolitanas e aglomerações urbanas, desde que aprovadas por leis estaduais específicas. A previsão não faz prescindir de leis municipais específicas, baseadas nos planos diretores, nem de compatibilidade dessas operações com o planejamento municipal.

O dispositivo também estabelece a aplicação do regime do Estatuto da Cidade, "no que couber". Assim, por exemplo, a coordenação da operação urbana consorciada, que segundo §1º do art. 32 está a cargo do Município, deverá ser capitaneada, no caso das operações interfederativas, por uma instância metropolitana.

15.3 A instituição de um regime urbanístico diferenciado

O art. 32, §2º, do Estatuto da Cidade estabelece as medidas que poderão ser previstas nas operações urbanas consorciadas. Tais medidas comporão o regime urbanístico que excepciona o do plano diretor e só poderão ser aplicadas na área da operação, como elemento de execução do plano urbanístico especial.

O inc. I trata da "modificação de índices e características de parcelamento, uso e ocupação do solo e subsolo, bem como alterações das normas edilícias, considerado o impacto ambiental delas decorrente".

Parcelamento é a divisão do solo, num espaço habitável, de modo que cada parcela dessa divisão seja destinada ao cumprimento de uma função urbanística específica (habitar, circular, trabalhar e recrear). Uso do solo consiste na destinação que lhe é imposta, de acordo com categorias previstas em lei e aglomeradas por zonas (uso residencial, uso comercial, uso industrial, uso viário). Ocupação do solo traduz o modo de assentamento urbano, que se configura enquanto relação entre as localizações e a quantidade de edificação permitida para cada uma delas. O inciso ainda faz referência a alterações das normas edilícias, que são as normas que disciplinam o direito de construir.

O inc. II estabelece a medida de "regularização de construções, reformas ou ampliações executadas em desacordo com a legislação vigente". A previsão é bastante ampla e pode ser interpretada de modo a comportar desde a chamada "anistia" a irregularidades nos parâmetros de construção ou de registro até a regularização fundiária mediante titulação.[110]

---

[110] "A regularização fundiária comporta três subconceitos: a regularização urbanística (projetos e obras); a regularização jurídica (instrumento para permitir a segurança da posse

O inc. III foi incluído pela Lei nº 12.836/2013. Essa lei também incluiu, dentre as diretrizes da política urbana previstas no art. 2º do Estatuto da Cidade, o "estímulo à utilização, nos parcelamentos do solo e nas edificações urbanas, de sistemas operacionais, padrões construtivos e aportes tecnológicos que objetivem a redução de impactos ambientais e a economia de recursos naturais" (inc. XVII).

A diretriz relaciona-se diretamente com a alteração promovida na disciplina da operação urbana consorciada mediante a inclusão do inc. III no §2º do art. 32, pois foi prevista a medida de

> concessão de incentivos a operações urbanas que utilizam tecnologias visando à redução de impactos ambientais, e que comprovem a utilização, nas construções e uso de edificações urbanas, de tecnologias que reduzam os impactos ambientais e economizem recursos naturais, especificadas as modalidades de design e de obras a serem contempladas.

O acréscimo não é efetivamente inovador. É que o parágrafo 2º já dispunha acerca da possibilidade de que outras medidas fossem previstas pelo poder público municipal, na concepção de uma operação urbana consorciada ("Poderão ser previstas nas operações urbanas consorciadas, entre outras medidas: [...]"). Significa dizer que o acréscimo não apresenta eficácia jurígena ou de competência, uma vez que já era facultado aos Municípios estabelecerem medidas diversas. Mas não se pode negar a eficácia da inclusão no sentido de oferecer alternativas aos Municípios.

15.4 As contrapartidas

A concessão de qualquer benefício decorrente da instituição do regime urbanístico diferenciado depende de uma contraprestação do interessado. Esse ponto é fundamental no desenvolvimento da operação, pois as contrapartidas é que permitirão: (i) o financiamento da operação; (ii) a recuperação, pelo poder público, da mais-valia decorrente das decisões e dos investimentos que realizou ou realizará em obras públicas; (iii) a redistribuição do valor recuperado, mediante transformações e melhorias na área da operação; e (iv) a compensação

---

e da propriedade) e a regularização registrária (registro ou averbação no cartório de imóveis, órgão responsável pelo controle da propriedade no Brasil)". SOMENSI, Simone; PRESTES, Vanêsca Buzelatto. Regularização fundiária como política pública permanente: teoria e prática. *Interesse Público*, n. 59, p. 229-248, jan./fev. 2010. p. 232.

do impacto na infraestrutura urbana que será causado pelo excedente de construção ou demais benefícios concedidos na operação.[111]

De modo geral, as contrapartidas assumirão três formas: a realização de obras públicas pelo interessado, a cessão de terrenos ao poder público e o pagamento em pecúnia. Não se descarta o cabimento de outras modalidades de contrapartidas, desde que voltadas ao desenvolvimento da operação. Nesse sentido, por exemplo, pode-se exigir que o interessado se obrigue à manutenção de um parque ou de uma área verde preexistente.

O art. 33, §1º, do Estatuto da Cidade, impõe que os recursos obtidos pelo poder público municipal, na forma de contrapartidas aos benefícios urbanísticos concedidos no âmbito da operação urbana consorciada, sejam aplicados exclusivamente na própria operação. Trata-se dos recursos em sentido amplo, incluindo recursos financeiros, patrimoniais e as obrigações de urbanificação.

Aplicar os recursos em desobediência ao art. 33, §1º, do Estatuto da Cidade, é causa para incursão em ilícito de improbidade administrativa (art. 52, inc. V, do Estatuto), "sem prejuízo da punição de outros agentes públicos envolvidos e da aplicação de outras sanções cabíveis" (art. 52, "caput").

A vinculação das contrapartidas à realização da operação é especialmente relevante para o fim de garantir o interesse da iniciativa privada em investir na área, adquirindo benefícios urbanísticos. Esse interesse apenas existirá se a iniciativa privada constatar a existência de um bom negócio, resultante do comprometimento do poder público com a urbanificação da região.

15.5 Conteúdo do plano da operação

O art. 33, "caput" e incisos, estabelece o conteúdo mínimo do plano da operação. O inc. I inicia por exigir a definição da área a ser atingida. Para tanto, é indispensável que tenha sido realizada uma leitura da região, considerando os usos, o aproveitamento, o parcelamento e a infraestrutura existentes, os projetos apresentados preteritamente, os interesses da população afetada e do mercado imobiliário.

---

[111] "Acréscimos quantitativos desses direitos [de construir] exigem intervenções urbanas que criem as condições urbanísticas para suportar as construções maiores dele derivadas". SUNDFELD, Caros Ari. Direito de construir e novos institutos urbanísticos. *Revista da Pós-Graduação em Direito PUC-SP*, n. 2, p. 5-52, 1995. p. 40.

O inc. II exige programa básico de ocupação da área, ou seja, o plano deve desde logo apresentar quais os usos e índices urbanísticos permitidos e indicados para a futura ocupação do espaço, além de outros dados relevantes, como a localização dos equipamentos públicos.

O inc. III impõe a existência de programa de atendimento econômico e social para a população diretamente afetada. É que os proprietários, moradores e usuários permanentes poderão sofrer consequências lesivas em virtude da execução do plano da operação. Tais consequências decorrerão de desapropriações, da incompatibilidade dos usos praticados até o momento, com aqueles previstos para a operação, entre outros fatores. Diante disso, o programa de atendimento econômico e social pode prever, por exemplo, mecanismos de assistência para aquisição de moradias, para a construção de habitação de interesse social, bem como soluções para os casos de dificuldade superveniente no acesso a equipamentos públicos.

Outra exigência constante do inc. IV é a de que o plano esmiúce as finalidades da operação, não bastando a referência a "transformações urbanísticas estruturais, melhorais sociais e valorização ambiental" (art. 32, §1º). A decisão quanto a tais finalidades dependerá das conclusões resultantes do estudo da área. Assim, se a área é objeto de intensa especulação imobiliária, se se encontra em processo de degradação ou se necessita de um recurso de drenagem importante, caberá definir que são finalidades da operação: criar condições para investimento, promover a renovação urbana ou aprimorar a drenagem na região.

O inc. V faz referência ao estudo prévio de impacto de vizinhança (EIV), cujas normas gerais encontram-se no art. 4º, VI, e nos arts. 36 a 38 do Estatuto da Cidade. A previsão de EIV significa o reconhecimento de que é necessário dimensionar os riscos da operação, inclusive em face de outros setores da cidade.

O inc. VI estabelece as contrapartidas a serem exigidas pela utilização dos benefícios urbanísticos. Vale repetir que se trata de dado fundamental ao sucesso da operação, pois o plano urbanístico será executado mediante o manejo desses benefícios e as suas contrapartidas. O inc. VI sofreu uma alteração pela já referida Lei nº 12.836/2013, para condizer com a previsão do inc. III do §2º do art. 32, que trata dos incentivos a providências que reduzam impactos ambientais.

O inc. VII dispõe sobre a forma de controle da operação, "obrigatoriamente compartilhado com representação da sociedade civil". O plano deve admitir o controle compartilhado, seguindo a diretriz de gestão democrática da cidade (art. 2º, inc. II, do Estatuto). A exigência significa a necessidade de que o plano contenha previsões quanto a procedimentos e competências de gestão e controle, bem como o organismo responsável.[112]

Finalmente, o inc. VIII, incluído pela Lei nº 12.836/2013, impõe que o plano contenha "natureza dos incentivos a serem concedidos aos proprietários, usuários permanentes e investidores privados, uma vez atendido o disposto no inciso III do §2º do art. 32". O teor do dispositivo indica que os incentivos serão dirigidos aos proprietários, usuários permanentes e investidores privados cujos lotes ou construções atendam aos pressupostos da norma, e não à própria operação, como poderia fazer crer a leitura isolada do art. 32, §2º, inc. III.

Em fomento, os incentivos mais comuns são os fiscais e financeiros. Mas outros mecanismos também são capazes de incentivar condutas desejáveis, como a simplificação de procedimentos registrais e de licença ou mesmo a outorga e a transferência do direito de construir e a alteração de uso.

15.6 Nulidade das licenças e autorizações incompatíveis

O art. 33, §2º, diz que, a partir da aprovação da lei específica da operação urbana consorciada, "são nulas as licenças e autorizações a cargo do Poder Público municipal expedidas em desacordo com o plano de operação urbana consorciada".

A medida tenciona preservar as circunstâncias e condições que serviram de fundamento para a decisão de realizar uma operação urbana consorciada em determinada região da cidade. Lembre-se que tais condições devem ter sido avaliadas pelo poder público para decidir pela realização da operação e para formatá-la segundo as vocações da área e os interesses do mercado e da população interessada.

15.7 Os certificados de potencial adicional de construção

Figura entre os benefícios que podem ser concedidos numa operação urbana consorciada o direito de construir acima do coeficiente de

---

[112] "Por se tratar de intervenção urbana complexa, de realização a longo prazo, e exigir intensas articulações e negociações, em geral, a realização de operação urbana consorciada pressupõe uma autoridade, um órgão colegiado gestor ou uma instituição da Administração indireta a ser incumbida do gerenciamento do plano da operação". LOMAR, Paulo José Villela. Operação urbana consorciada. In: DALLARI, Adilson Abreu; FERRAZ, Sérgio (Coord.). *Estatuto da Cidade (comentários à Lei Federal nº 10.257/2001)*. 3. ed. São Paulo: Malheiros, 2010. p. 284.

aproveitamento (ou o direito de criar solo). Esse direito é instrumentalizado pela outorga onerosa do direito de construir e pela transferência do direito de construir, anteriormente referidos.

A disciplina da operação urbana consorciada introduziu uma peculiaridade para o direito de criar solo, quando manejado dentro da operação. É que o art. 34 do Estatuto da Cidade permitiu a desvinculação entre o benefício do excedente de construção e a posse de um lote. Assim, o sujeito interessado em adquirir o benefício poderá comprá-lo, na forma de título, derivado da securitização do estoque de solo criável. Esse título não se vincula a nenhum lote até que haja o pedido de licença para construir[113] e o título seja utilizado para pagamento da área de construção que supere os padrões estabelecidos (art. 34, §2º). Nesse contexto, o título poderá ser livremente negociado, mas só poderá ser convertido em direito de construir na área objeto da operação (art. 34, §1º).

A lei específica que aprovar a operação urbana consorciada deverá fixar o limite de solo criável (art. 34, "caput", c/c art. 34, §2º). Os correspondentes certificados de potencial adicional de construção (CEPACs)[114] serão alienados em leilão ou utilizados diretamente nas obras da operação (art. 34, "caput"). Na primeira hipótese, constituem valores mobiliários e sujeitam-se ao regime da Lei nº 6.385/1976, bem como à regulamentação pela Comissão de Valores Mobiliários, atualmente prevista na Resolução nº 401/2003/CVM.

---

[113] Uma interessante abordagem sobre as funções das licenças urbanísticas nas operações urbanas consorciadas é trazida por Renata Nadalin Meireles Schirato. A autora assevera que "a função poder de polícia da Administração, externada por meio da expedição de licenças urbanísticas no bojo da operação urbana, se mostra não só condizente com os interesses da coletividade vistos sob o viés social, mas também não excludente dos interesses privados e imobiliários legítimos. Estes últimos, por óbvio, desde que não colidentes com outras normas de ordem pública, notadamente com as demais normas de direito urbanístico e ambiental. Há, aqui, uma concertação de interesses, possibilitada justamente por instrumentos do direito urbanístico. Note-se, então, que no caso analisado, a função poder de polícia da Administração está longe de ser apenas uma 'removedora de obstáculos' à obtenção da licença de construção [...]. No caso sob análise, o instituto da operação urbana consorciada, ao condicionar a expedição da licença ao aporte de algum tipo de contrapartida, está atuando em molde diverso daquele concebido para o poder de polícia clássico, unilateral e autoritário". (MEIRELES SCHIRATO, Renata Nadalin. Novos contornos da licença urbanística. In: MEDAUAR, Odete; SCHIRATO, Vitor Rhein. *Poder de polícia na atualidade*: anuário do Centro de Estudos de Direito Administrativo, Ambiental e Urbanístico – CEDAU do ano de 2011. Belo Horizonte: Fórum, 2014. p. 254).

[114] Para um estudo específico sobre os CEPACs, consulte-se LEVIN, Alexandre. Certificados de Potencial Adicional de Construção (CEPACs) como fonte de recursos para o incremento da infraestrutura urbana. *Revista Brasileira de Infraestrutura – RBINF*, n. 3, p. 87-115, jan./jun. 2013.

15.8 Controle

A operação urbana consorciada está sujeita a controle interno, pela própria Administração Pública, e a controle externo pelo Ministério Público, Tribunais de Contas, Poder Legislativo e Poder Judiciário. O controle pode ser prévio, instaurando-se antes mesmo da edição da lei e do plano da operação, especialmente mediante a consulta e a participação da sociedade civil (art. 33, inc. VII, do Estatuto da Cidade).

A atividade de controle volta-se a perscrutar e a sanar eventuais vícios das operações urbanas consorciadas. Tais vícios podem ser os mais variados, incluindo os vícios tradicionais dos atos e procedimentos administrativos e os vícios decorrentes da desobediência às imposições do Estatuto da Cidade, especialmente suas diretrizes. Como exemplo destes últimos, pode haver desvios de finalidade (imagine-se uma operação que não se dirige efetivamente à urbanificação, mas à captação de recursos ou ao atendimento estrito dos interesses do mercado imobiliário), inversão de prioridades (quando a operação serve para concentrar investimentos públicos numa área já valorizada da cidade, em detrimento de áreas mais carentes), gentrificação com ocupação de áreas irregulares, etc.

A prática de operações urbanas no país evidenciou a ocorrência de alguns desses vícios e, como consequência, muitas são as críticas dirigidas ao instrumento. Todavia, seu mau uso não significa sua inutilidade para os fins de urbanificação. Cabe enfrentar o desafio de planejar e executar operações lídimas, que cumpram adequadamente suas finalidades.

16 Assistência técnica e jurídica gratuita para as comunidades e grupos sociais menos favorecidos

Karlin Olbertz Niebuhr

O art. 4º, inc. V, alínea "r", estabelece a assistência técnica e jurídica gratuita para as comunidades e grupos sociais menos favorecidos como instrumento de política urbana. A previsão coaduna-se com os objetivos constitucionais de solidariedade e justiça social. Mais ainda, propicia um fator de potencial reequilíbrio da assimetria de informações entre os diversos atores da política urbana.

Nesse sentido, estima-se que a população menos favorecida terá melhores condições de formular seus pleitos e promover a defesa de seus interesses, em vista de outros tantos interesses de atores com maior poderio econômico e informacional, quando devidamente assistida para tais fins.

O dispositivo trata de assistência técnica e jurídica. Por assistência técnica entende-se aquela fornecida por profissionais do urbanismo, enquanto matéria interdisciplinar. Fala-se, portanto, de arquitetos, engenheiros, geógrafos, assistentes sociais, economistas e, mesmo, advogados – muito embora a assistência técnico-jurídica tenha ganhado referência específica. Esses profissionais necessitarão da sensibilidade adequada à transmutação dos pleitos e da linguagem dos mais carentes para projetos e planos que atendam às suas necessidades.

A referência à assistência jurídica não pode prescindir da advocacia popular. O advogado popular difere-se do advogado meramente assistencialista, adotando uma postura solidária, antes do que caritária. Ao invés de simplesmente auxiliar o carente de recursos nas suas demandas judiciais, o advogado popular deve formular estratégias de reconhecimento e defesa dos interesses de seus clientes, para que participem efetivamente das decisões de política urbana em condições menos assimétricas.

A discussão passa por renovar o próprio conceito de assistência jurídica (e judiciária). Essa necessidade não passa despercebida por Ada Pellegrini Grinover, que sugere

> rever o antigo conceito de assistência judiciária aos necessitados, porque, de um lado, a assistência judiciária não significa apenas assistência processual, e porque, de outro lado, necessitados não são apenas os economicamente pobres, mas todos aqueles que necessitam de tutela jurídica. E assevera: novos canais se abrem hoje para o Estado prestador de serviços, ligados a uma assistência judiciária entendida no seu mais amplo sentido, e que também sirva aos conflitos emergentes, aos conflitos próprios da sociedade de massa, contrapondo, de maneira diversa da clássica, os interessados, nas grandes e nas pequenas causas.[115]

Carente de recursos (ou "menos favorecido", nos termos do Estatuo da Cidade) não é apenas o carente de recursos econômicos, mas também o que carece de conhecimento e informações. Assim, a

---

[115] GRINOVER, Ada Pellegrini. *Novas tendências do direito processual*. Rio de Janeiro: Forense Universitária, 1990. p. 246-247.

assistência jurídica não se destina apenas aos "pobres", mas a todo aquele que necessita de atendimento especializado para defesa de seus interesses.[116]

Referências

ALMEIDA, Fernando Dias Menezes de. *Contrato administrativo*. São Paulo: Quartier Latin, 2012.

ANTUNES, Paulo de Bessa. Código Florestal e Lei do Sistema Nacional de Unidades de Conservação: normatividades autônomas. *Revista de Direito Administrativo – RDA*, n. 265, jan./abr. 2014, versão digital da Biblioteca Digital Fórum de Direito Público, sem paginação.

ARAGÃO, Alexandre Santos de. *Curso de Direito Administrativo*. Rio de Janeiro: Ed. Forense, 2012.

ARAGÃO, Alexandre Santos de. Limitações administrativas e a sua excepcional indenizabilidade. *In*: MEDAUAR, Odete; SCHIRATO, Vitor Rhein. *Poder de polícia na atualidade*: anuário do Centro de Estudos de Direito Administrativo, Ambiental e Urbanístico – CEDAU do ano de 2011. Belo Horizonte: Fórum, 2014.

AUBY, Jean-Bernard. *Droit de la Ville*: du fonctionnement juridique des villes au droit à la Ville. Paris: LexiNexis, 2013.

BANDEIRA DE MELLO, Celso Antônio. *Curso de direito administrativo*. 32. ed. São Paulo: Malheiros, 2015.

BENJAMIN, Antônio Herman. O regime brasileiro de unidades de conservação. *Revista de Direito Ambiental*, n. 21, p. 27-56, jan./mar. 2001, versão digital da Revista dos Tribunais Online, sem paginação.

BEZNOS, Clovis. *Aspectos jurídicos da indenização na desapropriação*. Belo Horizonte: Fórum, 2010.

CARVALHO FILHO, José dos Santos. *Comentários ao Estatuto da Cidade*. 5. ed. São Paulo: Atlas, 2013.

---

[116] Segundo Celso Fernandes Campilongo (que primeiro faz a citação anteriormente referida, de Ada Pellegrini Grinover): "A 'necessidade de tutela jurídica', inclusiva 'extraprocessual', pressupõe abertura não apenas para as carências legais do 'pobre', mas do público em geral. [...] Nesse sentido, a posição de classe ou a pobreza do cliente, se bem que desempenhando um papel essencial, não podem ser tomadas como critérios exclusivos de definição de prioridades de uma tipologia inovadora dos serviços legais. As relações de poder e as violações de direitos estendem-se por diversas, fragmentadas e intercruzadas esferas da sociedade". (CAMPILONGO, Celso Fernandes. Assistência jurídica e advocacia popular: serviços legais em São Bernardo do Campo. *Cadernos RENAP – Advocacia Popular, Caderno especial*, n. 06, p. 54, mar. 2005).

CAMPILONGO, Celso Fernandes. Assistência jurídica e advocacia popular: serviços legais em São Bernardo do Campo. *Cadernos RENAP – Advocacia Popular, Caderno especial,* n. 06, p. 54, mar. 2005.

CRISTINI, René. *Code de l'Urbanisme.* 22ᵉ ed. Paris: Dalloz, 2013.

DI PIETRO, Maria Sylvia Zanella. Direito de superfície (arts. 21 a 24). *In*: DALLARI, Adilson Abreu; FERRAZ, Sérgio (Coord.). *Estatuto da Cidade (Comentários à Lei Federal nº 10.257/2001).* 4. ed. São Paulo: Malheiros, 2014.

DI PIETRO, Maria Sylvia Zanella. *In*: DALLARI, Adilson Abreu; FERRAZ, Sérgio (Coord.). *Estatuto da Cidade (Comentários à Lei Federal nº 10.257/2001).* 4. ed. São Paulo: Malheiros, 2014.

DUGUIT, León. *Las transformaciones del derecho (público y privado).* Buenos Aires: Editorial Heliasta, 1975.

EIRAS, Guilherme A. Vezaro. O instituto da desapropriação e a necessidade de realização de processo administrativo prévio e regular. *Revista de Direito Administrativo Contemporâneo – ReDAC,* n. 0, p. 67-86, mai./jun. 2013.

FACHIN, Luiz Edson. Apontamentos de atualização sobre recentes direitos reais no elenco da Codificação Civil. *In*: GOMES, Orlando. *Direitos reais.* 21. ed. rev. e atual. por Luiz Edson Fachin. Rio de Janeiro: Forense, 2012.

GARCIA, José Ailton. *Desapropriação*: comentários ao Decreto-Lei nº 3.365/1941 e à Lei nº 4.132/62. São Paulo: Atlas, 2015. v. 3.

GASPARINI, Diógenes. Direito de Preempção. *In*: DALLARI, Adilson Abreu; FERRAZ, Sérgio (Coord.). *Estatuto da Cidade*: comentários à Lei Federal nº 10.257/2001. 2. ed. São Paulo: Malheiros/SBDP, 2006.

GILLI, Jean-Paul; LANVERSIN, Jacques de. *Lexique Droit de l'urbanisme.* Paris: Presses Universitaires de France, 1978.

GRAU, Eros Roberto. Aspectos jurídicos da noção de solo criado. *In*: FUNDAÇÃO PREFEITO FARIA LIMA – CEPAM. *Solo Criado/Carta do Embu*: anais do Seminário "O Solo Criado". São Paulo: Cepam, 1976.

GRINOVER, Ada Pellegrini. *Novas tendências do direito processual.* Rio de Janeiro: Forense Universitária, 1990.

GUERRA, Maria Magnólia Lima. *Aspectos jurídicos do uso do solo urbano.* Fortaleza: s/e, 1981.

HORBACH, Carlos Bastide. Dos Instrumentos da Política Urbana. *In:* MEDAUAR, Odete; ALMEIDA, Fernando Dias Menezes de (Coord.). *Estatuto da Cidade*: Lei nº 10.257, de 10.07.2001 - Comentário. 2. ed. São Paulo: Ed. Revista dos Tribunais, 2002.

IPHAN. *Tombamento e intervenções.* Disponível em: http://portal.iphan.gov.br/pagina/detalhes/618/. Acesso em: 26 abr. 2016.

JUSTEN FILHO, Marçal. *Curso de direito administrativo.* 11. ed. São Paulo: RT, 2015.

LEVIN, Alexandre. Certificados de Potencial Adicional de Construção (CEPACs) como fonte de recursos para o incremento da infraestrutura urbana. *Revista Brasileira de Infraestrutura – RBINF,* n. 3, p. 87-115, jan./jun. 2013.

LEVIN, Alexandre. Operação urbana consorciada: normas gerais sobre o instituto constantes dos art. 32 a 34 do Estatuto da Cidade. *Boletim de Direito Municipal*, n. 1, v. 29, p. 24, jan. 2013.

LOMAR, Paulo José Villela. Operação urbana consorciada. *In*: DALLARI, Adilson Abreu; FERRAZ, Sérgio (Coord.). *Estatuto da Cidade (comentários à Lei Federal nº 10.257/2001)*. 3. ed. São Paulo: Malheiros, 2010.

MACHADO, Paulo Affonso Leme. *Direito ambiental brasileiro*. 22. ed. São Paulo: Malheiros, 2014.

MARQUES NETO, Floriano de Azevedo. A servidão administrativa como mecanismo de fomento de empreendimentos de interesse público. *Revista de Direito Administrativo*, n. 254, p. 121-123, mai./ago. 2010.

MARQUES NETO, Floriano de Azevedo. *Concessões*. Belo Horizonte: Fórum, 2015.

MEDAUAR, Odete. *Destinação dos bens expropriados*. São Paulo: Max Limonad, 1986.

MEDAUAR, Odete. *Direito administrativo moderno*. 19. ed. São Paulo: RT, 2015.

MEIRELLES, Hely Lopes. *Direito de construir*. 10. ed. atual. por Adilson Abreu Dallari, Daniela Libório Di Sarno, Luiz Guilherme da Costa Wagner Jr. e Mariana Novis. São Paulo: Malheiros, 2011.

MEIRELES SCHIRATO, Renata Nadalin. Novos contornos da licença urbanística. *In*: MEDAUAR, Odete; SCHIRATO, Vitor Rhein. *Poder de polícia na atualidade*: anuário do Centro de Estudos de Direito Administrativo, Ambiental e Urbanístico – CEDAU do ano de 2011. Belo Horizonte: Fórum, 2014.

MILARÉ, Edis. *Direito do ambiente*. 8. ed. São Paulo: RT, 2013.

MIRANDA, Pontes de. *Tratado de Direito Privado – Parte Especial*. Atualizado por Jefferson Carús Guedes e Otavio Luiz Rodrigues Júnior. São Paulo: Ed. Revista dos Tribunais, 2012. Tomo XIV.

MONTEIRO, Vera. Parcelamento, edificação ou utilização compulsórios da propriedade urbana. *In*: DALLARI, Adilson Abreu; FERRAZ, Sérgio (Coord.). *Estatuto da Cidade (Comentários à Lei Federal nº 10.257/2001)*. 4. ed. São Paulo: Malheiros, 2014.

OLBERTZ, Karlin. *Operação urbana consorciada*. Belo Horizonte: Fórum, 2011.

OLBERTZ, Karlin. Potencial adicional de construção e os limites de sustentabilidade das cidades. *In*: ALMEIDA, Fernando Dias Menezes de et al. *Direito público em evolução*: estudos em homenagem à Professora Odete Medauar. Belo Horizonte: Fórum, 2013.

REISDORFER, Guilherme Fredherico Dias. Desapropriação e devido processo legal. *Interesse Público*, n. 61, p. 83-107, mai./jun. 2010.

RODRIGUES, Silvio. *Direito civil*: direito das coisas. 28. ed. São Paulo: Saraiva, 2003. v. 5.

SCHIRATO, Vitor Rhein. A ressurreição da desapropriação para fins urbanísticos. *In*: ASSOCIACIÓN PERUANA DE DERECHO ADMINISTRATIVO. *Aportes para un Estado eficiente. Ponencias del V Congreso Nacional de Derecho Administrativo*. Lima: Palestra Editores, 2012.

SILVA, José Afonso da. *Curso de direito constitucional positivo*. 37. ed. São Paulo: Malheiros, 2014.

SILVA, José Afonso da. *Direito urbanístico brasileiro*. 6. ed. São Paulo: Malheiros, 2010.

SILVA, José Afonso da. Fundamentos constitucionais da proteção ambiental. *In*: MARQUES, Claudia Lima; MEDAUAR, Odete; SILVA, Solange Teles da (Coord.). *O novo direito administrativo, ambiental e urbanístico*: estudos em homenagem à Jacqueline Morand-Deviller. São Paulo: RT, 2010.

SOMENSI, Simone; PRESTES, Vanêsca Buzelatto. Regularização fundiária como política pública permanente: teoria e prática. *Interesse Público*, n. 59, p. 229-248, jan./fev. 2010.

SOLER-COUTEAUX, Pierre; CARPENTIER, Elise. *Droit de l'Urbanisme*. 5ᵉ ed. Paris: Dalloz, 2013.

SUNDFELD, Carlos Ari. *Desapropriação*. São Paulo: RT, 1990.

SUNDFELD, Caros Ari. Direito de construir e novos institutos urbanísticos. *Revista da Pós-Graduação em Direito PUC-SP*, n. 2, p. 5-52, 1995.

Informação bibliográfica deste texto, conforme a NBR 6023:2018 da Associação Brasileira de Normas Técnicas (ABNT):

ALMEIDA, Fernando Dias Menezes de; NIEBUHR, Karlin Olbertz; SCHIRATO, Renata Nadalin Meireles. Instrumentos políticos e jurídicos da política urbana. *In*: MEDAUAR, Odete; SCHIRATO, Vitor Rhein; MIGUEL, Luiz Felipe Hadlich; GREGO-SANTOS, Bruno (Coord.). *Direito urbanístico*: estudos fundamentais. Belo Horizonte: Fórum, 2019. p. 167-242. ISBN 978-85-450-0701-2.

POLÍTICAS PÚBLICAS E PLANEJAMENTO URBANÍSTICO

LUIZ FELIPE HADLICH MIGUEL

1 O conceito de políticas públicas no Direito Urbanístico

É dever do administrador público promover e implementar políticas públicas tendentes à satisfação dos direitos das pessoas atingidas pela esfera de atuação de suas competências. Para a presente obra cumpre apontar o dever/poder da Administração em promover políticas aptas a dar ensejo à melhoria das condições de vida urbana – ou seja, analisar quais aspectos devem nortear a decisão administrativa de bem executar a função pública, especificamente em prol dos interesses daqueles que vivem na cidade.

Antes de partirmos para a análise das políticas públicas no Direito Urbanístico, cabe uma pequena digressão quanto às políticas públicas em termos gerais. Política pública é um projeto de governo, um conjunto de ações que visa a suprir deficiências de áreas de atuação estatal. Quem melhor conceituou política pública foi Maria Paula Dallari Bucci:

> Política pública é o programa de ação governamental que resulta de um processo ou conjunto de processos juridicamente regulados – processo eleitoral, processo de planejamento, processo judicial – visando a coordenar os meios à disposição do Estado e as atividades privadas, para a realização de objetivos socialmente relevantes e politicamente determinados. Como tipo ideal, a política pública deve visar à realização de objetivos definidos, expressando a seleção de prioridades, a reserva de meios necessários à sua consecução e o intervalo de tempo em que se espera o atingimento dos resultados.[1]

---

[1] BUCCI, Maria Paula Dallari. O conceito de política pública em direito. *In*: BUCCI, Maria Paula Dallari (Org.). *Políticas públicas*: reflexões sobre o conceito jurídico. São Paulo: Saraiva, 2006.

Para se analisar políticas púbicas é necessário se apartar Estado e Governo. Estado é a entidade, com poder soberano, constituído pelo conjunto de poderes e órgãos, que dão ensejo à ação do Governo. Já Governo é a condução política direcionada à gestão do Estado. É o conjunto de projetos propostos para a sociedade, fruto de uma orientação política resultante da escolha dos representantes legitimamente eleitos por ela própria.

O projeto de governo, portanto, é a diretriz das políticas públicas. Decorrem das ações do Governo, implementadas pelo Estado, em função da identificação de prioridades e maneiras de atuação em prol da melhoria de uma situação considerada inadequada ou insuficiente.

Extremamente importante que o Governo lance políticas públicas nas diversas áreas de atuação estatal, sob pena de estagnar o desenvolvimento do Estado enquanto nação. Dentre as políticas públicas, as de cunho urbanístico vem ganhando importância dia após dia. A *urbanização* é um fenômeno que continua em amplo crescimento. Nas lições de José Afonso da Silva:[2]

> Emprega-se o termo *urbanização* para designar o processo pelo qual a população urbana cresce em proporção superior à população rural. Não se trata de mero crescimento das cidades, mas de um fenômeno de concentração urbana.

O processo de urbanização, como bem apontou o citado professor, é acompanhado de uma série de problemas, todos relacionados, direta ou indiretamente, com a deterioração do ambiente urbano: provoca a desorganização social, com carência de habitação, desemprego, problemas de higiene e de saneamento básico.

A solução para a urbanização prematura e desenfreada está na *urbanificação*, ou seja, no processo de correção da urbanização. Urbanificação é, em outras palavras, a concretização de metas apontadas pelo urbanismo.[3]

As metas de urbanificação são fruto de estudos decorrentes de direcionamentos políticos – formas de enfrentamento de questões sensíveis da cidade. Aqui começa então a questão das políticas públicas em matéria urbanística.

---

[2] SILVA, José Afonso da. *Direito urbanístico brasileiro*. 2. ed. São Paulo: Malheiros, 1995.
[3] O urbanismo é uma ciência cujo objeto principal de estudo é a cidade. Visa sistematizar seu crescimento e desenvolvimento, buscando adequar as intervenções de modo a melhorar as condições de vida de quem nela habita. Engloba, num viés mais moderno, suas funções de propiciar habitação, trabalho, recreação e circulação no espaço urbano.

Partindo-se do pressuposto de que a convivência na cidade deve ser saudável e ordenada, as políticas públicas de cunho urbanístico devem ser pautadas por um viés de desenvolvimento urbano sustentável. A questão ambiental está intimamente relacionada à viabilidade de um projeto de urbanização coerente com os ditames hoje tomados como aptos a dar ensejo a uma cidade modelo. Questões de saúde e higiene também compõem a agenda de metas dos projetos delineados pelas políticas urbanas atualmente concebidas. O fornecimento de água potável, coleta e tratamento de esgoto e a coleta de lixo passaram a ser preocupações de primeira grandeza não só nos grandes centros, mas também em regiões menos povoadas.

Numa segunda categoria de importância estão os problemas relacionados à poluição do ar e à contaminação do solo. A destinação dos resíduos sólidos também representa uma preocupação crescente, diante da escassez de lugares próximos e adequados nas grandes cidades, para o descarte desse material.

É perante esta realidade deveras complexa que as políticas públicas de cunho urbanístico devem ser idealizadas. Não encontra amparo legal sugestões desgarradas dos problemas anteriormente explicitados, pois estariam a afrontar princípios que norteiam o agir do administrador público.

Diante de todo o exposto, parece-nos adequado conceituar políticas públicas urbanísticas como o conjunto idealizado de ações governamentais que visam à ordenação urbana e à melhoria das condições de vida na cidade.

2 A classificação do Estatuto da Cidade (Art. 4º)

Enquanto o Capítulo I da Lei Federal nº 10.257/2001 (Estatuto da Cidade) se dedica às diretrizes gerais da política urbana, o Capítulo II se ocupa em trazer instrumentos de efetivação destas diretrizes.

Nas lições de José dos Santos Carvalho Filho, pode-se conceituar

> instrumentos de política urbana como sendo todos os meios, gerais ou específicos, de que se servem o Poder Público e as comunidades interessadas para dar concretização às diretrizes gerais de política urbana, visando propiciar processo de urbanização mais eficiente e melhor qualidade de vida aos integrantes da coletividade.[4]

---
[4] CARVALHO FILHO, José dos Santos. *Comentários ao estatuto da cidade*. 5. ed. São Paulo: Atlas, 2013. p. 81.

Entendeu o legislador que através dos instrumentos previstos no artigo 4º do Estatuto da Cidade[5] a Administração Pública estará aparelhada e apta a implementar os programas e projetos que tendam à satisfação das diretrizes previamente traçadas pelo Governo. São inúmeros os instrumentos previstos pelo Estatuto (serão tratados especificamente logo adiante). Vale apontar, contudo, que nem todos são por ele disciplinados, sendo regulados por leis próprias.

3 Instrumentos de planejamento

Após tratar especificamente dos instrumentos de implementação das políticas urbanas em tópicos anteriores, cumpre analisar como é feito o planejamento e, por conseguinte, como são traçadas as diretrizes do desenvolvimento das cidades tomadas dentro de um contexto estadual, regional, nacional e, por que não, internacional.

O inciso I do art. 4º aponta que planos nacionais, regionais e estaduais de ordenação do território e de desenvolvimento econômico e social serão utilizados como instrumentos da política urbana.

Para a elaboração desses planos, o padrão de uso e ocupação do território deve ser o ponto de partida. A concentração de indústrias num determinado local, a expansão da agricultura e do agronegócio, modais de transporte disponíveis em cada região, energia e mão de obra necessária ao desenvolvimento econômico são alguns dos fatores que devem ser considerados.

Nesta esteira, parece-nos óbvio que deve o plano nacional de ordenação do território buscar a distribuição das diversas atividades econômicas por todo o território nacional, evitando bolsões de desenvolvimento. Deve também visar à distribuição igualitária dos potenciais energéticos, possibilitando a instalação de parques industriais nas mais diversas regiões do país.

Por óbvio que na agricultura deverá o plano considerar as características naturais de cada região (clima, tipo de solo, relevo). Mas deve-se evitar a monocultura, que acarreta fragilidade econômica em momentos de crise do *commodity* ali produzido. Ademais, a sazonalidade implica em problemas de migração de mão de obra, o que também deve ser evitado.

---

[5] Não obstante a relação de instrumentos do art. 4º não ser taxativa, os previstos são suficientes para ensejar a aplicação dos ditames estabelecidos pelos planos urbanísticos.

Já nas atividades extrativistas (que não podem ser deslocadas para outras regiões), há de se provocar a facilitação de escoamento da produção e/ou possibilitar o processamento da matéria prima nas proximidades do local de extração, permitindo agregar valor ao produto.

Parece-nos que em todas as esferas de elaboração destes planos (estadual, regional ou nacional), deve-se buscar a integração dos mercados, seja através da produção compartilhada (fabricação de componentes do produto final em diversas localidades, juntadas ao término do processo produtivo), seja por intermédio do fomento, facilitando a implementação de atividades inexistentes em determinada região.

A logística também deve ser pensada de forma a possibilitar o escoamento da produção para os mercados externos e a distribuição no próprio mercado interno. A diversificação dos modais de transporte (hoje o transporte rodoviário ainda predomina no Brasil), com o estabelecimento de metas para implantação de ferrovias e hidrovias, pode tornar viável a produção em locais antes desconsiderados.

Tem ganhado espaço na economia nacional o comércio com os países sul-americanos, especialmente após a constituição do bloco econômico, que facilita a circulação de mercadorias dentre as nações que dele fazem parte. Os planos nacionais e regionais devem ter por norte a interação destas economias. Deve-se deixar para trás a ideia de que o desenvolvimento econômico e social é uma questão apenas interna, mas se cogitá-la perante esta nova realidade. A integração desses mercados também deve ser aventada quando da elaboração de qualquer plano de desenvolvimento que queira se manter atualizado e realista.

Afora as questões econômicas, o desenvolvimento social também há de ser almejado (aliás, parece-nos que deve ser a tônica de todo o planejamento urbanístico). A globalização, fenômeno que ganhou força a partir dos anos noventa do século passado, impôs um forte entrelaçamento das relações sociais, por vezes apartadas dos contextos locais. Trouxe consigo um levante popular em busca de melhores condições – dando à temática da questão social um novo enredo.

A responsabilidade social, neste contexto de economia globalizada, deixa de ser de competência apenas estatal, passando também a ser obrigação da iniciativa privada. O desenvolvimento social passou a ser obrigação dos agentes capitalistas, que incorporaram tal responsabilidade. Na linha do que foi exposto, devem as diversas esferas de governo idealizar projetos de ordenação do território que compatibilizem desenvolvimento econômico e social que, por vezes, caminham paralelamente; outras vezes, todavia, são fortemente antagônicos.

Já no âmbito metropolitano, das aglomerações e microrregiões, os nortes balizadores do planejamento urbanístico serão outros. Problemas muito mais relacionados ao cotidiano das pessoas que vivem na cidade ganham importância. Nesse sentido, o fornecimento de água e coleta de esgoto, descarte e destinação de resíduos sólidos, poluição do ar, circulação das pessoas (com forte ênfase no transporte público), dentre outros aspectos, dão o tom da discussão.

Na esteira do que foi anteriormente exposto, podemos concluir existirem três ordens de planejamento que devem ser traçadas: uma primeira, de aspecto mais geral e abrangente, que tratará da política urbana nacional e regional. Depois, de forma mais específica e direta, um planejamento estadual e metropolitano, bem como das aglomerações e microrregiões. Por fim, o planejamento municipal, com todas suas nuances e detalhes, se faz essencial.

Referências

BUCCI, Maria Paula Dallari. O conceito de política pública em direito. *In*: BUCCI, Maria Paula Dallari (Org.). *Políticas públicas*: reflexões sobre o conceito jurídico. São Paulo: Saraiva, 2006.

CARVALHO FILHO, José dos Santos. *Comentários ao estatuto da cidade*. 5. ed. São Paulo: Atlas, 2013.

IANNI, Octavio. *A era do globalismo*. 5. ed. Rio de Janeiro: Civilização Brasileira, 2001.

SILVA, José Afonso da. *Direito urbanístico brasileiro*. 2. ed. São Paulo: Malheiros, 1995.

Informação bibliográfica deste texto, conforme a NBR 6023:2018 da Associação Brasileira de Normas Técnicas (ABNT):

MIGUEL, Luiz Felipe Hadlich. Políticas Públicas e Planejamento Urbanístico. *In*: MEDAUAR, Odete; SCHIRATO, Vitor Rhein; MIGUEL, Luiz Felipe Hadlich; GREGO-SANTOS, Bruno (Coord.). *Direito urbanístico*: estudos fundamentais. Belo Horizonte: Fórum, 2019. p. 243-248. ISBN 978-85-450-0701-2.

A INTERAÇÃO PÚBLICO-PRIVADA NA REALIZAÇÃO DO DIREITO URBANÍSTICO

RENATA NADALIN MEIRELES SCHIRATO

1 Breves apontamentos sobre a apartação público-privada

A concepção de que direito público e direito privado são dois regimes estanques e que a cada um deles se aplica uma plêiade de regras e princípios próprios, com reduzida interface e interpenetração entre eles, é de difícil superação, já que deita raízes em séculos de formulações doutrinárias que sustentaram essa apartação. Não nos cabe aqui uma análise evolutiva dessa clivagem desde o advento da *summa divisio*,[1] o que se mostraria impossível no âmbito do presente ensaio. Contudo, o conhecimento de que a clivagem público-privada se reconduz a épocas remotas nos faz compreender por que essa divisão se mostra tão sedimentada. Jacques Caillosse chega mesmo a afirmar que tal separação constitui uma espécie de *topografia imaginária*, tida como algo evidente e até mesmo natural. Em outros termos, o que o administrativista francês está a ressaltar é a ideia de que, no mais das vezes, essa clivagem é pouco debatida e questionada, sendo absorvida como um verdadeiro pressuposto. Merecem transcrição as palavras do autor:

---

[1] Com efeito, a grande apartação das normas em dois grupos remonta ao Direito Romano, e mais especificamente ao Digesto, de Ulpiano, que dispunha *"publicum est quod ad statum rei romanae spectat, privatum quod ad singolorum utilitatem (1.1.1.2)"* – i.e. o direito público diz respeito ao estado da coisa romana, o privado à utilidade dos particulares. Separa-se, assim, o que pertence ao direito público e ao privado de acordo com um critério de utilidade pública ou particular da relação.

Eis uma linha de apartação fortemente sentida nos dias de hoje. Apesar de tudo, ela resiste; princípio obrigatório de uma espécie de topografia imaginária que ela nos convida a olhar como algo evidente, necessário, para não dizer natural. As turbulências que afetam doravante a separação direito público-direito privado (sem contar aquelas ligadas aos incidentes do direito comunitário) não logram ocultar aquilo que ela continua a fazer ver. Discutida, confusa, aleatória, ainda assim ela continua a significar, representar, fazer crer etc.[2] (tradução nossa)

Conforme se extrai do excerto, ainda que sujeita a turbulências, a fronteira público-privada se mantém presente no imaginário dos juristas, continuando a significar, representar e fazer crer, nas palavras do autor. Ou seja, a apartação mantém mesmo nos dias de hoje sua carga simbólica.

A realidade, contudo, nos mostra que nem sempre as lições dos catedráticos se amoldam à velocidade das mudanças que ocorrem no mundo à nossa volta. Questões como: i) o Estado empresário e suas infindáveis implicações, como as empresas "semiestatais" ou "público-privadas";[3] ii) a utilização, cada vez mais frequente, de enlaces contratuais diversos pela Administração, muitas vezes com recurso ao direito privado; iii) a frequente substituição do ato impositivo unilateral – tão caro e tão característico, alguns diriam, do Direito Administrativo – pelo ato consensual e bilateral, inclusive em substituição à sanção;[4] iv) a exploração comercial de bens públicos; v) a concorrência na prestação dos serviços públicos; vi) a adoção, inclusive por lei, de formas alternativas de solução de controvérsias;[5] dentre inúmeras

---

[2] CAILLOSSE, Jacques. Le droit de l'administration entre droit public et droit privé. In: *La constitution imaginaire de l'administration*. Paris: Presses Universitaires de France, 2008, p. 234.

[3] O termo "semiestatais" é utilizado por Carlos Ari Sundfeld, Rodrigo Pagani de Souza e Henrique Motta Pinto. Cf. Empresas semiestatais. *Revista de Direito Público da Economia – RDPE*, Belo Horizonte: Editora Fórum, ano 9, nº 36, out./dez. 2011. Disponível na Biblioteca Digital Fórum de Direito Público.
Já o termo "empresa público-privada" é referido por Alexandre Santos de Aragão. Cf. Empresa público-privada. *Revista dos Tribunais*, São Paulo: RT, nº 98, p. 31-68, dez. 2009. Rafael Wallbach Schwind, em excelente estudo sobre o tema, se vale do termo "empresas privadas com participação estatal". Cf. *O Estado Acionista*: empresas estatais e empresas privadas com participação estatal. São Paulo: Almedina, 2017.

[4] Sobre o tema, cf. PALMA, Juliana Bonacorsi de. *Sanção e acordo na Administração Pública*. São Paulo: Malheiros, 2015. p. 263 e ss.

[5] Nesse ponto, é de se ressaltar que além da previsão expressa em lei da *possibilidade* de adoção de mecanismos privados de resolução de disputas pela Administração Pública (vide, por exemplo, o art. 11, III da Lei nº 11.079, de 30 de dezembro de 2004, o art. 1, §1º da Lei nº 9.307, de 23 de setembro de 1996, conforme alterada, dentre outros), a Lei nº 13.448, de 5 de junho de 2017, prevê em seu art. 15, III a *obrigatoriedade* de que os contratos sujeitos

outras, demonstram em que medida a apartação público-privada é frágil, demandando do aplicador e intérprete do direito soluções que fujam da dicotomia, ainda que sem negar a autonomia do Direito Administrativo e do Direito Urbanístico. Ou seja, os esforços para discutir e revisitar as fronteiras do público e privado, traçando os seus novos contornos, nos parecem fundamentais.

Por outro lado, não se deve ignorar que a definição do que é público e do que é privado se revela cada vez mais difusa – fenômeno que tem se agravado com as questões acima levantadas, além de diversas outras da atualidade, mas que já se verifica há muito mais tempo. Conforme percuciente lição de Hannah Arendt, "a passagem da sociedade – a ascensão da administração caseira, de suas atividades, seus problemas e recursos organizacionais – do sombrio interior do lar para a luz da esfera pública não apenas diluiu a antiga divisão entre o privado e político, mas também alterou o significado dos dois termos e a sua importância para a vida do indivíduo e do cidadão, ao ponto de torná-los quase irreconhecíveis".[6] Assim, a ideia proveniente da Grécia Antiga do privado como local menor de satisfação das necessidades vitais, sejam elas físicas ou de sustento, em contraposição ao político (e público) como o único local onde o homem é verdadeiramente livre, é superada com o surgimento do conceito de sociedade, local onde as atividades caseiras e a economia doméstica são admitidas. Daí a ideia de riqueza comum (*commomwealth*), no sentido de que o Estado também gere a riqueza, que passa a ser comum, i.e., a economia deixa de ser uma preocupação restrita ao interior de cada lar,[7] contrariando, inclusive, a origem da palavra, que remonta a *oikos* (casa) e *nomos* (norma).[8]

Nessa toada, se as fronteiras do público e do privado são cada vez mais tênues, o problema surge justamente no divisar deste limite e na forma como o operador e o intérprete do direito lidam com ele.

---

ao procedimento de relicitação sejam remetidos à arbitragem ou a outro mecanismo privado de resolução de conflitos para eventual discussão das questões que envolvam cálculo das indenizações a serem pagas ao anterior contratado.

[6] ARENDT, Hannah. *A condição humana*. 10. ed. Rio de Janeiro: Forense, 2001, p. 47.

[7] Celso Lafer, dissertando sobre Hannah Arendt, afirma: "Daí o termo *Commonwealth*, onde o comum (*common*) converteu-se na luta pela riqueza (*wealth*). É, portanto, a emergência social que diluiu a clássica distinção entre o público e o privado, pois a esfera do público se tornou uma função do privado e o privado se tornou o único comum que sobrou, daí advindo a privatização do público e a publicização do privado". *A reconstrução dos direitos humanos*: um diálogo com o pensamento de Hannah Arendt. São Paulo: Companhia das Letras, 1988. p. 262-263.

[8] *Ibidem*, p. 258.

Existem situações, como salientado, que escapam a uma divisão rígida e estanque de público e privado, de modo que não se pode dizer, de forma peremptória, pertencer a uma coisa ou outra. Essas situações, a depender do modo como são tratadas, contudo, podem gerar cenários perniciosos, ao estilo de um *fantasma do corpo desconjuntado*, como alude a administrativista portuguesa Maria João Estorninho.[9]

2 A apartação e o Direito Urbanístico

O Direito Urbanístico, enquanto ramo do direito público, também padece, em certa medida, desse dogma da apartação público-privada, sobretudo porque muitos dos interesses que circundam a *urbes* podem ser reconduzidos à categoria geral dos chamados *interesses públicos*, o que traz à tona a aplicabilidade de temas como a *supremacia* e a *indisponibilidade do interesse público*.[10] Não nos cabe, no âmbito deste estudo, discorrer à exaustão sobre esses temas, mas vale a lembrança de que ambos servem como ferramental perfeito àqueles que defendem uma apartação rígida dos regimes público e privado, e, portanto, apontam vícios e defeitos em esquemas contratuais em que há uma concertação entre agentes públicos e privados, no mais das vezes, com derrogação da aplicação de alguns caracteres próprios do regime público.

O Direito Urbanístico, com efeito, ainda é muito identificado com atuações unilaterais e impositivas do Poder Público. E isso tem um motivo histórico, ligado ao surgimento da disciplina, como se explicará adiante. Entendido na sua acepção objetiva como o conjunto de normas voltadas à regulação da atividade urbanística e à ordenação do

---

[9] A figura, emblematicamente utilizada pela autora para retratar a Administração Pública do chamado Estado pós-social, refere-se a um sintoma da esquizofrenia, pelo qual o esquizofrênico não consegue apreender seu corpo como uma unidade, sentindo-se, ao contrário, fragmentado e disperso. Para a administrativista, o Estado pós-social, ao passar a utilizar indiscriminadamente o recurso ao direito privado, no que ela chama de *fuga para o direito privado*, o faz, muitas vezes, de maneira perniciosa e prejudicial ao administrado. Assim, contrariamente ao que ocorria durante o Estado Absoluto – em que a *fuga* para o direito privado através da chamada Teoria do Fisco era o único meio de submissão do Estado ao direito –, no atual estágio esse recurso às formas privadas muitas vezes é feito como forma, questionável, de escapar às exigências do direito público. Cf. ESTORNINHO, Maria João. *A fuga para o direito privado*: contributo para o estudo da atividade de direito privado da Administração Pública. Coimbra: Almedina, 2009. p. 79.

[10] Para Celso Antônio Bandeira de Mello, a supremacia do interesse público, bem como sua indisponibilidade, são dois vetores fundamentais do que o administrativista qualifica como *conteúdo do regime jurídico-administrativo*. Para mais informações, cf. *Curso de Direito Administrativo*. 27. ed. São Paulo: Malheiros, 2010. p. 69 e ss.

território,[11] o Direito Urbanístico começa a se desenvolver no início do século XX. Na França, costuma-se considerar a chamada Lei Cornudet, de 1919 – que impunha às cidades com mais de 10 mil habitantes a elaboração de um plano de ordenação, embelezamento e extensão –, a primeira lei do Direito Urbanístico. Outros países europeus que editaram suas primeiras leis urbanísticas nesse período foram, por exemplo, os Países Baixos, em 1901, e a Grã-Bretanha, em 1909, com o chamado *Town Planning Act*. Já a Suécia possuía desde 1874 uma lei sobre a construção de cidades.[12]

Nos seus primórdios, contudo, o Direito Urbanístico é muito mais identificável como um tipo especial de poder de polícia. Isso porque, em muitos países, as primeiras normas desta disciplina continham, sobretudo, regras condicionadoras do direito de propriedade e ligadas à polícia da construção. Daí também por que era difícil conceber o Direito Urbanístico enquanto disciplina autônoma, eis que, nos moldes apontados, ele se identificava quase que integralmente com o Direito Administrativo, havendo quem falasse em "Direito Administrativo da Construção".[13] Os franceses, a sua vez, se reportam a esse período como ao de um urbanismo regulamentar (*urbanisme reglamentaire*) ou de salvaguarda (*urbanisme de sauvegarde*), eis que:

> Ao fim desta primeira etapa, o Direito Urbanístico investia o Estado apenas do poder de conceber e propor a fisionomia da cidade através da fixação de regras que se impunham ao ato de construir. Contudo, este continua advindo, sobretudo, da iniciativa privada. É nisso que essa legislação institui um urbanismo regulamentar ou de salvaguarda[14] (tradução nossa).

---

[11] SILVA, José Afonso da. *Direito Urbanístico Brasileiro*. 5. ed. rev. e atual. São Paulo: Malheiros, 2008. p. 38.

[12] JACQUOT, Henri; PRIET, François. *Droit de l'Urbanisme*. 6. ed. Paris: Dalloz, 2008. p. 29. Sobre a existência de normas urbanísticas anteriores a esse período, vale a advertência de Carlos Ari Sundfeld: "Conquanto as normas urbanísticas tenham antepassados ilustres (regulamentos edilícios, normas de alinhamento, as leis de desapropriação, etc.) seria um anacronismo pensar em um direito urbanístico anterior ao século XX. O direito urbanístico é o reflexo, no mundo jurídico, dos desafios e problemas derivados da urbanização moderna (concentração populacional, escassez de espaço, poluição) e das ideias da ciência do urbanismo (como a de plano urbanístico, consagrada a partir de 30). Estes foram os fatores responsáveis pelo paulatino surgimento de soluções e mecanismos que, frente ao direito civil e ao direito administrativo da época, soaram impertinentes ou originais e que acabaram se aglutinando em torno da expressão 'direito urbanístico'". O Estatuto da Cidade e suas diretrizes gerais. *In*: DALLARI, Adilson Abreu; FERRAZ, Sérgio. *Estatuto da Cidade*: comentários à Lei Federal nº. 10.257/2001. 2. ed. São Paulo: Malheiros/SBDP, 2006. p. 46.

[13] SILVA, José Afonso da. *Direito Urbanístico...*, p. 41.

[14] SOLER-COUTEAUX, Pierre; CARPENTIER, Elise. *Droit de l'urbanisme*. 5e ed. Paris: Dalloz, 2013. p. 5.

Apesar de, como se verá adiante, o Direito Urbanístico ter evoluído para abarcar a atuação do privado quer na formulação de políticas públicas urbanas, quer na implementação dessas políticas, a imediata associação do Direito Urbanístico com o tema do poder de polícia permanece ainda muito forte na cultura dos juristas, acentuando uma faceta pública e autoritária deste ramo do direito. Talvez isso se deva ao fato de que as normas urbanísticas estão muito conectadas com o tema das restrições urbanísticas à propriedade, conforme magistério de José Afonso da Silva. De acordo com a classificação do jurista, as limitações urbanísticas ao direito de propriedade se dividem em: restrições, servidões e desapropriações, cada qual afetando, respectivamente, um dos caracteres clássicos do direito de propriedade, quais sejam, a absolutez, a exclusividade e a perpetuidade.[15] Trata-se, assim, de condicionamentos e/ou sacrifício impostos pelo Poder Público aos particulares e, mais especificamente, aos seus bens, em campo próprio de atuação destes. Não há aqui, interação entre agentes públicos e privados, mas apenas sujeição dos segundos aos primeiros.

Este primeiro período apontado, para os franceses, se estende de 1919 até aproximadamente o fim da Segunda Guerra Mundial. Com o término da guerra, a Europa se vê diante de desafios e problemas urbanos gerados pelos dois grandes conflitos mundiais, como a questão da reconstrução de cidades e o déficit habitacional, apenas para citar dois deles. Assim, o Urbanismo e o Direito Urbanístico são chamados a desempenhar novas tarefas, que não apenas através da criação de equipamentos públicos de limpeza, saneamento e outras *utilities*. Vê-se, assim, nascer o que os franceses chamam de urbanismo operacional (*urbanisme opérationnel*). Ou seja, passa a ser o Estado, individualmente ou em consórcio com agentes privados, que intervém diretamente no tecido urbano, criando equipamentos públicos e privados, e reajustando ou renovando os já existentes. O citado urbanismo operacional, portanto, já parte da premissa de um urbanismo concertado, que envolve agentes públicos e privados na sua elaboração. No direito francês, a propósito, as chamadas *zones d'aménagement concerté*, ou ZACs, foram criadas em 1967 pela Lei de Orientação Fundiária, em substituição às antigas *zones a urbaniser en priorité*. Estes instrumentos possibilitam, desde 1970,

---

[15] Poderíamos também nos valer da classificação de Carlos Ari Sundfeld, segundo a qual tais atos se distribuem em: (i) atos ampliativos de direito; (ii) atos condicionadores de direitos; (iii) e, por fim, atos sacrificadores de direitos. Em todas as categorias é possível encaixar atuações urbanísticas da Administração como, por exemplo, a concessão de licença para construir, o tombamento ou a desapropriação, respectivamente. Cf. *Direito Administrativo ordenador*. São Paulo: Malheiros, 2006. p. 38 e ss.

uma forte concertação entre agentes públicos e privados na execução de políticas públicas urbanas.[16] No Brasil, institutos semelhantes só vieram a partir da publicação do Estatuto da Cidade e, ainda assim, são comparativamente pouco aplicados.

Por outro lado, outra função estatal importantíssima no âmbito do Urbanismo pode revelar, a depender de como executada, uma faceta por vezes deveras intromissiva da Administração: trata-se do planejamento, entendido como a elaboração de documentos prospectivos pelo Poder Público, que contemplem o crescimento e o desenvolvimento de uma região, cidade ou mesmo de um País por um período de tempo. É o que alguns autores franceses costumam alcunhar de Urbanismo prospectivo. No âmbito do Direito Urbanístico, os principais documentos que se amoldam a essa ideia são o plano diretor e as leis de zoneamento e de uso e ocupação do solo. Trata-se, assim, de documentos que não apenas conformam a atuação do proprietário, como também programam a própria atuação do Poder Público Municipal.[17]

Guilherme F. Reisdorfer elenca uma série de problemas relativos ao planejamento centralizado, i.e., aquele realizado sem a participação da sociedade civil. Em primeiro lugar, o autor enfatiza que "na prática, a centralização das decisões na esfera estatal e o desenvolvimento da atividade de planejamento não superaram por si só os impasses e carências estruturais nas cidades". Em outras palavras, o planejamento centralizado falhou. Ainda, o autor observa algo que é realidade na maioria das cidades brasileiras: muitas vezes o planejamento é precário ou sequer existe, o que em grande medida é um reflexo da falta e da má utilização dos recursos públicos. Por fim, conclui o autor:

> Outras vezes, o planejamento centralizado veicula um ideal inatingível para a atuação estatal e para os próprios destinatários das regras urbanísticas. O descompasso entre o programa de planejamento e as possibilidades práticas é um problema recorrente na realidade brasileira. Em certas situações, as regras urbanísticas postas acabam por produzir a exclusão da população de baixa renda, incapaz de fazer frente aos custos e requisitos para obter e manter moradia compatível com o

---

[16] O instituto das ZACs foi sendo aprimorado ao longo das décadas, sobretudo porque inicialmente se apontavam problemas relacionados a abusos na derrogação dos planos locais de urbanismo, bem como uma preocupação insuficiente com o meio ambiente. Para aprofundamento no tema, confira-se JACQUOT, Henri; PRIET, François. *Droit de...*, p. 631 e ss.

[17] Nesse sentido, confira-se REISDORFER, Guilherme F. Dias. *Direito Urbanístico Contratual*: dos atos negociais aos contratos de gestão urbana. Rio de Janeiro: Lumen Juris, 2014.

ordenamento vigente. Então, a regulação urbanística paradoxalmente passa a contribuir com as atividades urbanas clandestinas ou informais, que promovem o crescimento do ambiente urbano alheio às regras oficiais e resultam na criação de uma cidade informal, não prevista e mesmo incompatível com a política urbana eventualmente vigente.[18]

Embora as questões anteriormente levantadas sejam de fácil visualização no ambiente urbano brasileiro, é certo que movimento semelhante de contestação do método centralizado de planejamento também se verificou em outras cidades do mundo, inclusive aquelas que não padecem das mesmas mazelas que as nossas. Em geral, a crítica é sempre no sentido de que o ambiente urbano é vivo e cambiante e que não pode ser simplesmente planificado em excesso sob pena de serem criadas incongruências e anomalias, além da chamada *fuite de la ville*, na feliz expressão de Jean Bernard Auby, à qual retornaremos mais adiante.

Atualmente, os autores franceses reconhecem uma nova fase do Direito Urbanístico: ligada, sobretudo, às ideias de concertação, mistura de classes (*mixité sociale*) e de desenvolvimento durável, sendo certo que esta última vertente vincula-se muito à aprovação das chamadas leis Grenelle I e II, que impõem, dentre diversas coisas: (i) que os planos urbanísticos contribuam para uma série de objetivos de cunho ambiental, como a redução de consumos energéticos, preservação da biodiversidade, luta contra as mudanças climáticas, etc.; (ii) uma "democracia ambiental", consistente na obrigatoriedade de o Direito Urbanístico se tornar permeável à participação da população, inclusive nos processos decisórios.[19]

Como acertadamente aponta Fernando Menezes de Almeida, é natural que:

> (...) um dos vetores da evolução (...), na democracia, seja a substituição dos mecanismos de imposição unilateral – tradicionalmente ditos de 'império' – por mecanismos de consenso, ou seja, mecanismos que propiciem o acordo entre os sujeitos envolvidos na ação administrativa, tanto os governantes, como os governados, sobre as bases da ordem a que estarão submetidos, respeitando-se os limites da legalidade.[20]

---

[18] REISDORFER, Guilherme F. Dias. *Direito Urbanístico Contratual*: dos atos negociais aos contratos de gestão urbana. Rio de Janeiro: Lumen Juris, 2014. p. 88.
[19] SOLER-COUTEAUX, Pierre; CARPENTIER, Elise. *Droit de...*, p. 11-12.
[20] Cf. ALMEIDA, Fernando Dias Menezes de. Mecanismos de consenso no Direito Administrativo. *In*: ARAGÃO, Alexandre Santos de; MARQUES NETO, Floriano de Azevedo Marques. *Direito Administrativo e seus novos paradigmas*. Belo Horizonte: Fórum, 2008. p. 337.

Já em relação a um Urbanismo cada vez mais concertado e menos impositivo, Jacqueline Morand-Deviller ressalta, com relação ao regime francês, a elaboração "conjunta" dos planos urbanísticos local e regional, além dos instrumentos marcadamente consensuais, como as ZACs, já mencionadas anteriormente.[21]

Assim, nos parece bastante clara a ideia de que o Direito Urbanístico e o Urbanismo se encontram, atualmente, numa nova fase. A concepção arraigada de uma relação bilateral, envolvendo tão apenas o ente público e o proprietário de um dado bem imóvel, não procede mais, ainda que ela também subsista, já que:

> (...) isso [a relação bilateral] é em parte (não sempre) verificável na fase de controle sobre a utilização edificatória do bem, mas cada vez mais o urbanismo se transforma em um instrumento de mediação e de síntese entre múltiplos interesses públicos, individuais e sociais, e também entre os vários sujeitos portadores de tais interesses (autoridade administrativa, associações ambientais, associações de moradores etc.)[22] (tradução nossa).

Portanto, é possível afirmar que atualmente o Direito Urbanístico e o Urbanismo vão muito além da ideia de uma polícia das construções, como já se cogitou em outros tempos. Em realidade, cada vez mais o campo destas matérias é alargado, incluindo novos objetivos, sejam eles de cunho social (através de questões como a moradia social, a *mixité social*, etc.) ou ambiental (através, por exemplo, da ideia cada vez mais imperativa de desenvolvimento sustentável). Esse alargamento, como não poderia deixar de ser, não é desprovido de consequências, como a problemática da coordenação deste ramo com os ramos vizinhos, evitando superposições, encontrando zonas de convergência etc. Esse alargamento também muitas vezes põe em xeque a apartação do público e privado, para o que nos interessa.[23] Assim, é cada vez mais

---

[21] Cf. MORAND-DEVILLER, Jacqueline. *Droit de l'Urbanisme*. 8e ed. Paris: Dalloz, 2008. p. 6-7.

[22] URBANI, Paolo; MATEUCCI, Stefano Civitarese. *Diritto Urbanistico, organizzazione e rapporti*. 4. ed. Turim: G. Giappichelli Editore, 2000. p. 7.

[23] Tratando desse agigantamento do Direito Urbanístico, Jean-Bernard Auby aduz: "*Os problemas urbanos se tornam cada vez mais amplos, seu objeto – direito do urbanismo – planning law, derecho urbanístico, diritto urbanístico... – prosperou. Ele criou um grande número de tentáculos, integrando uma escala cada vez maior de preocupações: suas principais preocupações, que eram de caráter urbano à origem, se tornam estéticas, ambientais, sociais (notadamente sobre a questão da habitação) etc.*

irrefutável que o Direito Urbanístico desborda o campo do poder de polícia para abarcar outras atividades. As funções administrativas de fomento, planejamento e regulação, por exemplo, estão muito presentes na disciplina urbanística. No tópico seguinte, estas questões serão melhor analisadas.

3 Fatores de superação da apartação

Alguns aspectos relacionados à dinâmica das cidades são, a nosso ver, relevantes quando se fala em superação da apartação público-privada no âmbito da *urbes*, e, portanto, como outra face da moeda, em concertação entre esses agentes. Ou seja, são aspectos que tornam a relação entre agentes públicos e privados no ambiente urbano mais intricada do que em outras esferas e, por isso, a nosso ver, corroboram para criar um ambiente de concertação entre estes agentes.

Em primeiro lugar, deve-se ressaltar o fator *proximidade*, sob a ótica de que a cidade é algo facilmente palpável aos cidadãos. Em termos de representatividade, por exemplo, é muito simples pensar que o cidadão se sente deveras mais próximo de um vereador municipal do que de um senador, que acaba muitas vezes sendo mais vinculado às bandeiras do partido político do que àquelas dos seus conterrâneos.

Essa sensação de proximidade é aferível em outros planos além daquele da representação política, como o da prestação dos serviços públicos e de atividades administrativas em geral. É fácil perceber que os serviços e funções públicas mais palpáveis para os cidadãos são aqueles prestados no âmbito da cidade, o que, ressalte-se, não necessariamente significa que os mesmos sejam de competência municipal.[24]

O resultado é frequentemente desesperador, o acúmulo de mecanismos que produzem por vezes – esse nos parece o caso do sistema francês – um magma não controlável, uma fonte de insegurança jurídica, um pesadelo para todos os que se utilizam desse direito. Ao mesmo tempo – o inferno estando frequentemente povoado de boas intenções, como se sabe –, em que o Direito Urbanístico se enriquece de novos valores, ele se esforça para servir a causas que são essenciais ao futuro democrático de nossas sociedades: notadamente, o desenvolvimento durável e, aquilo que lhe é correlato, o enriquecimento das práticas democráticas no cotidiano, de participação ordinária dos cidadãos". Ao final, conclui o autor que o "Direito da Cidade" é mais amplo que o Direito Urbanístico, envolvendo questões relativas ao direito de propriedade, aos bens públicos, aos governos locais, aos contratos públicos, financiamento públicos etc. Daí por que o jurista francês sugere em sua obra que essas questões sejam abordadas de forma conjunta, sob a rubrica "Droit de la Ville". Cf. AUBY, Jean Bernard. *Droit de la ville*: du fonctionnement juridiques des villes au droit à la ville. Paris: LexisNexis, 2013. p. 2 e ss.

[24] Basta pensar, por exemplo, na segurança pública, que é atribuição eminentemente estadual (cf. art. 42 da Constituição Federal) e que, contudo, é sentida de forma diferente pelos munícipes de cada um dos municípios de um mesmo Estado.

De todo modo, independentemente da competência federativa para a prestação de um determinado serviço público ou atividade, é natural que as pessoas se sintam mais afetadas por aquelas atividades que se fazem mais visíveis no seu cotidiano. Assim, saneamento, iluminação pública, asfaltamento, transporte, segurança pública, apenas para citar algumas, são atividades presentes cotidianamente na vida dos cidadãos das cidades. Ao revés, grandes obras de infraestrutura, como obras ligadas ao setor elétrico, obras em rodovias, questões ligadas à segurança nacional, passam por vezes despercebidas pelos cidadãos. Não pela falta de relevância das mesmas, afinal, basta pensar que investimentos adequados em geração e transmissão de energia são fundamentais para o funcionamento de todo o País e também das cidades, uma vez que o fornecimento de energia elétrica domiciliar, por óbvio, depende da geração, transmissão e distribuição da mesma. Contudo, salvo em situações extremas, como no caso do racionamento elétrico de 2001-2002 ou no aumento repentino das contas em decorrência dos efeitos da Medida Provisória 579, de 2012, as pessoas tendem a se dar conta de questões micro e se esquecer do macro. Assim, a falta de iluminação em uma dada rua é motivo de maior preocupação para os habitantes do que a falta de investimentos adequados em geração e transmissão de energia elétrica.

Desse modo, a proximidade, ínsita ao ambiente urbano, é algo que tende a unir atores públicos e privados, colocando-os em contato através de diversas formas. Em termos de participação, por exemplo, uma audiência pública para discussão de um projeto urbanístico capaz de afetar toda uma região, com possíveis desapropriações, alterações de uso e coeficientes de aproveitamento, com o consequente adensamento e/ou desadensamento daquele local e todos os reflexos que isso implica, é móvel suficiente para que as pessoas que ali residem - comerciantes, empresas, associações de moradores, arquitetos, urbanistas - dela participem.

Além do fator *proximidade*, também o *papel do direito como indutor e regulador da atividade econômica* nos parece relevante na análise da imbricação entre público e privado no ambiente urbano. Esse papel, é certo, não é apenas aferível no ambiente do Direito Urbanístico, uma vez que a função reguladora do Estado se coloca em outras áreas. Contudo, no âmbito do Urbanismo, tal função é bastante evidente e implica uma relação constante entre o Estado e os agentes privados. Assim, através de instrumentos como a desapropriação ou a preempção, por exemplo, os entes públicos são capazes de interferir no preço dos terrenos.

Por outro lado, também instrumentos como o zoneamento ou o coeficiente de aproveitamento são capazes de interferir bruscamente sobre uma determinada propriedade e seu entorno. Essa relação é visualizada apor Jean-Bernard Auby como sendo a de uma incrível coreografia, na qual se observa uma constante *fuga* da cidade diante do direito. Explica o autor francês:

> O Direito Urbanístico é um terreno excepcional para observação dos vínculos que o direito pode estabelecer com as realidades às quais ele se propõe a se aplicar. Desenvolve-se entre eles uma excepcional coreografia em que a justificativa me parece ser a fuga da cidade face ao direito.
>
> O que é deveras impressionante no Direito Urbanístico, e que eu gostaria de transmitir aos leitores de `Corps écrit' sem cansá-los em considerações técnicas, é a quantidade de mecanismos destinados a fazer com que a regra de direito se deforme, se adapte, e até mesmo desapareça diante da pressão da cidade, diante das demandas e novas estratégias dos atores urbanos, quando não se trata simplesmente do fato de que a regra seja totalmente maleável, mais indicativa do que imperativa.[25] (traduzimos).

Conforme se observa do trecho transcrito, embora o Estado se esforce em regular, por vezes de maneira até mesmo meticulosa, o uso e a ocupação do solo urbano, é ingênuo pensar que a cidade obedeça fielmente a tais regras de direito. Talvez, mais do que em outras áreas, a aderência a tais normas é difícil, seja pelo alto impacto que elas ocasionam, seja pela sua frequente inadequação, seja ainda pelo seu grau de tecnicidade. E, mais: a cidade é viva e cambiante. Regras muito estritas de zoneamento, por exemplo, por vezes ignoram os novos usos que naturalmente vão surgindo num dado espaço.[26]

A ideia, portanto, referida por Jean-Bernard Auby de que há uma fuga da cidade perante o direito é tomada, por nós, não apenas numa acepção negativa – embora se reconheça que a anomia tende ao caos –, mas também num sentido construtivo e colaborativo, pelo qual se reconhece que no campo específico do Direito Urbanístico deve haver sempre espaço para soluções coordenadas, que levem em conta as

---

[25] AUBY, Jean Bernard. *Droit de la ville*: du fonctionnement juridiques des villes au droit à la ville. Paris: LexisNexis, 2013. p. 8.

[26] Sobre o assunto, confira-se JACOBS, Jane. *Death and life in great american cities*. 50. ed. Nova Iorque: Modern Library, 2001.

situações de fato já estabelecidas e as mudanças de uso e de hábito que naturalmente vão se formando na cidade. Essa percepção nos indica, conforme já antecipado acima, que enquanto planejador, o Estado não pode se "ensimesmar" e pretender que suas escolhas sejam seguidas à risca. Mesmo que existam instrumentos de participação na elaboração de planos urbanísticos – como na hipótese do plano diretor –, o direito deve ser chamado a lidar com as ilegalidades e os espaços de "não direito". Não apenas porque é preciso se reconhecer as fragilidades da participação, mas também porque a cidade não pode ser apreendida como algo estático.[27]

Portanto, a norma urbanística não pode ser vista, por aqueles que suportarão seus efeitos, como algo imposto de maneira exógena. A legitimação democrática embutida, teoricamente, em qualquer lei é patentemente insuficiente no caso das leis de cunho urbanístico, como tem se verificado crescentemente em relação a outras matérias, como meio ambiente, por exemplo. Nestes casos, requer-se mais: é preciso que haja mais interação e, consequentemente, maior aderência ao conteúdo da norma, sob pena de sua total ineficácia. E, veja-se: essa interação deve ser dinâmica, pois a cidade é cambiante e o Estado deve ser capaz de captar essas mudanças.

Não se deve olvidar, ainda, que a par das funções regulatória e ordenadora, que se revelam como a contraface de um direito absoluto de propriedade (note-se: não mais existente no ordenamento brasileiro), o Direito Urbanístico também abarca uma *função indutiva*, que demonstra outra peculiar relação entre agentes públicos e privados, forjada no ambiente urbano. Na sua função indutiva ou de fomento, o Direito Urbanístico é chamado em inúmeras ocasiões, através de instrumentos como a desoneração fiscal, subsídios, mudanças de índices, dentre outros, a induzir determinadas condutas de particulares, seja com vistas a estimular o crescimento de algum eixo da cidade, seja com

---

[27] Veja-se, a título de exemplo, que a Lei nº 6.776, de 1979 (a chamada "Lei Lehman"), sobre parcelamento do solo urbano não ignora a existência de irregularidades, tratando tanto dos loteamentos clandestinos quanto dos irregulares. O reconhecimento, em lei, de tais situações e até mesmo a institucionalização de exceções às regras é algo bastante comum na legislação urbanística. Conforme aponta Mariana Chiesa Gouveia Nascimento, ao analisar a política habitacional brasileira do último século, é possível estatuir que as práticas de regularização fundiária – e, portanto, de regularização de situações ilegais e/ou clandestinas – foram resultado, em parte, da ineficiência e inércia do próprio Estado, que, por uma série de razões, provocou a proliferação de ocupações irregulares. Cf. *Regularização fundiária urbana de interesse social no direito brasileiro*. 2012. Dissertação (Mestrado em Direito) – Faculdade de Direito, Universidade de São Paulo, 2012. p. 29

o intuito de requalificar alguma área degradada ou ainda com outro objetivo. Em tais casos, o Estado se vale de recursos próprios, ou de providências diversas, para orientar a atuação dos agentes privados numa dada direção.[28]

Trata-se, assim, de um mecanismo de ação estatal que não pode prescindir de uma avaliação prévia acerca do interesse dos particulares em sua implementação, sob pena de ser fadado ao insucesso. Portanto, constitui instrumento que deve ser conjugado com um planejamento democrático da cidade, que inclua ampla consulta à população acerca dos projetos pretendidos para cada parcela da cidade. Novamente voltamos ao ponto que nos parece crucial: não é mais cabível pretender que os representantes decidam, a portas fechadas, os rumos que julguem adequados para cidade. Mesmo que não sejam impositivos, os projetos urbanísticos que envolvam uso de instrumentos indutores costumam apresentar efeitos no tecido urbano, daí por que a consulta à população e aos interessados é sempre recomendada, quando não seja obrigatória.

Por fim, outro aspecto muitas vezes esquecido e/ou subdimensionado, e que naturalmente propicia a inter-relação público-privada, consiste na ideia de que *as cidades são naturalmente destinadas a propiciar a interação social*. Essa percepção, que foi sendo perdida, sobretudo com a ascensão dos ideais modernistas – que privilegiavam, a seu turno, o uso do automóvel, a construção de espigões isolados e enfatizavam a ideia de uma cidade funcional, i.e, adaptável para as atividades cotidianas, sem necessariamente pensa-las como um local de encontros, de socialização –, vem retomando sua força nos últimos tempos, sobretudo com a recuperação, em diversas cidades do mundo, de lugares para convivência. Como ressalta Jan Gehl:

> Ao longo da história, o espaço das cidades funcionou como um local de encontro, com diversos propósitos, para seus habitantes. Pessoas se encontravam, trocavam informações, faziam negócios, marcavam casamentos – artistas de rua entretinham e mercadorias eram colocadas à venda. Pessoas compareciam a eventos da cidade, fossem eles grandes ou pequenos. Procissões eram celebradas, poder manifestado, festas e punições ocorriam publicamente – tudo acontecia às vistas do público. A cidade era um local de encontro.[29] (tradução nossa).

---

[28] Um case interessante sobre o assunto é o do bairro nova-iorquino do Harlem. Para maiores informações, cf. ZUKIN, Sharon. Harlem between gueto and Renaissance. *In*: BRIDGE, Gary; WATSON, Sophie (Org.). *The new blackwell companion to the city*. Oxford: Wiley Blackwell, 2013.

[29] Cf. GEHL, Jan. *Cities for people*. Washington DC: Island Press, 2009. p. 25.

Historicamente, essa ideia se confirma. Veja-se, por exemplo, que a configuração das cidades-Estado gregas, as pólis, permitia que os cidadãos constantemente se reunissem, e assim se reconhecessem como comunidade organizada. Espaços que propiciavam tais encontros eram, por exemplo, as ágoras ou os teatros. É bem verdade que na Grécia Antiga a exclusão de escravos, mulheres e crianças do grupo de *cidadãos* tornava a cidade pouco inclusiva e, daí que se falar na cidade como *espaço de plena convivência* e, sobretudo, de local para se fazer política soa um pouco hipócrita. Não se pode olvidar, contudo, que ainda que politicamente não tenhamos uma semelhante exclusão, a exclusão social é tão ou mais perversa. Ou seja, das cidades gregas às cidades contemporâneas, a exclusão – política, social ou econômica – é algo ainda a ser superado.

Também a ideia da cidade como mercado confirma o seu aspecto aglutinador. A partir do momento em que o homem deixa de ser autossuficiente, i.e., que deixa de produzir apenas para si mesmo e trabalha com um excedente, inicia-se o processo de divisão do trabalho. A troca, a partir daí, passa a ser ínsita à ideia de cidade: nela ninguém é autossuficiente, mas depende dos outros para sobreviver. Retomando agora a ideia de Jan Gehls acima mencionada, é preciso resgatar o conceito de cidade como local de encontros fortuitos, como local de interação social, de troca. A rua, e em última análise a própria cidade, não pode ser concebida como mero local de deslocamento para as atividades ditas necessárias, i.e., aquelas que devem ocorrer de qualquer forma, como ir ao trabalho, à escola etc. Urge planejar cidades agradáveis, seguras, verdes, iluminadas e com mobiliário e equipamentos públicos adequados e agradáveis. Em síntese, cidades que nos convidem para encontros fortuitos, que propiciem o pedestrianismo, a contemplação etc.

Assim, é possível dizer que a cidade é, por excelência, o local onde os interesses públicos e privados se encontram, divergem e/ou se justapõem. Pelas razões anteriormente arroladas e por diversas outras, é impossível conceber, no âmbito da cidade, uma separação estrita de tais interesses, como se os mesmos óleo e água fossem. O pêndulo, contudo, pode vacilar ora mais no sentido dos interesses ditos públicos ora mais no sentido dos interesses privados, sendo certo que muitas vezes há uma confusão entre ambos. A ideia é bem visualizada por Jean-Bernard Auby, para quem é possível perceber um movimento contraditório de tal pêndulo, uma vez que ao mesmo tempo em que se percebe um "ciclo histórico de progressão dos espaços públicos em detrimento dos espaços privados", com o incremento – sobretudo na Europa – dos equipamentos públicos,[30] há também um contramovimento, percebido em fenômenos de "privatização" das cidades. Tome-se, por exemplo, o caso dos condomínios fechados (*gated communities*), fenômenos muito comuns nos Estados Unidos, América Latina e África do Sul.

Contudo, a ideia de interação entre agentes públicos e privados no ambiente urbano ultrapassa, como o próprio nome diz, fenômenos de "privatização" ou "estatização" da cidade. Em realidade, o fenômeno urbano é, como visto, um dos mais propícios para a miscigenação de público e privado. Daí que tratar o tema sob um viés ideológico nos parece um meio de falsear o debate e, mais ainda, impedir o desenvolvimento de todas as potencialidades de uma cidade.

4 Os mecanismos de interação

De tudo o que foi descrito nos tópicos precedentes e da análise da nossa legislação de regência, é possível asseverar que a função urbanística, embora seja claramente uma função estatal, não pode mais ser concebida, nos dias atuais, como uma função estatal exclusiva.[31] A atuação dos agentes privados, através dos arranjos contratuais e dos instrumentos participativos que serão estudados na sequência, é inerente à ideia de Urbanismo. Essa percepção, inclusive, decorre de diretrizes do Estatuto da Cidade, como se extrai do artigo 2º, II, que

---

[30] Nesse sentido, veja-se o exemplo da cidade francesa de Lyon, que, a partir do final da década de 1980, começa a rever toda a política de planejamento da cidade, passando a revalorizar enormemente os espaços públicos: "O marco na política de Lyon relativa aos espaços públicos remonta a 1989, data em que uma nova equipe – M. Noir, H. Chabert – se instala na Prefeitura de Lyon e da Grande Lyon. A partir de então, o espaço público se torna uma aposta da política urbana: de resquício de uma cidade, espaço desprezado entre duas construções, ele se torna 'suporte de usos, lugar que toma vida à disposição da população' (Azéma, 2001). Essa evolução do papel atribuído ao espaço público se traduz pela evolução na organização da Grande Lyon e por uma renovação das práticas de ordenação da cidade" (tradução nossa). TOUSSAINT, Jean-Yves; VAREILLES, Sophie; ZIMMERMAN, Monique. Le Projet Urbain: espaces publics et pratiques de concertation – L'exemple de Lyon. In: *Concerter, gouvener et concevoir les espaces publics urbains*. Lyon: Presses Polytechniques et Universitaires Romandes, 2004. p. 123.

[31] Já defendemos em outra oportunidade que a concepção da função urbanística como sendo exclusivamente estatal se funda na corriqueira vinculação do Direito Urbanístico com o poder de polícia. Cf. SCHIRATO, Renata Nadalin Meireles. *Interação público-privada no ambiente urbano*: uma análise dos instrumentos jurídicos. Dissertação de mestrado apresentada para obtenção de título de mestra na Faculdade de Direito da Universidade de São Paulo, mimeo. 2014. p. 43 e ss.

trata da gestão democrática das cidades, e III, que trata da "cooperação entre os governos, *a iniciativa privada e os demais setores da sociedade no processo de urbanização* [...]" (grifo nosso). Ou seja, a lei-quadro do setor urbanístico no Brasil é clara em estatuir que o processo de urbanização é compartilhado não apenas com entes públicos, mas também com agentes privados. É claro, como aponta Karlin Olbertz, que o Poder Público é chamado a corrigir distorções verificáveis, por exemplo, no mercado imobiliário.[32] Isso, contudo, não afasta em absoluto a atuação privada, mas apenas demanda uma intervenção do Estado para corrigir e regular tais falhas.

Segundo entendemos, são dois os principais mecanismos por meio dos quais os particulares são chamados a participar da função urbanística. Podemos, de uma forma didática, sistematizá-los em dois grandes grupos: (i) um primeiro, que poderíamos chamar de mecanismos de participação na concertação público-privada; (ii) e um segundo, relacionado aos instrumentos contratuais que admitem a interação entre agentes públicos e privados na implementação das políticas públicas de cunho urbanístico.

Os mecanismos de participação são uma realidade à qual o Direito Administrativo não pode mais se furtar, e se inserem num contexto mais amplo de valorização da democracia direta. O Estatuto da Cidade, alinhado a essa tendência, aponta, dentre suas diretrizes, a "gestão democrática por meio da participação da população e de associações representativas dos vários segmentos da comunidade na formulação, execução e acompanhamento de planos, programas e projetos de desenvolvimento urbano" (art. 2º, II). Há, aqui, a nosso ver, um claro aceno no sentido de democratizar as políticas públicas de cunho urbanístico, o que deve ocorrer tanto no âmbito da Administração Pública, quanto no âmbito do Legislativo.

Portanto, conforme ressai do citado dispositivo, o caráter democrático deve percorrer um *iter*, que se inicia na formulação e passa pela execução e acompanhamento de planos, programas e projetos de desenvolvimento urbano. Ou seja, admite-se uma ampla participação da sociedade, seja ela organizada ou não, tanto na formulação, quanto na implementação e no acompanhamento das políticas públicas de cunho urbanístico. Afasta-se, assim, o chamado *planejamento de gabinete*,

---

[32] Cf. OLBERTZ, Karlin. *Operação urbana consorciada*. Belo Horizonte: Ed. Fórum, 2011.

i.e., a imagem absolutamente anacrônica do burocrata descolado da realidade, que se julga na posição de planejar a cidade em razão do cargo público que lhe foi atribuído, e o faz sem os *inputs* da sociedade que vive a cidade na prática e conhece de perto suas mazelas.

Os desafios de *como* se dará a implementação dos processos participativos previstos no Estatuto da Cidade são, contudo, inúmeros. Não se deve pensar que a mera promulgação de lei consagradora de tais institutos seja suficiente para que o Governo efetivamente deles lance mão. Ou, ao revés, que os administrados efetivamente se valham dos canais participativos. Existem uma série de dificuldades e desafios na implementação destes mecanismos, que infelizmente não cabem na abordagem deste estudo.[33]

Por fim, sobre os mecanismos de participação na concertação público-privada, importa mencionar que o próprio Estatuto da Cidade arrola uma série de instrumentos de gestão democrática, como os órgãos colegiados de política urbana, as conferências sobre assuntos de interesse urbano, a iniciativa popular de projetos e de planos, a gestão orçamentária participativa, dentre outros. Ainda, conforme consta literalmente do art. 43, os instrumentos ali listados não excluem outros cabíveis. O caráter exemplificativo do rol se coaduna com a ideia de ampliação do debate em torno da questão urbana, de modo que novos instrumentos, se adequados, poderão ser perfeitamente utilizados para ampliar o caráter participativo da política urbana. Veja-se, ainda, que alguns dos instrumentos constantes do rol do art. 4º (*instrumentos da política urbana*) também se inserem no contexto de gestão democrática das cidades. É o caso do plebiscito e do referendo popular, mas também da chamada gestão orçamentária participativa (art. 4º, III, "f").

Conforme apontado, o outro gênero de mecanismo por meio do qual os particulares são chamados a colaborar com o desempenho da função urbanística é através dos instrumentos contratuais. Ressalve-se, contudo, que partilhamos do entendimento sustentado por Fernando Dias Menezes de Almeida, para quem a teoria dos contratos da Administração, tal qual adotada pela doutrina administrativista brasileira num determinado momento, é insuficiente para resolver a complexidade do fenômeno contratual vivenciado pela Administração na atualidade.

---

[33] Para uma abordagem sobre a qualificação da sociedade civil para o debate, confira-se DAGNINO, Evelina. *Sociedade civil e Espaços Públicos no Brasil*. São Paulo: Paz e Terra, 2002.

Daí por que perfilhamos de seu entendimento no sentido de que a classificação dos contratos administrativos deva variar conforme a carga de interesse público por eles realizada, classificando-se em: (i) modelos convencionais de concessão; (ii) modelos convencionais de cooperação; (iii) instrumentais; (iv) e substitutivos de decisão unilateral.[34]

No campo do Direito Urbanístico, essa insuficiência da teoria do contrato administrativo é percebida na prática, conforme se sucedem diversos arranjos, cada vez mais cooperativos e colaborativos, na consecução das políticas públicas de cunho urbanístico. O contrato administrativo clássico – dotado de carga imperativa, com cláusulas exorbitantes automaticamente aplicáveis – não deve reinar num ambiente onde a apartação público-privada é cotidianamente posta em xeque.

Jean-Bernard Auby, tratando da insuficiência dos instrumentos legais em captar a dinâmica da cidade, assevera que "há muito tempo – desde os anos 1970 –, se observa que muitas operações, especialmente sobre tecidos urbanos existentes, se realizam sem recurso aos procedimentos formais previstos em lei: revela-se suficiente para alguns trabalhos de infraestrutura um enquadramento em algum mecanismo informal [...] Como consequência, como já sublinhamos, a política das cidades se proviu de seus próprios mecanismos – 'grandes projetos urbanos', 'grandes projetos de cidade' –, que em nada perdem em relação aos procedimentos particulares do urbanismo operacional e que se apoiam, sobretudo, sobre arranjos financeiros, fiscais, institucionais"[35] (tradução nossa).

François Priet resume: "a hora é, então, de um Urbanismo por contrato!".[36] Levadas em consideração as advertências feitas pelo próprio autor de que essa nova maneira de implementar as políticas públicas urbanísticas não implica a superação do modelo do urbanismo regulamentar, mas antes convive com ele, é possível dizer que essa é uma tendência também verificável no Direito Urbanístico brasileiro.

No Brasil, os principais modelos contratuais de pactuação entre agentes públicos e privados na consecução de políticas públicas urbanas consistem, a nosso ver, nos seguintes: concessão urbanística, concessão

---

[34] Cf. *Contrato administrativo*. São Paulo: Quartier Latin, 2012. p. 348 e ss.
[35] *Droit de la...*, p. 157.
[36] Cf. PRIET, François. L'urbanisme est-il soluble dand le contrat. *L'Actualité Juridique Droit Administratif* (*AJDA*), Paris, nº 40, p. 257, 2011.

de uso de bem público, concessão de direito real de uso, operação urbana consorciada, consórcio imobiliário e parcerias-público privadas.[37] É de se notar que esse rol não é exaustivo, podendo os Municípios prever outros instrumentos específicos, além de ser possível a utilização de outros mecanismos contratuais típicos do direito administrativo (como a própria PPP ou a concessão de uso de bem público, já citadas) por meio dos quais, ainda que não diretamente, se atribuam encargos de caráter urbanístico aos contratantes. É o que relembra Guilherme F. Dias Reisdorfer, ao tratar das concessões de transporte público, nas quais não é incomum que se atribuam ao concessionário obrigações de melhoria de equipamentos públicos no entorno da operação.[38]

Com relação às parcerias público-privadas, é interessante notar que embora este instrumento contratual não encontre previsão expressa no Estatuto da Cidade, a Lei nº 13.089, de 12 de janeiro de 2015 (o chamado "Estatuto da Metrópole"), se refere textualmente à possibilidade de que sejam firmadas *parcerias público-privadas interfederativas*,[39] o que reforça o viés crescente de contratualização no âmbito do desempenho da função urbanística e a adequação do instrumento da PPP para esse propósito. Ressalve-se, contudo, que a falta de menção expressa ao instituto no Estatuto da Cidade nunca foi nem é impeditivo para sua utilização para propósitos urbanísticos, desde que observados os regramentos da sua lei de regência.

Por fim, vale advertir que a contratualização no âmbito do Direito Urbanístico é ainda mais ampla se considerarmos o que Guilherme F. Dias Reisdorfer intitula de *instrumentos urbanísticos convencionais*. Pela classificação sugerida pelo autor, e que se coaduna com a concepção mais ampla de contrato administrativo acima sugerida, tais instrumentos permitem maior consensualidade no manejo de institutos de ordenação do solo. Assim, conforme o autor, "vários institutos apresentam caráter flexível e verdadeira vocação convencional, o que permite concluir que a regulação urbanística não é um campo apenas da administração ordenadora, mas também de fomento para a iniciativa

---

[37] Para mais informações sobre estes instrumentos, recomendamos a leitura do nosso *Interação público-privada no ambiente urbano: uma análise jurídica dos instrumentos jurídicos*. Dissertação de mestrado apresentada para obtenção de título de mestre na Faculdade de Direito da Universidade de São Paulo, *mimeo*, 2014.

[38] REISDORFER, Guilherme F. Dias. *Direito Urbanístico Contratual*: dos atos negociais aos contratos de gestão urbana. Rio de Janeiro: Lumen Juris, 2014. p. 159.

[39] Cf. art. 9º, X.

privada atuar conforme parâmetros menos imperativos".[40] Dentre os instrumentos citados pelo autor, estariam, por exemplo, a outorga onerosa do direito de construir e a alteração do uso do solo. Nestes casos, contudo, diferentemente dos instrumentos contratuais antes mencionados, haveria a substituição de uma conduta estatal tipicamente unilateral pelo instrumento consensual, não havendo diretamente a implementação de uma política pública de cunho urbanístico por meio de um projeto, por assim dizer.

Ressalte-se, ainda, que tais instrumentos podem estar inseridos também num contexto mais amplo de contratualização, como no âmbito de uma operação urbana consorciada. De toda forma, ainda que inseridos puramente no contexto de regulação urbanística do solo, é certo que tais instrumentos revelam, numa acepção ampla, uma tendência à contratualização no âmbito do Direito Urbanístico, ainda que o foco da análise seja "a flexibilização do exercício de competências estatais relacionadas ao planejamento e à polícia administrativa",[41] e não propriamente as eventuais melhorias urbanísticas implementadas pelos particulares, como nas demais hipóteses analisadas (concessão urbanística, PPP com propósitos urbanísticos etc.).

5 Conclusão

Conforme afirmado no primeiro tópico deste breve ensaio, o direito foi forjado desde remotos tempos por meio de uma segmentação fortemente marcada entre o público e privado, o que condicionou os intérpretes e aplicadores a tentar sempre reconduzir as categorias jurídicas a uma ou outra área. Contudo, é mais do que evidente que tal apartação deve ser mitigada, pois nem todos os institutos são reconduzíveis a uma ou outra categoria, sendo certo que esse fenômeno tem se agravado mais e mais a cada dia.

O ambiente urbano, pela diversidade e multiplicidade de interesses que abriga, não deve mais ser concebido por meio de categorias ultrapassadas, ainda que tradicionais no campo do direito público. É mister, ao contrário, superar antigas crenças para se criar e implementar políticas públicas eficientes em termos urbanísticos e que

---

[40] REISDORFER, Guilherme F. Dias. *Direito Urbanístico Contratual*: dos atos negociais aos contratos de gestão urbana. Rio de Janeiro: Lumen Juris, 2014. p. 155.
[41] REISDORFER, Guilherme F. Dias. *Direito Urbanístico Contratual*: dos atos negociais aos contratos de gestão urbana. Rio de Janeiro: Lumen Juris, 2014. p. 155.

sejam permeáveis à plêiade de interesses que circundam a urbes, sobretudo porque o Direito Urbanístico não se resume apenas a uma polícia das construções. Os vetores da transparência, participação, concertação e permeabilidade às soluções privadas devem ser a regra no ambiente urbano.

Portanto, o Direito Urbanístico deve prover instrumentos permeáveis à participação dos privados no desenvolvimento da função urbanística de duas formas, principalmente: (i) por meio dos mecanismos de participação na constituição de políticas públicas urbanas; (ii) e também, mais concretamente, através dos mecanismos de concertação público-privada.

Referências

ALMEIDA, Fernando Dias Menezes de. *Mecanismos de consenso no Direito Administrativo.* In: ARAGÃO, Alexandre Santos de; MARQUES NETO, Floriano de Azevedo Marques. *Direito Administrativo e seus novos paradigmas.* Belo Horizonte: Fórum, 2008.

ARAGÃO, Alexandre Santos de. Empresa público-privada. *Revista dos Tribunais*, São Paulo: RT, nº 98, p. 31-68, dez. 2009.

ARENDT, Hannah. *A condição humana.* 10. Ed. Rio de Janeiro: Forense, 2001.

AUBY, Jean Bernard. *Droit de la ville*: du fonctionnement juridiques des villes au droit à la ville. Paris: LexisNexis, 2013.

BINENBOJM, Gustavo. *Uma teoria do Direito Administrativo*: direitos fundamentais, democracia e constitucionalização. Rio de Janeiro: Renovar, 2006.

CAILLOSSE, Jacques. *La Constitution imaginaire de l'administration.* Paris: Presse Universitaires de France, 2008.

DAGNINO, Evelina. *Sociedade civil e espaços públicos no Brasil.* São Paulo: Paz e Terra, 2002.

ESTORNINHO, Maria João. *A fuga para o Direito Privado*: contributo para o estudo da atividade de direito privado da Administração Pública. Coimbra: Almedina,, 2009.

GEHL, Jan. *Cities for people.* Washington DC: Island Press, 2009.

JACOBS, Jane. *Death and life in great american cities.* 50. ed. Nova Iorque: Modern Library, 2001.

LAFER, Celso. *A reconstrução dos direitos humanos*: um diálogo com o pensamento de Hannah Arendt. São Paulo: Companhia das Letras, 1988. p. 258-263.

MARQUES NETO, Floriano de Azevedo. *Regulação estatal e interesses públicos.* São Paulo: Ed. Malheiros, 2002.

MEDAUAR, Odete. *O Direito Administrativo em evolução*. 3. ed. Brasília: Gazeta Jurídica, 2017.

MELLO, Celso Antônio Bandeira de. *Curso de Direito Administrativo*. 27. ed. São Paulo: Malheiros, 2010.

MORAND-DEVILLER, Jacqueline. *Droit de l'urbanisme*. 8ᵉ ed. Paris: Dalloz, 2008.

NASCIMENTO, Mariana Chiesa Gouveia. *Regularização fundiária urbana de interesse social no direito brasileiro*. 2012. Dissertação (Mestrado em Direito) – Faculdade de Direito, Universidade de São Paulo, 2012.

OLBERTZ, Karlin. *Operação urbana consorciada*. Belo Horizonte: Ed. Fórum, 2011.

PALMA, Juliana Bonacorsi de. *Sanção e acordo na Administração Pública*. São Paulo: Malheiros, 2015.

PRIET, François. L' urbanisme est-il soluble dand le contrat. *L'Actualité Juridique Droit Administratif (AJDA)*, Paris, nº 40, 2011.

REISDORFER, Guilherme F. Dias. *Direito urbanístico contratual*: dos atos negociais aos contratos de gestão urbana. Rio de Janeiro: Lumen Juris, 2014.

SCHWIND, Rafael Wallbach. *O Estado acionista*: empresas estatais e empresas privadas com participação estatal. São Paulo: Almedina, 2017.

SILVA, José Afonso da. *Direito Urbanístico Brasileiro*. 5. ed. rev. e atual. São Paulo: Malheiros, 2008.

SOLER-COUTEAUX, Pierre; CARPENTIER, Elise. *Droit de l'urbanisme*. 5ᵉ ed. Paris: Dalloz, 2013.

SUNDFELD, Carlos Ari; SOUZA, Rodrigo Pagani de; PINTO, Henrique Motta. *Empresas semiestatais*. Revista de Direito Público da Economia – RDPE, ano 9, nº. 36, out./dez. Belo Horizonte: Editora Fórum, 2001. Disponível na Biblioteca digital Fórum de Direito Público.

SUNDFELD, Carlos Ari. O Estatuto da Cidade e suas diretrizes gerais. In: DALLARI, Adilson de Abreu; FERRAZ, Sérgio. *Estatuto da Cidade*: comentários à Lei Federal nº. 10.257/2001. 2. ed. São Paulo: Malheiros/SBDP, 2006.

SUNDFELD, Carlos Ari. *Direito Administrativo ordenador*. São Paulo: Malheiros, 2003.

TOUSSAINT, Jean-Yves; VAREILLES, Sophie; ZIMMERMAN, Monique. Le Projet Urbain: espaces publics et pratiques de concertation – L'exemple de Lyon. In: *Concerter, gouverner et concevoir les espaces publics urbains*. Lyon: Presses Polytechniques et Universitaires Romandes, 2004.

URBANI, Paolo; MATEUCCI, Stefano Civitarese. *Diritto Urbanistico, organizzazione e rapporti*. 4. ed. Turim: G. Giappichelli Editore, 2000.

SCHIRATO, Renata Nadalin Meireles. *Interação público-privada no ambiente urbano*: uma análise dos instrumentos jurídicos. Dissertação de mestrado apresentada para obtenção de título de mestra na Faculdade de Direito da Universidade de São Paulo, mimeo. 2013.

ZUKIN, Sharon. Harlem between gueto and Renaissance. *In*: BRIDGE, Gary; WATSON, Sophie (Org.). *The new blackwell companion to the city*. Oxford: Wiley Blackwell, 2013.

Informação bibliográfica deste texto, conforme a NBR 6023:2018 da Associação Brasileira de Normas Técnicas (ABNT):

SCHIRATO, Renata Nadalin Meireles. A interação público-privada na realização do Direito Urbanístico. *In:* MEDAUAR, Odete; SCHIRATO, Vitor Rhein; MIGUEL, Luiz Felipe Hadlich; GREGO-SANTOS, Bruno (Coord.). *Direito urbanístico*: estudos fundamentais. Belo Horizonte: Fórum, 2019. p. 249-272. ISBN 978-85-450-0701-2.

SOBRE OS AUTORES

Alexandre Jorge Carneiro da Cunha Filho
Mestre e Doutor em Direito do Estado; Juiz de Direito em São Paulo; Professor da Escola Paulista da Magistratura; Pesquisador vinculado ao CEDAU.

Bruno Grego-Santos
Doutor em Direito do Estado pela Faculdade de Direito da Universidade de São Paulo, com estágio de pesquisa de doutoramento na Faculdade de Direito da Universidade de Coimbra e intercâmbio acadêmico na University of Notre Dame Austrália; Professor da Escola de Direito da Pontifícia Universidade Católica do Paraná. Advogado. Ex-Consultor da ONU no Programa das Nações Unidas para Cidades (UNHabitat).

Carlos Vinícius Alves Ribeiro
Graduado em Direito pela Universidade Federal de Goiás (2001), foi Professor convidado de Direito Administrativo nas Universidades Federal, Católica e Estadual de Goiás e Professor de Direito Constitucional na Fundação Escola Superior do Ministério Público. Ingressou, em 2004, no Ministério Público do Estado de Goiás, onde é Promotor de Justiça, já tendo integrado o Centro de Apoio Operacional do Meio Ambiente como Núcleo de Apoio Técnico de Temas Transversais. Mestre em Direito do Estado pela Universidade de São Paulo. Doutor em Direito do Estado pela Universidade de São Paulo. Membro da International Association of Prosecutors (I.A.P.) e da International Network to Promote the Rule of Law (I.N.P.R.O.L.). Aprovado em 2011 no concurso público para o cargo de Professor Substituto de Direito Constitucional e Administrativo na Faculdade de Direito da Universidade Federal de Goiás. Professor na Escola Superior de Advocacia da OAB de Goiás e de São Paulo. Professor no curso de Pós-Graduação em Direito Administrativo Atual na Escola de Direito do Brasil. Membro do Conselho Nacional do Ministério Público, tendo assumido em setembro de 2014 a função de Membro da Comissão de Acompanhamento Legislativo e Jurisprudência do CNMP. Professor de Direito Administrativo na PUC-GO.

Fabio Gomes dos Santos
Bacharel e Mestre em Direito do Estado pela Faculdade de Direito do Largo São Francisco – FDUSP. Advogado da Finep – Inovação e Pesquisa. Pesquisador Vinculado ao CEDAU (Centro de Estudos de Direito Administrativo, Ambiental

e Urbanístico), ao NEPAD – USP (Núcleo de Estudos e Pesquisas em Direito Administrativo Democrático da USP) e ao Núcleo Jurídico do OIC/IEA-USP (Observatório de Inovação e Competitividade do Instituto de Estudos Avançados da USP).

Fernando Dias Menezes de Almeida
Doutor e livre-docente em Direito pela Faculdade de Direito da USP. Professor Titular da Faculdade de Direito da USP.

José Fernando Ferreira Brega
Doutor pela Faculdade de Direito da Universidade de São Paulo (2012), onde também concluiu mestrado (2005) e graduação (1999). Atualmente é Procurador do Município de São Paulo. Atua profissionalmente nas áreas de direito urbanístico e do patrimônio público imobiliário. Dedica-se aos estudos do direito público, constitucional e administrativo, especialmente aqueles relacionados aos aspectos jurídicos da introdução das novas tecnologias na Administração Pública.

Karlin Olbertz Niebuhr
Mestre em Direito, integrante do CEDAU – Centro de Estudos de Direito Administrativo, Ambiental e Urbanístico e advogada em Curitiba.

Luiz Felipe Hadlich Miguel
Doutor e Mestre em Direito do Estado – USP; Especialista em Direito Administrativo – PUC/SP; Especialista em Direito Processual Civil – Mackenzie; Professor Titular de Direito Administrativo da Faculdade de Direito da Universidade Ibirapuera – UNIB; Membro do Centro de Estudos de Direito Administrativo, Ambiental e Urbanístico – CEDAU; Advogado em São Paulo.

Marcos Augusto Perez
Professor Doutor de Direito Administrativo da Faculdade de Direito da USP.

Odete Medauar
Professora Titular de Direito Administrativo da Faculdade de Direito da Universidade de São Paulo (aposentada); Presidente da Fundação Arcadas.

Renata Nadalin Meireles Schirato
Bacharel em Direito pela Faculdade de Direito da Universidade de São Paulo (USP). Mestre em Direito Administrativo, com foco em Direito Urbanístico, pela Faculdade de Direito da Universidade de São Paulo (USP). Advogada em São Paulo.

Tarcisio Vieira de Carvalho Neto
Professor da Faculdade de Direito da Universidade de Brasília – FD/UnB.

Vítor Monteiro
Advogado da Finep; Graduado e Mestre em Direito pela Faculdade de Direito da USP; Membro do CEDAU.

Esta obra foi composta em fonte Palatino Linotype, corpo 10
e impressa em papel Pólen Bold 70g (miolo) e Supremo 250g (capa)
pela Laser Plus Gráfica, em Belo Horizonte/MG.